Budapest

Zeit für das Beste

Highlights – Geheimtipps – Wohlfühladressen

»Das Leben ist wie die Kettenbrücke.«

Ferenc Herceg

BRUCKMANN

Budapest

Zeit für das Beste

Sebastian Garthoff
Daniel Kaldori

BRUCKMANN

Oben: In den Wintermonaten kann es auf der Fischerbastei auf dem Burgberg ziemlich frisch werden.
Mitte: Das Gerbeaud war einst königlicher Hoflieferant.
Unten: Die Burg Vajdahunyad im Stadtwäldchen vereint zahlreiche ungarische Baustile.

4

INHALTSVERZEICHNIS

Oben: Im »Írok Boltja« fühlen sich Literaturliebhaber wohl.
Mitte: Im Design Terminál werden neueste Beispiele der ungarischen Gewerbekunst präsentiert.
Unten: Das Széchenyi-Bad gehört zu den größten Badekomplexen Europas.

DIE TOP TEN

BURGVIERTEL (S. 70 ff.)
Über 1,5 Kilometer erstreckt sich das Weltkulturerbe, das einen Einblick in die mittelalterliche Vergangenheit Budapests gewährt. In seiner Geschichte erlebte dieses Viertel mehrfach Blütezeiten und Zerstörung. Burgpalast, Matthiaskirche oder Fischerbastei prägen das Stadtbild und gehören zu den bekanntesten Sehenswürdigkeiten der Stadt.

KETTENBRÜCKE (S. 50 ff.)
Die Kettenbrücke war die erste ständige Verbindung zwischen Buda und Pest über die Donau. Mit der Kettenbrücke sind Tragödien und Legenden verbunden. Ihre wahre Pracht offenbart sich in den Abendstunden, wenn ihre Lichter über der Donau strahlen.

PARLAMENT (S. 86 ff.)
Das politische Zentrum des Landes ist als Gebäude gleichzeitig ein Kosmos eigener Art und verfügt sogar über einen eigenen Friseur. Unter der 96 Meter hohen Kuppel des neogotischen Prachtbaus befinden sich die wichtigsten Reichsinsignien des ungarischen Königreichs, darunter die heilige Stephanskrone.

HELDENPLATZ (S. 114 ff.)
Am Ende der Andrássy út ist hier Ungarns Geschichte in Bronze und Stein verewigt. Auf den Kolonnaden finden sich die Skulpturen bedeutender ungarischer Staatsmänner. Begrenzt wird der Platz von zwei bedeutenden Kunsteinrichtungen: der Kunsthalle und dem Museum der Schönen Künste.

STADTWÄLDCHEN (S. 118 ff.)
Spazieren, Eislaufen, Boot fahren: Die weitläufige Grünfläche hinter dem Heldenplatz bietet Erholung vom Großstadt-Dschungel – und das zu jeder Jahreszeit und für die ganze Familie. In der Burg Vajdahunyad sind die wichtigsten Bauwerke und -stile des alten Königreichs Ungarns vereint. Für Kurzweil sorgen der Hauptstädtische Großzirkus oder der Budapester Zoo.

BASILIKA (S. 96 ff.)

In der wichtigsten Kirche des Landes haben Könige und Heilige ihre letzte Ruhe gefunden. Mit der »Heiligen Rechten«, der konservierten rechten Hand des heiligen Königs Stephan findet sich hier die wichtigste Reliquie des Landes. Atemberaubend ist der Blick von der 96 Meter hohen Kuppel über die Dächer der ungarischen Hauptstadt.

ANDRÁSSY-BOULEVARD (S. 100 ff.)

Budapests Prachtstraße entstand in der Absicht, die Stadt in die Reihe der Weltstädte zu hieven. Zusammen mit der unter ihr verlaufenden U-Bahn gehört die Straße seit 2002 zum Weltkulturerbe. Hier befindet sich alles, was in der Modewelt Rang und Namen hat. Darüber hinaus lassen sich manche Geheimtipps entdecken.

GROSSE SYNAGOGE (S. 214 ff.)

Die wichtigste Synagoge des Landes ist Zeugnis jüdischen Lebens in Budapest und zugleich Mahnmal. Der Komplex beherbergt unter anderem ein eigenes Museum und einen Friedhof. Mit 3000 Plätzen ist die Große Synagoge in der Dohány utca wohl die größte Europas.

MARGARETENINSEL (S. 198 ff.)

Joggen, Schwimmen, Radfahren oder einfach nur die Seele baumeln lassen: Kein Ort ist dafür besser geeignet als die grüne Lunge der Hauptstadt. Aller Stress der Hauptstadt lässt sich hier für einige Stunden vergessen. Einst war die etwa 1,5 Kilometer lange Margareteninsel dem Adel vorbehalten, erst in der Neuzeit war es auch dem gemeinen Stadtbewohner erlaubt, die Insel zu besuchen.

ZITADELLE (S. 142 ff.)

Einst von den Habsburgern errichtet, um ein Auge auf die revolutionären Ungarn werfen zu können, wird sie heute vor allem wegen der Aussicht aufgesucht. Diese macht die Anstrengung des Aufstiegs wieder wett, denn von hier gibt es den Postkartenblick auf die Stadt, von der Schriftsteller und Dichter schwärmen.

Perle an der Donau

Da sind wir also, in dieser seltsamen zweigeteilten Stadt, hügelig die eine, flach die andere Hälfte, gleichzeitig getrennt und zusammengehalten von der seit Ewigkeiten dahinfließenden Donau. Budapest ist die Stadt, die Franz Fühmann so grundverschieden nennt wie Tiefebene und Mittelgebirge, die Stadt, von der Klaus Mann festhielt, man müsse sie von oben und bei Nacht gesehen haben, die Stadt, von der manche meinen, man könnte über sie nur in Versen schreiben: willkommen in Budapest!

»Ungarn ist anders, anders als sich dieses schöne Land in der Vorstellungswelt des durchschnittlichen Mitteleuropäers gemeinhin malt. Es ist nicht das Land des fiedelnden Zigeuners und des wilden Csardas, sondern ein Land ernstester Arbeit, mit großen Sorgen und Mühen, oft von der Natur benachteiligt, aber dann wieder köstlich beschenkt, mit einer Bevölkerung, die, im tiefsten Herzen national gesinnt, alles daran setzt, um der großen Vorfahren würdig zu sein. Seine naturhaften Charakteranlagen lassen das ungarische Volk oft tatenlos das scheinbar Unabänderliche hinnehmen, befähigen es aber auch ebenso oft zu großen Taten und Erfolgen, von denen viele Höchstleistungen sind.«

Diese Zeilen stammen von Dr. Harry Goetz, Beigeordneter des Kommunalwissenschaftlichen Instituts an der Universität Berlin, in seinem Buch »Ungarn. Eine Reise durch seine Städte und Gemeinden«, veröffentlicht im Jahr 1941. Den Autor, im Vorwort von Budapests damaligem Bürgermeister Karl Szendy als »in internationalen Kreisen bestens bekannter Kommunalfachmann« geprie-

Oben: Der Ausblick über die Stadt vom Burgviertel aus gehört zum Pflichtprogramm.
Mitte: Männlein oder Weiblein?
Unten: Die ungarische Staatsoper zählt zu den herausragendsten Beispielen der ungarischen Architekturgeschichte.

Steckbrief Budapest

Lage: 47°30'N, 19°, 3'O

Höhe: 102 Meter über NN

Fläche: 525,13 Quadratkilometer

Einwohner: 1,73 Millionen

Bevölkerungsdichte: 3314 Einwohner je Quadratkilometer

Stadtgliederung: 23 Bezirke

Status: Hauptstadt und Regierungssitz

Parlament: Hauptstädtische Versammlung mit 33 Abgeordneten

Regierung: Oberbürgermeister

Stadtflagge: An oberer und unterer Längsseite rote und grüne Dreiecke im Wechsel, Stadtwappen im Zentrum auf weißem Grund

Stadtwappen: Schild mit der Darstellung zweier Burgen für Buda und Pest, die von einem weißen Band, das die Donau symbolisiert, getrennt werden. Gekrönt ist das Schild mit der Heiligen Stephanskrone, rechts und links wird der Schild von einem Löwen und einem Greifen flankiert, die mit ihren Klauen das Schild halten.

Städtepartnerschaften: Paris, Istanbul, Izmir, Tel Aviv, Wien, Fort Worth, Frankfurt am Main, Bukarest, Berlin, Lissabon, New York, Lemberg, Zagreb, Sarajevo, Kosice, Daejeon, Peking, Warschau, Bangkok, Florenz, Jakarta, La Paz, Gaziantep, Prag, Shanghai, Sofia, Vilnius

Spitznamen: Paris des Ostens, Perle der Donau, Herz Europas, Brückenstadt, Bäderstadt

Wirtschaft: Als Hauptstadt ist Budapest gleichzeitig das wirtschaftliche Zentrum des Landes. Die wichtigsten Banken, Energie- oder Telekommunikationsunternehmen haben hier ihren Sitz, darunter der Mineralölkonzern MOL, Magyar Telekom, E.O.N Hungária, die Ungarische Nationalbank, aber auch traditionsreiche Unternehmen wie Zwack, Hersteller des berühmten »Unicum«.

Die wichtigsten Einkaufsstraßen sind die Váci utca und die Andrássy út, in denen die größten Modelabels der Welt vertreten sind. Besonders an den Stadträndern entstanden in den letzten Jahren zunehmend Plazas nach dem Vorbild von amerikanischen Shopping Malls, zum Beispiel »Arena Plaza« am Ostbahnhof, das als eines der größten Einkaufszentren in Mittel- und Osteuropa gilt. Traditionelle Gewerbe wie Schneider, Schuhmacher oder Hutmacher sind bis auf wenige Ausnahmen nahezu komplett verschwunden.

Kultur: Die wichtigsten Museen und Kultureinrichtungen des Landes haben allesamt ihren Sitz in der Hauptstadt. Allein auf dem Burgberg befinden sich die Nationalgalerie, die Nationalbibliothek, das Nationalarchiv, das Budapester Stadtmuseum und das Kriegsgeschichtliche Museum.

BÄDER

Ungarn ist ein Bäderland, und in Budapest befinden sich einige der schönsten.

Széchenyi. Einer der größten Badekomplexe Europas, selbst im Winter bleibt es im Außenbecken wohlig warm. Mo–So 6–19 Uhr, Eintritt 4100 Forint, Állatkerti körút 9–11, Tel. 061/363 32 10, www.szechenyifurdo.hu

Gellért. Monumentales Jugendstilbauwerk und wohl das bekannteste Bad der Stadt. Mo–So 6–20 Uhr, Eintritt 4900 Forint, Kelenhegyi út 4, Tel. 61/466 61 66, www.gellertfurdo.hu

Rudas. Unter der Kuppel taucht man nicht nur ins Wasser, sondern auch in die Türkenzeit ab. Mo–Mi 6–18 Uhr, Do–So 6–20 Uhr, Fr–Sa 22 –4 Uhr, Eintritt 3000 Forint, Döbrentei tér 9, Tel. 061/356 10 10, www.rudasfurdo.hu

Király. Die Geschichte des Bades reicht ebenfalls bis in die Türkenzeit zurück. Mo–So 9–21 Uhr, Eintritt 2400 Forint, Főutca 84, Tel. 061/202 36 88, www.kiralyfurdo.hu

Lukács. Das erste komplexe Tageskrankenhaus von Budapest entstand hier 1979. Mo–So 6–21 Uhr, Eintritt 3000 Forint, Frankel Leó utca 25–29, Tel. 061/326 16 95, www.lukacsfurdo.hu

sen, muss man nicht kennen; das Buch – sofern sich damit kein akademisches Interesse verbindet – ehrlich gesagt auch nicht, handelt es nahezu ausschließlich von ungarischer Kommunalpolitik und -verwaltung der Zwischenkriegszeit. Doch Goetz' treffende Aussagen über Ungarn und die Ungarn ließen sich problemlos in die heutige Zeit übertragen.

Zentrum in jeder Hinsicht

Alles, was ein Land zu bieten hat, kommt in seiner Hauptstadt zusammen. »Budapest ist der gewaltige Schnittpunkt aller Probleme, die ihren Ausgangspunkt in den kommunalen Verhältnissen ganz Ungarns haben«, schreibt Goetz. Ungarn ist damals wie heute ein hoffnungslos monozentrisches Land mit Budapest als Schaltzentrale. Alles außerhalb der 1,7-Millionen-Metropole ist *vidék*, ist Provinz. Die nächstgößeren Städte Debrecen, Szeged und Miskolc kommen jeweils nicht auf mehr als 200 000 Einwohner und sind damit in etwa so groß wie Erfurt. Budapest ist wirtschaftliches und kulturelles Zentrum des Landes, mit den größten Unternehmen, den wichtigsten Banken, den bedeutendsten Museen und Galerien.

Das Leben im heutigen Budapest ist ein *laissez-faire*, es treibt nicht voran. Ob Restaurant, ob Café, man nimmt sich Zeit und kann sie sich nehmen: Kein Ober drängt zu ununterbrochenem Bestellen. Budapest ist eine Stadt, die entkrampft, doch die auf längere Sicht auch bedrückend sein kann. Für einen Neuankömmling ist sie wie ein großer Gemischtwarenladen, der von allem etwas bereithält, in dem er stöbern, suchen und finden kann. 23 Bezirke hat Budapest, 16 gehören zu Pest, das zwei Drittel des Stadtgebietes ausmacht, sechs zum hügeligen Buda, dazwischen liegt als 21. Bezirk die Donauinsel Csepel.

Perle an der Donau

Ungarn erfreut sich als Reiseland ungebrochener Beliebtheit, Klischees rund um Paprika, Gulasch, Piroschka und Puszta mögen ihren Teil dazu beitragen. Etwa 40 Millionen Gäste verbringen pro Jahr ihren Urlaub in Ungarn, das sind viermal mehr als die Einwohnerzahl des Landes. Jeder achte Arbeitsplatz ist mittlerweile vom Gastgewerbe abhängig. Besonders der Gesundheitstourismus blüht. Ungarn bedeutet Wellness – denn aus über 1000 heißen Quellen sprudelt Ungarns wichtigster Bodenschatz: Thermalwasser. Viele Quellen haben eine heilende Wirkung, sodass überall in Ungarn hervorragend ausgebaute Heilbäder zu entspannenden Kuren und erholsamem Gesundheitsurlaub einladen. Seit dem EU-Beitritt Ungarns 2004 erstatten deutsche Krankenkassen sogar Behandlungskosten für Kuraufenthalte und Zahnersatz. In beinahe 80 Budapester und in weiteren mehr als 250 ungarnweiten Zahnarztpraxen und Zahnkliniken empfängt Ungarn jährlich an die 70 000 »Zahntouristen«. Und wenn mit den Beißern alles in Ordnung ist, schmeckt das Essen gleich besser. Rindergulasch, Gulaschsuppe, gefüllte Krautwickel, Letscho, Paprikahuhn oder Palatschinken gehören auch unter den Ungarn zu den beliebtesten Speisen.

Politische Kultur tief gespalten

Die höchste Einwohnerzahl erreichte Budapest in den 1980er-Jahren mit 2 Millionen. Seit einigen Jahren aber hat eine Stadtflucht in die umliegenden Ortschaften eingesetzt, die mit ihrer Ruhe und der Naturnähe vor allem für Familien attraktiv sind. Und durch den gut ausgebauten öffentlichen Nahverkehr kann man problemlos und schnell in die Hauptstadt pendeln. Gut bezahlt werden die Budapester allerdings nicht und gehen im Durchschnitt mit etwas mehr als 800 Euro brutto nach Hause. So verwundert es nicht, dass

Oben: Die Budapester Kaffeehaustradition wird mit Lokalen wie dem »Művész« gegenüber der Staatsoper fortgeschrieben.
Mitte: Was wäre die Markthalle ohne Paprika?
Unten: Das Széchenyi bietet unvergesslichen Badegenuss.

Oben: Kaiser Franz Joseph schlug den letzten Nagel der Brücke ein.
Mitte: Ungarns Nationalheiliger Stephan I.
Unten: Nach seinem Umbau haben auch Kinder auf dem Platz vor dem Parlament ihren Spaß.

die Armut eines der größten Probleme im Land darstellt. Von ihr sind in Ungarn an die 30 Prozent der Bevölkerung und damit 3 Millionen Menschen betroffen. Das trifft vor allem die unteren gesellschaftlichen Schichten, allen voran die Roma, mit etwa 700 000 Angehörigen die größte Minderheit im Land.

Dem Besucher wird neuerdings auch auffallen, dass in der Innenstadt kaum Obdachlose anzutreffen sind. Das liegt keineswegs nur daran, dass es sie nicht gibt. Schätzungsweise mehr als 10 000 Menschen haben in Budapest keine feste Bleibe. Doch mit einem neuen Gesetz ist es ihnen verboten, auf öffentlichen Plätzen zu übernachten oder sich sogar an kulturell bedeutsamen öffentlichen Orten aufzuhalten. Sie riskieren damit erhebliche Geldbußen oder – da die sowieso nicht zu bezahlen wären – Gefängnisstrafen.

In der Tat hat Ungarn seit dem Amtsantritt von Viktor Orbán 2010 mit Maßnahmen wie diesen, mit einem neuen Mediengesetz, einer neuen Verfassung oder rechtsextremen und antisemitischen Ausfällen der im Parlament vertretenen rechten Jobbik-Partei für wenig gute Presse gesorgt. Hunderttausende Ungarn verließen das Land, teils wegen der politischen Verhältnisse, teils wegen mangelnder wirtschaftlicher Perspektive. Ein Konsens zwischen den demokratischen Parteien existiert nicht. Die politischen Lager sind tief gespalten, und diese Spaltung reicht sogar bis in die Familien hinein. Politisieren und Streiten gehört zum ungarischen Alltag dazu und nimmt mitunter schon krankhafte Züge an. Eine Zusammenarbeit der Parteien ist ausgeschlossen. Auch bei den Linken zerfleischen sich die einzelnen Gruppierungen selbst und können keine überzeugende Alternative für die Zukunft des Landes anbieten.

Freiheitsdrang und Niederlagen

Vielleicht liegt es auch daran, dass die Schwermütigkeit zu einer der charakteristischsten Eigenschaften der Ungarn gehört. Oder wussten Sie, dass ein ungarischer Schlager in den 1930er-Jahren für zahlreiche Selbstmorde verantwortlich gewesen sein soll? Auch die Budapester Brücken beeindrucken nicht nur durch ihre Architektur, sondern erzählen die Geschichten zahlreicher menschlicher Tragödien. Die Ungarn haben im Laufe ihrer Geschichte zahlreiche Schicksalsschläge erlitten. In das kollektive Gedächtnis eingebrannt hat sich die Schlacht von Mohács 1526, bei der die Ungarn gegen die Osmanen gnadenlos untergingen und die über 150 Jahre während türkische Herrschaft in Ungarn ihren Anfang nahm. *Több is veszett Mohácsnál*, bei Mohács ist noch mehr verloren gegangen, heißt es in einer sprichwörtlichen Redensart, wenn eine Sache mal nicht so gut gelaufen ist.

1848 war ein weiteres geschichtsträchtiges Jahr. Der 15. März, der Tag des Ausbruchs der Revolution und der Beginn des letztendlich erfolglosen Freiheitskrieges gegen die Habsburger, ist heute Nationalfeiertag. Einen »Platz des 15. März« (Március 15. tér) findet man nicht nur in Budapest. Ebenso wie die Namen der damals führenden Persönlichkeiten Széchenyi, Batthyány, Kossuth oder Petőfi. Die Revolution scheiterte, doch das Streben

Die Geschichte Ungarns ist reich, aber auch reich an Tragödien. Wer Zeit hat, sollte unbedingt ein bisschen tiefer in die spannende Geschichte dieses Landes einsteigen.

Nationalmuseum. Geschichte Ungarns von der Römerzeit bis 1990. Di–So 10–18 Uhr, Eintritt 1600 Forint, Múzeum körút 14–16, Tel. 061/338 21 22, www.hnm.hu

Haus des Terrors. Thematisiert die Zeit des Faschismus und Kommunismus. Di–So 10–18 Uhr, Eintritt 2000 Forint, Andrássy út 60, Tel. 061/374 26 84, www.terrorhaza.hu

Ludwig-Museum. Bedeutende Sammlung zeitgenössischer Kunst in Mitteleuropa. Di–So 10–18 Uhr, Eintritt 8000 Forint, Komor Marcell utca 1, Tel. 061/555 34 44, www.ludwigmuseum.hu

Nationalgalerie. Umfassende Gemäldesammlung vom Mittelalter bis zum 20. Jahrhundert. Di–So 10–18 Uhr, Eintritt 1400 Forint, Szent György tér 2, Tel. 061/201 90 82, www.mng.hu

Museum der Bildenden Künste. Größtes Kunstmuseum Ungarns mit einer der bedeutendsten Kunstsammlungen weltweit. Di–So 10–18 Uhr, Eintritt 1800 Forint (abweichende Preise bei Sonderausstellungen), Dózsa György út 41, Tel. 061/469 71 00, www.mfab.hu

Oben: Auch vom Wasser aus lässt sich die Stadt erkunden.
Mitte: Es hat lange gedauert, bis die Stephans-Basilika vollendet wurde.
Unten: In den zahlreichen Parks fühlen sich Kinder wohl.

nach Unabhängigkeit setzte sich auf diplomatischer Ebene fort. 1867 war das Ziel erreicht. Der sogenannte Ausgleich führte die Doppelmonarchie Österreich-Ungarn in die Weltgeschichte ein.

Trauma Trianon und Schicksalsjahr 1956

Die Jahrzehnte währende Friedenszeit vor dem Ersten Weltkrieg brachte einen nie da gewesenen wirtschaftlichen Aufschwung. Doch dann kam der Krieg und an dessen Ende das nationale Trauma schlechthin.

Durch den Vertrag von Trianon 1920 verlor Ungarn nicht nur zwei Drittel seines Staatsgebiets und über die Hälfte seiner Einwohner an die zum Teil neu entstandenen Nachbarstaaten wie die neu entstandene Tschechoslowakei, Jugoslawien oder Rumänien, sondern auch einen Großteil der Industrie. *Trianon vissza* (»Trianon zurück«) sollte zu einem Schlagwort der Zwischenkriegszeit werden, an dessen Ende das Land an der Seite Deutschlands in die nächste Tragödie stürzte. Am Ende des Krieges lag Budapest in Schutt und Asche, die Donaubrücken wurden beim Rückzug der Deutschen im Fluss versenkt. 550 000 Juden fielen dem Holocaust zum Opfer. Die Auschwitz-Überlebende Éva Pusztai hat ihre Erlebnisse als bewegendes Zeitzeugnis unter dem Titel *Die Seele der Dinge* auf sehr persönliche Weise verarbeitet. Der bekannteste Roman zum ungarischen Holocaust ist jedoch der *Roman eines Schicksallosen* von Literatur-Nobelpreisträger Imre Kertész.

In Budapest gibt es seit 2004 mit dem Holocaust-Dokumentationszentrum, dem Jüdischen Museum oder dem Haus des Terrors, dem ehemaligen Sitz der Pfeilkreuzler, der ungarischen Faschisten, mehrere Orte, an denen der Völkermord mit unterschiedlichen Schwerpunkten dokumentiert und erforscht wird. Ein weiteres Holocaust-Museum mit Schwerpunkt auf dem Schicksal von Kindern soll entstehen. Zudem hat die Regierung das Jahr 2014 als »Holocaust-Gedenkjahr« ausgerufen. 70 Jahre davor, 1944, begann die Deportation der ungarischen Juden.

Neben Trianon stellt das Jahr 1956 einen weiteren geschichtlichen Einschnitt dar. Hinter dieser Zahl 56, *ötvenhat*, steckt jede Tragik, die Ungarn im Laufe seiner Geschichte durchleben musste, der Freiheitsdrang, das Alleingelassenwerden, die Niederlage. Der Volksaufstand von 1956 hat einen festen Platz im kollektiven Gedächtnis und wird noch heute politisch instrumentalisiert. Indirekt ist auch Elvis Presley mit dem Volksaufstand verbunden. Er rief die Amerikaner zu Spenden für Ungarn auf und gab aus diesem Anlass in der Ed-Sullivan-Show den Gospel *Peace in the valley* zum Besten. Über ein halbes Jahrhundert später dankte man es ihm, indem ein Platz auf der Budaer Seite nach dem »King« benannt wurde.

Stadt mit besonderem Etwas

Ungarn experimentierte im 20. Jahrhundert mit der Monarchie, dem Faschismus, dem Kommunismus und der Demokratie. Die schwärmerische Liebe zu Ungarns Hauptstadt blieb dabei unverändert. Werden in Reiseführern aus den späten 1950er-Jahren zum Beispiel in Nebensätzen auch die

Oben: Tamás Jáni hält eine Familientradition aufrecht. Sein Schneidergeschäft auf der Budaer Seite zählt heute zum ältesten der ungarischen Hauptstadt.
Unten: Jeder Anzug wird individuell angefertigt, ganz den Wünschen der Kunden entsprechend.

Errungenschaften des Sozialismus gepriesen, so wirkt die Beschreibung Budapests wie eine einzige Liebeserklärung. So glaubte man etwa (mit einer gehörigen Portion Pathos), »dass man über Budapest eigentlich nur in Versen schreiben dürfte«. Demnach besitzt Budapest »ein besonderes Etwas, das schwer in Worte zu fassen ist, aber die ungarischen Dichter seit zwei Jahrhunderten immer dazu bewegt, in Gedichten zu sagen, was man in Wirklichkeit nur fühlen kann; ein Etwas, was bei den Städten ebenso wie bei den Frauen das Wichtigste ist«. Deshalb, so schreiben die Autoren, möge man es den Ungarn verzeihen, dass sie alle irgendwie in ihre Hauptstadt verliebt sind – in ihre Anmut, ihre Vielgestaltigkeit, ihre Geheimnisse, ihre alten Häuser – und ihre jungen Mädchen.

Budapest ist mit seiner Lage geografisch der Schnittpunkt einer ganzen Region. Von den zehn paneuropäischen Verkehrskorridoren schneiden sich hier vier. Sie ist die einzige ungarische Stadt von europäischem Rang, alles passiert in dieser einen Stadt, die immer national, immer ungarisch sein wollte, doch alle Einflüsse gern in sich aufgenommen hat. Wer aus der Provinz kommt, egal aus welcher Himmelsrichtung, fährt immer »rauf nach Pest«. Die Stadt ist gespalten in das grüne, hügelige Buda – damals wie heute Ort der höheren Schichten – und das quirlige, rasante Pest. Dort regiert das Leben, in Buda die Erholung davon.

Oben: Für Jugendliche ist der Erzsébet-Platz im Herzen Budapests ein beliebter Ort.
Unten: Vielerorts, wie hier in der Burg Vajdahunyad, schwirren Geigentöne durch die Luft und bezirzen die Besucher.

Permanente Baustelle

Früher, das heißt in der letzten Hälfte des 19.
Jahrhunderts, legte Budapest ein erstaunliches
Modernisierungstempo vor: Die erste Untergrundbahn auf dem europäischen Festland, elektrische
Straßenbeleuchtung, Baudenkmäler von europäischer Dimension, ein Stadtbild, das sich vor anderen Metropolen seiner Zeit nicht zu verstecken
brauchte. Heute geht es darum, dieses Vergangene
nach Jahrzehnten der Nichtbeachtung zu konser-
vieren. Budapest ist wie so viele Städte Ostmitteleuropas eine permanente Baustelle, in der es
scheint, man wolle das in wenigen Jahren nach-
holen, was in über knapp einem halben Jahrhundert liegen geblieben ist. In der berühmten Fußgängerstraße Váci utca tummeln sich Menschen
mit roten Köpfen, die sich fragen, wo ihr Reisebus
geparkt ist. Dazwischen humpeln die Bettler, die
Ausgestoßenen, schütteln mit ihren McDonald's-
Bechern und lassen die wenigen Münzen darin
klingen.

In den dämmrigen Häuserschluchten strahlt von
den Fassaden der Hochmut der Gründerzeit. Dort,
wo der Hochmut verblasst, riecht es nach Urin,
bröckelt der Putz von den Wänden, an denen die
Einschusslöcher vom Zweiten Weltkrieg und vom
Volksaufstand 1956 nie geflickt wurden. Im Sommer werden Wassereimer auf die Fußgängerwege
geschüttet, um die glühende Stadt abzukühlen. In
den weniger frequentierten Straßen liegt Hunde-
kot wie Tretminen. Dazwischen wirkt die Stadt in
vielfältiger Weise so, dass es nicht möglich ist, ihr
Gleichgültigkeit entgegenzubringen. Sie klingt,
dröhnt, lärmt, schreitet voran.

Flexibel im Fluss der Zeit

Als Erstes, natürlich, begegnet dem Besucher der
Mythos. Für manche ist Ungarns Hauptstadt das

Oben: Am Ostbahnhof, dem »Keleti«,
kommen die meisten internationalen
Züge an.
Mitte: Souvenirs in Hülle und Fülle
in der Markthalle.
Unten: Im Mai Manó-Haus sind
nicht nur die Ausstellungen
sehenswert.

17

»Paris des Ostens«, für manche »die schönste Stadt der Welt«. Manche lernen erst in Budapest, wirklich zu lieben. Manche sagen, die Stadt stinkt. In der *Frankfurter Allgemeinen Sonntagszeitung* nannte man sie in einem Porträt »Die Melancholische«. Und der *Spiegel* machte aus ihr gar die »Hauptstadt der Albträume«. An gleicher Stelle heißt es: »Diese Stadt war immer schon gut für die existentiellen Dinge. Für Intrigen um Leben und Tod, für unsterbliche Liebe und mörderischen Verrat, für Folter, politisches Heldentum und Sex-Eskapaden.« Und der Autor geht noch weiter: »Gegründet von Römern, geschleift von Mongolen, geschunden von Osmanen, hat sich Budapest immer wieder neu erfunden, flexibel im Fluss der Zeit.«

Ungarn ist Kreuzpunkt aller nur denkbaren historischen und geistigen Linien. Das Multinationale der Hauptstadt resultiert aus der Geschichte ganz Ostmitteleuropas. Die osmanische Herrschaft über weite Teile Mitteleuropas mischte das Bevölkerungsgefüge der Region ordentlich durcheinander. Das zeigt allein der Blick auf die Namensschilder eines beliebigen Budapester Wohnhauses. Mit ziemlicher Sicherheit vertreten sind dort die Namen Magyar (Ungar), Török (Türke), Lengyel (Pole) oder Szerb (Serbe). Aussagen über die religiöse Zugehörigkeit macht dies freilich nicht. Zwei Drittel der Bevölkerung gehören dem römisch-katholischen Glauben an.

Ungarn, die die Welt veränderten

Geprägt wird die Stadt von ihren Menschen, die oft unbeachtet ihren Teil zum großen Mosaik Budapest beitragen. Menschen etwa wie Tamás Jáni, dem Inhaber des ältesten Herrenschneidergeschäfts Budapests. Oder László Vass, der die

Oben: Péter Mánsfeld, jüngster Teilnehmer des Volksaufstandes von 1956.
Mitte: Die Glaskuppel im Párizsi udvar am Ferenciek tere ist zeitlos schön.
Unten: Budapest gab einst einem edlen Herrenschuh seinen Namen.

Tradition der legendären Budapester Schuhe aufrecht erhält. Oder auch jenen jungen Budapestern, die auf ihren alternativen Stadtführungen ein anderes, ein eigenes Bild der Hauptstadt vermitteln. Die Reihe an Persönlichkeiten, die das Land hervorgebracht hat und zu Weltruhm gelangten, ist beeindruckend. Kati Marton hat in ihrem Buch *Die Flucht der Genies* neun exemplarische Lebensläufe gewählt. Sie schildert das Schicksal von neun hoch talentierten ungarischen Juden, die erst vor dem Horthy-Regime und dann vor den Verbrechern des Nationalsozialismus fliehen mussten – und die später die Welt veränderten.

Die Nuklearphysiker und Mathematiker Léo Szilárd, Eugene Wigner, John von Neumann und Edward Teller trugen ihren Teil zur Entwicklung der Atombombe bei. Die Fotografen André Kertész und Ropert Capa prägten Kunst- und Kriegsfotografie des 20. Jahrhunderts. Der Regisseur Michael Curtiz ist der Schöpfer des unsterblichen Melodrams *Casablanca*. Alexander Korda, Produzent von *Sein oder Nichtsein* und *Der dritte Mann* beeinflusste die britische Filmgeschichte wie kaum ein anderer. Arthur Koestler schließlich zählt zu den berühmtesten politischen Essayisten und Schriftstellern des 20. Jahrhunderts. Sie alle gehörten zu einer Generation und wuchsen auf in der goldenen Periode Budapests.

Oben: Die Kettenbrücke ist eines der wichtigsten historischen Bauwerke der Hauptstadt und bis heute Symbol von Budapest.
Unten: In dampfumhüllten Becken oder unter freiem Himmel lassen sich im Széchenyi-Heilbad die Badefreuden genießen.

Oben: Die Ungarische Staatsoper wirkt auch im Inneren imposant.
Unten: Die Nagymező utca gilt als der Broadway von Pest. Zahlreiche Theater und Vergnügungsetablissements reihen sich hier aneinander.

Ziel: Hollywood

Vor allem die Verbindung zwischen Ungarn und der Filmindustrie ist legendär und Michael Curtiz nur ein Beispiel von vielen. Sie geht auf die Zeit zurück, als eine Handvoll Ungarn die Traumfabrik Hollywood begründete. Als Vilmos Fried wurde 1879 in der ostungarischen Kleinstadt Tolcsva der spätere Filmproduzent William Fox geboren. Ebenfalls in Ostungarn, in Ricse, erblickte 1873 Adolph Zukor das Licht der Welt. Aus Szilágysomlyó, heute Rumänien, kommt ein weiterer späterer Filmproduzent: Joe Pasternak, Jahrgang 1901. Auch aus dem östlichen Ungarn, aus Pusztatúrpásztó, stammt der 1893 geborene Sándor László Kellner, später besser bekannt als Sir Alexander Korda.

Der Kultfilm *Casablanca* ist gar ein ungarisches Stelldichein ohnegleichen.
Über ungarische Wurzeln Humphrey Bogarts oder Ingrid Bergmanns ist zwar nichts bekannt, dafür aber neben dem Regisseur Curtiz die der weiteren Darsteller: Der dicke Kellner Carl wurde als Jen Gerő Grünwald in Budapest geboren, später legte er sich den Künstlernamen Sz ke Szakáll zu, was

nichts anderes heißt als »blonder Bart«. Peter Lorre, neben Humphrey Bogart auch in *Der Malteser Falke* zu sehen und schon früher durch *M – Eine Stadt sucht einen Mörder* zu Ruhm gekommen, wurde als László Loewenstein in Rózsahegy in der heutigen Slowakei geboren.

Beliebter Drehort für internationale Filme

Zu weiteren bekannten Filmgrößen ungarischer Abstammung gehören Produzent Andrew Vajna (*Rambo, Red Heat, Total Recall*), Dracula-Darsteller Béla Lugosi, »Tarzan« Johnny Weissmueller, Zsa Zsa Gabor, Tony Curtis, Peter Falk oder Mihály »Michu« Mészáros. Dass Letzteren niemand kennt, ist kaum verwunderlich, schließlich war er selbst nie zu sehen. Der knapp 84 Zentimeter große ungarische Mime aber spielte Alf während der gesamten Dauer der gleichnamigen US-Fernsehserie von 1986 bis 1990. Dafür setzte ihm die kalifornische Stadt Hawthorne ein Denkmal: die kürzeste Straße des Ortes heißt Michu Lane.

Für all diese Filmgrößen ging es von Ungarn in die Welt. Vor allem aber in den letzten Jahren kam die Welt auch zunehmend nach Ungarn, konkret: nach Budapest. Für internationale Filmproduktionen wurde die Stadt schon zu Paris, Moskau, Buenos Aires, Rom, Ostberlin, Berlin, London, Wien, Monte Carlo und zur namenlosen Stadt im Vampir–Horrorfilm *Underworld*. Ein Produktionskomplex, die Korda-Filmstudios, eröffneten erst vor einigen Jahren in der Kleinstadt Etyek unweit von Budapest. In dem studioeigenen Filmpark können Besucher bei Führungen in die Filmwelt hineinschnuppern.

Während sich Budapest aufgrund günstiger Produktionskosten als Drehort großer Beliebtheit er-

Oben: Das Lustspieltheater ist ein architektonischer Augenschmaus.
Mitte: Berühmt sind die Budapester Ruinenkneipen vor allem für ihre kreativen Innengestaltungen.
Unten: In der Nationalgalerie sind Werke einiger der berühmtesten Maler des Landes ausgestellt.

Oben: Die Margareteninsel ist die grüne Lunge der Hauptstadt.
Mitte: Für die Lauffreunde führt ein etwa 5,5 Kilometer langer Laufweg direkt um die Insel.
Unten: Auf dem Teich im Stadtwäldchen kann man im Sommer Boot fahren und im Winter Eislaufen.

freut, sieht es auf dem heimischen Kinomarkt eher düster aus. Besonders die kleinen Filmtheater leiden. Nach der Wende kamen zwar die sogenannten *art-mozik* in Mode, die Kunstkinos, aber die öffentlichen Gelder, mit denen sie angeschoben wurden, fehlen mittlerweile. Auch um die Filmindustrie ist es schlecht bestellt. 2012 wurde kein einziger ungarischer Film verwirklicht, die Ungarische Filmwoche musste 2013 aus Mangel an Beiträgen erstmals in ihrer Geschichte ausfallen.

Mit Eiltempo in die Moderne

So viel ist also schon mal klar: Budapest steckt voller Geschichte und Geschichten. »Es gibt bestimmte Örtlichkeiten, deren Abbild dem Publikum ein bestimmtes Gefühl vermittelt«, schrieb der ostdeutsche Franz Fühmann während seines Budapest-Aufenthaltes Ende der 1970er-Jahre. Architektonische Glanzstücke wie das Opernhaus oder das Parlament geben ihm recht. Hier spiegeln sich jene Jahre wider, in denen Budapest in die Moderne wuchs.

Budapest, das ist die Stadt, die 1873 entsteht, als sich die Stadtteile Buda, Óbuda und Pest zur neuen Metropolis der österreichisch-ungarischen Monarchie zusammenschlossen. Neben Berlin entwickelte sich diese Gemeinde zur am schnellsten wachsenden Stadt des Kontinents im *Fin-de-Siècle*, wurde Weltstadt und Traumstadt, berühmt für ihre Gründerzeitgebäude, für ihre Kaffeehäuser, für ihr europäisches Flair. »Pest hat die Maske der Bescheidenheit abgelegt«, beschrieb der ungarische Schriftsteller Gyula Krúdy diese Zeit. Jedes Jahr, so liest man bei dem Autor weiter, behänge sich die Stadt mit mehr Juwelen, das Sparsame sei dem Spekulieren gewichen, das Anspruchslose dem Lauten.

Krúdys Beschreibungen des Budapest der Jahrhundertwende überborden von Farbe, Tönen und
Gerüchen. Die Stadt selbst setzt er mit den Jung-
frauen gleich, die ihre niedergeschlagenen Augen
öffnen und sich ihres ganzen Frauseins erfreuen.
Manchmal geht aber auch mit ihm der literarische
Gaul durch, wenn er meint, »die Frauen riechen
wie Orangen in Japan«.

Zwischen all den jauchzenden Tönen stimmt der
Schriftsteller jedoch auch dunklere Töne an, wenn
er das andere Gesicht der Metropole zeichnet und
sinngemäß von jenen schreibt, die zwar moderne
Paläste und Türme bauen, damit aber auch alte
Häuser, alte Straßen und alte Bräuche aus der
Stadt verschwinden lassen.
Dennoch: Wer würde sich nicht wünschen, in dieser prachtvollen Stadt zu leben, in der – glauben
wir Krúdy – »sich jeder in einer Menschenmasse
für einen Gentleman hält, selbst wenn er am Tag
zuvor erst aus dem Gefängnis entlassen wurde?«
Ein Ort der Gegensätze ist Budapest noch heute,
eine Stadt der Ecken und Nischen und der Umwe-
ge. Kurzum: Eine Stadt zum Erkunden!

Oben: Die Gül Baba utca auf dem
Rosenhügel ist eine der romantischsten Straßen von Budapest.
Unten: Wo soll man bloß zuerst
hinschauen? Von der Fischerbastei
aus hat man die große Auswahl.

23

Geschichte im Überblick

89 Im vorher von einem keltischen Stamm bewohnten Gebiet wird ein römisches Militärlager errichtet, aus dem die Stadt Aquincum hervorgeht. Diese wird von 106 bis 296 Hauptstadt der Provinz Pannonia inferior und besitzt unter anderem Statthalterpalast, Bäder und Amphitheater.

896 Nach dem Untergang des Römischen Reiches siedeln auf dem Gebiet zunächst slawische Stämme, die schließlich von magyarischen Völkern verdrängt werden. Die Magyaren kamen aus dem Ural ins Karpatenbecken (*Ungarische Landnahme*).

1046 Der Missionar Gellért, vom heiligen König Stephan I. ins Land geholt, wird während eines Aufstandes von heidnischen Ungarn umgebracht. Der Legende nach steckte man ihn in ein Fass und warf ihm vom heutigen Gellértberg in die Donau.

1241 Nach dem Mongolensturm und den damit einhergehenden Zerstörungen lässt König Béla IV. die erste königliche Burg auf dem Burgberg errichten.

1361 Buda wird Hauptstadt des Königreichs Ungarn.

1458–90 Unter der Herrschaft von Matthias Corvinus wird die Burg zu einem Renaissancepalast ausgebaut, der sich in der Folgezeit zu einem Zentrum der Renaissancekultur in Mittel- und Osteuropa entwickelt.

1541 Bereits 1526 gewannen die Türken nach der Schlacht von Mohács die Kontrolle über den Großteil Ungarns. Nun fällt auch Buda in ihre Hände. Sie wandeln Kirchen in Moscheen um und errichten Bäder, die bis heute existieren.

1686 Mithilfe der Habsburger wird Buda von den Türken zurückerobert. Als Folge sind sowohl Buda als auch Pest nahezu vollständig zerstört.

1825 Beginn des Reformzeitalters. Pest wird zum kulturellen und wirtschaftlichen Zentrum Ungarns. Erbaut werden sowohl das erste Nationaltheater als auch das Nationalmuseum.

1838 Ein nie da gewesenes Hochwasser, das Marken bis zu 2,60 Meter erreicht, zerstört zwischen dem 13. und 18. März mehr als 2000 Häuser in der Stadt, zahlreiche weitere werden zum Teil schwer beschädigt. Die damaligen Wasserstandsmarken sind heute noch an verschiedenen Orten der Pester Innenstadt zu sehen.

1842 Die Bauarbeiten zur Kettenbrücke beginnen. Die Initiative für diese erste ständige Verbindung zwischen Buda und Pest geht auf den Reformer István Széchenyi zurück, der die Brücke jedoch selbst nie betreten sollte. Abgeschlossen werden die Arbeiten 1849.

1848/49 Am 15. März 1848 bricht in Pest die Revolution aus. Unter Graf Lajos Batthyány wird eine selbstständige Regierung gebildet. Im Herbst 1849 wird die Revolution niedergeschlagen, ihre Führer werden exekutiert oder gehen ins Exil.

1867 Der sogenannte »Ausgleich« (*kiegyezés*) führt zur Gründung der Doppelmonarchie Österreich-Ungarn. Ein nie da gewesener wirtschaftlicher Aufschwung ist die Folge.

1873 Mit Wirkung vom 1. Januar vereinigen sich die zuvor eigenständigen Städte Buda, Óbuda und Pest zur neuen Hauptstadt Budapest. Erster Bürgermeister der neu gegründeten Stadt wird Károly Kamermayer. Er wird für die nächsten 23 Jahre an ihrer Spitze stehen.

1918–20 Nach dem Ersten Weltkrieg wird Budapest nacheinander von der Asternrevolution, rumänischer Besatzung, einer kurzlebigen Räterepublik und dem auf den roten folgenden weißen Terror in Atem gehalten. Admiral Miklós Horthy konsolidiert das Land und führt als Reichsverweser ein autoritäres Regime ein.

1944 Deutsche Truppen besetzen Budapest und installieren eine Marionettenregierung. Rund 440 000 Juden, vorwiegend aus den ländlichen Provinzen, werden bis Ende Juni 1944 ghettoisiert und anschließend nach Auschwitz deportiert – mit tatkräftiger Unterstützung der ungarischen Behörden. Insgesamt über 550 000 ungarische Juden kommen im Holocaust um.

1956 Am 23. Oktober bricht der Volksaufstand gegen die Sowjets aus. Unter Ministerpräsident Imre Nagy erklärt sich Ungarn für neutral. Bis November wird der Aufstand von sowjetischen Truppen niedergeschlagen. Imre Nagy wird 1958 hingerichtet, Hunderttausende Ungarn flüchten ins Exil. Ab den 1960er-Jahren entwickelt sich unter János Kádár der »Gulaschkommunismus« mit bescheidenen Freiheiten; Ungarn gilt als die »lustigste Baracke im Lager«.

1987 Das Budaer Burgviertel und das Donaupanorama werden in die Liste des UNESCO-Weltkulturerbes aufgenommen, ihnen folgen 2002 der Andrássy-Boulevard, die darunter verlaufende Untergrundbahn sowie der Heldenplatz.

1989 Tausende Ostdeutsche versuchen über Ungarn in den Westen zu gelangen und warten in der deutschen Botschaft oder an der Grenze auf ihre Chance. Die Öffnung der Grenze zwischen Österreich und Ungarn gilt als »erster Stein aus der Berliner Mauer«.

2010 Bei der Parlamentswahl wird Viktor Orbán (Fidesz) zum neuen Ministerpräsidenten gewählt. Seine Partei verfügt im Parlament über eine Zwei-Drittel-Mehrheit. Auch im Budapester Rathaus gibt es einen Wechsel. Nach 20 Jahren liberaler Führung wird Fidesz-Politiker István Tarlos neues Stadtoberhaupt. 2011 werden zahlreiche öffentliche Plätze und Straßen in Budapest umbenannt.

2014 Bei den Parlamentswahlen wird Viktor Orbán im Amt als ungarischer Ministerpräsident bestätigt.

INNENSTADT UND BURG-VIERTEL

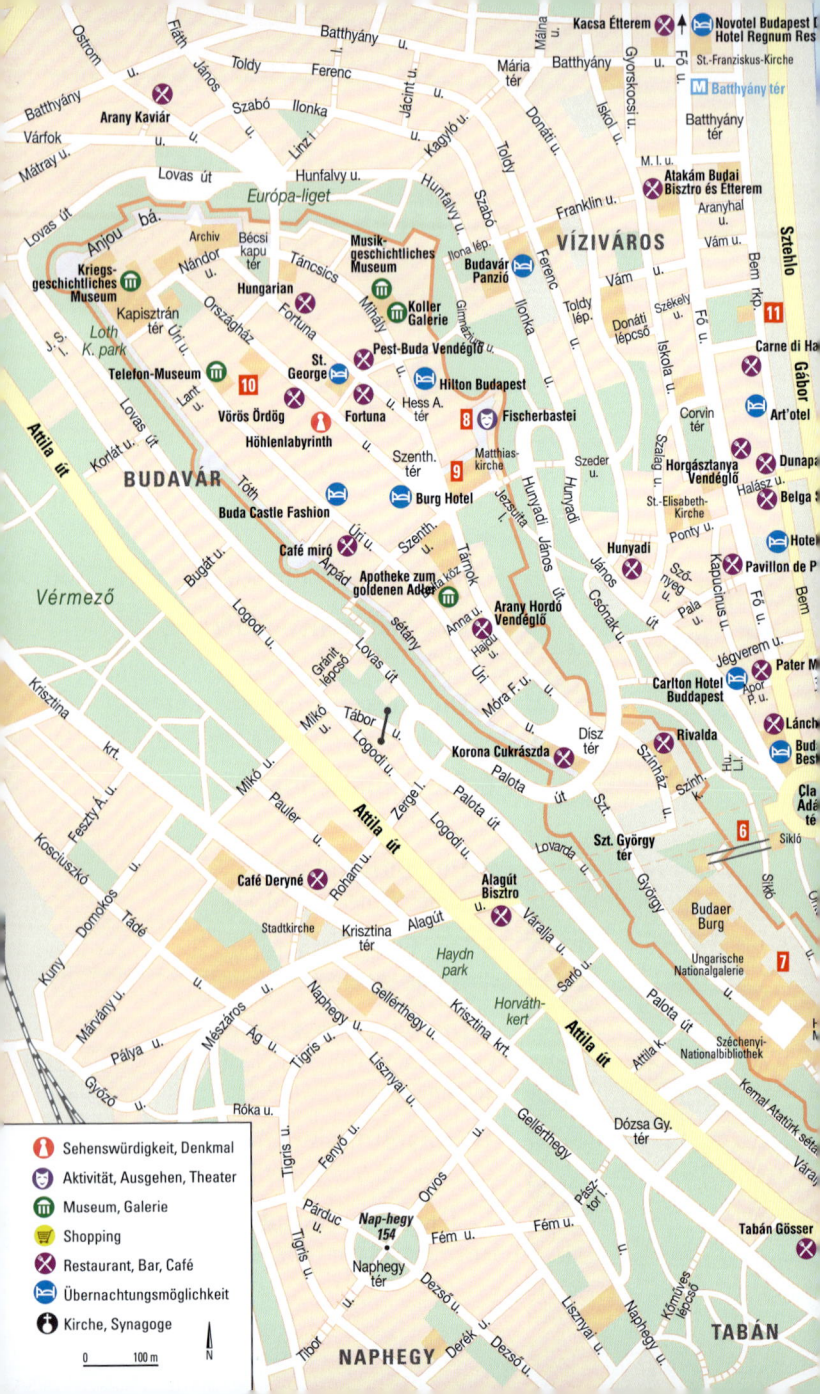

Kacsa Étterem · Novotel Budapest D Hotel Regnum Res
St.-Franziskus-Kirche
Batthyány tér

Batthyány u.
Máina u.
Mária tér
Batthyány tér
Gyorskocsi u.
Fő u.
Iskol u.

Ostrom u.
Fláth u.
Batthyány u.
Toldy Ferenc u.
Jácint u.
Donáti u.

Szabó Ilonka u.
Linzi u.
Kagyló u.
Toldy

Arany Kaviár
Hunfalvy u.
Szabó u.
Franklin u.
VÍZIVÁROS

Várfok
Mátray u.
Lovas út

Batthyány u.
János u.

Atakám Budai Bisztró és Étterem
Aranyhal

Európa-liget
Hunfalvy u.
Ilona lép.
Ferenc u.
Vám u.

Lovas út
Anjou bá.
Archiv
Bécsi kapu tér
Musikgeschichtliches Museum
Budavár Panzió
Vám

Kriegsgeschichtliches Museum
Nándor
Táncsics
Ilonka
Toldy lép.
Donáti lépcső
Székely
Fő u.

Hungarian
Országház
Fortuna
Mihály
Gimnaz.
Carne di Ha

Kapisztrán tér
Úti u.

Loth K. park
Telefon-Museum
10
Pest-Buda Vendéglő
Hilton Budapest
Corvin tér
Art'otel

St. George
Koller Galerie
Hess A. tér
8
Fischerbastei
Szalag

Horgásztanya Vendéglő
Dunapa

Vörös Ördög
Fortuna
Szeder
Halász u.
Belga

BUDAVÁR
Höhlenlabyrinth
Szenth. tér
9
Matthiaskirche
St.-Elisabeth-Kirche
Hotel

Tóth
Burg Hotel
Jezsuita
Hunyadi János u.
Ponty u.
Pavillon de

Buda Castle Fashion
Szenth.
Hunyadi
Kapucinus u.
Fő u.

Café miró
Úri u.
Tárnok
Hunyadi János
Pala
Bem

Vérmező
Bugát u.
Apotheke zum goldenen Adler
Anna u.
Csónak u.
Szónyed
Jégverem u.
Pater M

Logodi u.
Lovas út
sétány
Hajnal Úri
Móra F. u.
Carlton Hotel Buddapest

Gránit lépcső
Mikó
Tábor
Arany Hordó Vendéglő

Krisztina krt.
Logodi u.
Zerge l.
Attila út
Korona Cukrászda
Dísz tér
Szính.

Rivalda
Szính. k.
Lánch

Feszty A. u.
Kosciuszkó
Mikó u.
Pauler u.
Roham u.
Palota út
Lovarda
Szt. György tér
6
Bud Best

Domokos
Tádé
Café Deryné
Krisztina tér
Alagút
Alagút Bisztro
Váralja u.
György
Síkló
Síkló

Kúny u.
Márvány u.
Stadtkirche
Haydn park
Budaer Burg
Cla Ada té

Pálya u.
Mészáros u.
Ág u.
Gellérthegy u.
Krisztina krt.
Horváthkert
Sarló u.
Attila út
Ungarische Nationalgalerie
7

Győző u.
Róka u.
Tigris u.
Fenyő u.
Lisznyai u.
Gellérthegy
Palota út
Attila k.
Széchenyi-Nationalbibliothek

Kemál Atatürk sétán
Váralj

Orvos u.
Gellérthegy u.
Dózsa Gy. tér
Pásztor

Párduc u.
Tigris u.
Nap-hegy 154
Fém u.
Fém u.

Naphegy u.
Dezső u.
Tabán Gösser

0   100 m
N
Tibor u.
NAPHEGY
Derék u.
Dezső u.
Lisznyai u.
Kötmves lépcső
TABÁN

Legend:

- Sehenswürdigkeit, Denkmal
- Aktivität, Ausgehen, Theater
- Museum, Galerie
- Shopping
- Restaurant, Bar, Café
- Übernachtungsmöglichkeit
- Kirche, Synagoge

This is a map of the Belváros district in Budapest, showing streets and points of interest.

Water features:
Donau

Streets and squares (labels):
Parlament — Kossuth L. tér — Kozma F. u. — Honvéd — Kálmán — Imre — Hold — Vadász — u. — Nagymező u.

Bibliothek — Báthory u.

Vértanúk tere — Báthory u. — Vécsey — u. — Aulich u. — Markt — Zsilinszky — Hajós u.

Kossuth tér Ⓜ — Garibaldi — Gar. k. — Nádor u. — Zoltán u. — Perczel M. — Nagysándor J. u. — Bajcsy- — Dessewffy u.

Akadémia u. — Széchenyi — Zoltán u. — Szabadság tér — Kiss E. u. — Hold — Vadász — Zichy Jenő u.

id. Antall József rakpart — Steindl Imre u. — Széchenyi u. — Bank — Sas — Hercegprímás u. — Podmaniczky F. tér — Arany J. u. Ⓜ — Ó u. — Lázár

Széchenyi — Tükör — Akadémia — rakpart — Arany — Arany János u. — Október 6. — János — u. — u. — Révay

Trattoria Pomo D'Oro ✕ — Arany János u.

Akademie der Wissenschaften ♀ — ✕ Govinda — Vigyázó F. u. — BELVÁROS — Szt. István tér — St. Stephan-Basilika

Kyoto ✕ — ✕ Zrínyi Guesthouse 🛏 — Zrínyi — Hercegprímás u. — Andrássy út

The Bar & Lobby Lounge ✕ — Starlight Suiten 🛏 — Tigris ✕ — Október 6 u. — Sas u. — Bajcsy-Zsilinszky — Bajcsy-Zsilinszky út Ⓜ

Four Seasons 🛏 【4】 — Mérleg — Nádor u. — Hild tér

Széchenyi tér

Széchenyi lánchíd 【5】

Sofitel Budapest Chain Bridge 🛏 — József Attila — Erzsébet tér — An. k. — Király

Eötvös tér — Dorottya — ✕ Dorottya Apartment 🛏 — József nádor tér — Deák F. tér — Károly krt.

Vén Hajó ✕ — Apáczai — Csere — John Bull Pub ✕ — Onyx ✕ — Harm. — Bécsi — Deák F. tér Ⓜ — Bárczy I.

Intercontinental Budapest 🛏 — Jane — Belgrád — Szende Pál u. — Café Gerbeaud ✕ — Vörösmarty tér Ⓜ — Fehér Hajó u.

Spoon the Boat ✕ — Haning — Vigadó u. — Vigadó Konzerthalle ♫ — Ferenc — Cyrano ✕ — Kristóf tér — Városház u. — Zentrales Rathaus

Jerney Italian Bistro ✕ — Vigadó tér — Deák — Szervita tér — Gerlóczy Kávéház ✕

Columbus ✕ — 【3】 — Türr I. u. — Váci u. — Petőfi — Sándor — Kamer. K. t.

【2】 — Szamos Gourmet-Haus ✕ 🛏 — Aranykéz — Nagyi Palacsintázója ✕ — Pilvax köz — Városház u.

Zenit Hotel Palace 🛏 — 【1】 — Mc Donald's ✕

Marriott 🛏 — Mercure 🛏 — Párizsi — Hans köz

Régi posta u. — Galamb — La Prima Fashion 🛏 — Pesti B. u. — Kígyó u. — Ferenciek tere Ⓜ

-bl M. tér — Döbrentei — Apród — Petőfi tér — Ferenciek tere — Curia u.

Fogas u. — rakpart — Várkert rkp. — Hege-düs k. — Donau — Duna u.

Március 15.tér — Szabad sajtó út

Március 15.tér

1 Die Váci utca
Sehen und staunen auf der Einkaufsmeile

Die Váci utca ist Budapests älteste Handelsstraße und gilt heute als die bekannteste Flaniermeile der Stadt. Während sich der untere Teil an der Markthalle mit Restaurants und Souvenirläden überwiegend an Touristen richtet, ist die obere Hälfte eine belebte Einkaufsstraße mit vielen internationalen Modeketten. Ein Blick lohnt sich auch in die verschiedenen Seitengassen. Denn dort gibt es abseits der Touristenströme einiges zu entdecken.

Das Leben in der Váci utca beginnt schleppend. Um 9 Uhr am Morgen ist gar nichts los, gegen 10 Uhr öffnen die Geschäfte, mittags wird es voll

Seite 26/27: Der Burgpalast
Mitte: Die Fußgängerstraße Váci utca lässt sich kein Budapest-Besucher entgehen, folgerichtig herrscht hier oft ein ziemliches Gedränge.
Unten: Der Vörösmarty-Platz markiert das nördliche Ende der Váci utca.

MAL EHRLICH

NETTE BEGLEITUNG?

Wenn man abends auf der Váci utca von Damen angesprochen wird, muss man nicht glauben, dass es sich dabei zwangsläufig um Prostituierte handelt. Auf der Hut sollte man dennoch sein, denn ihre Masche ist recht raffiniert. Zunächst scheinen sie hilfsbereit, indem sie dem ausländischen Besucher einen »Geheimtipp« zum Ausgehen unterbreiten. Gern erklären sie sich bereit, dorthin mitzugehen. Doch der charmante Abend endet in der Regel damit, dass sich die Damen aus dem Staub machen – und die gutgläubigen Touristen auf der saftigen Rechnung sitzen bleiben. Denn die ergibt sich in der Váci utca schnell. Die meisten Restaurants sind gnadenlos überteuert. Erkennbar sind die Preisfallen, wenn man bereits beim Eintreten auf Englisch begrüßt wird.

und am Nachmittag ist an ein schnelles Vorwärts-
kommen vor lauter Menschenmassen nicht mehr
zu denken. Bereits seit dem Ende des 18. Jahrhunderts war die Váci utca eine moderne Einkaufsstraße, an deren Attraktivität und Schönheit bis
zum Ausbruch des Ersten Weltkrieges weiter ge-
feilt wurde. Die klassizistischen Gebäude aus dem
19. Jahrhundert, flankiert von zahlreichen Fin-de-
siècle-Laternen, legen davon bis in die Gegenwart
Zeugnis ab.

Heute gibt es keine Jahreszeit, in der die zwei
Teile der Váci utca nicht von Passanten bevölkert
sind. Denn die Flaniermeile ist eine geteilte Straße,
in der Mitte getrennt durch die Szabad sajtó út.
Getrennt werden die beiden Straßenteile durch
eine verkehrsreiche Hauptstraße, die in diesem
Abschnitt Szabad sajtó út und zur Stadt hin den
Namen Kossuth Lajos utca trägt.

Die Hauptstraße der Pester Innenstadt lässt sich
von zwei Seiten erkunden. Vom Süden ab der
Markthalle, im Norden beginnend am Vörösmarty-
Platz. Dort stand bis zum Ende des 18. Jahrhun-
derts das Vácer Tor, der Ausgang der Stadt in
Richtung des Städtchens Vác, dessen Namen die
Straße seit 1899 trägt. An der Ecke Váci utca/Türr
István utca erinnert heute eine Gedenktafel an
das alte Stadttor.

Ausgangspunkt zur Stadt-erkundung

Der Vörösmarty-Platz am Nordende der Straße
ist der beste Ort, um eine Tour durch die Pester
Innenstadt zu starten. Benannt ist er nach dem
Dichter Mihály Vörösmarty (1800–1855), dessen
Marmorstatue den Platz schmückt. Zumindest
während der Sommermonate. In der kalten Jahreszeit bleibt die Statue zugedeckt. Der Platz hatte

AUTORENTIPP!

MILLENNIUMSBAHN

Am Vörösmarty tér beginnt und endet die U-Bahn-Linie 1, die Földalatti. Sie gilt nach der London Underground als die zweitälteste U-Bahn in der Welt und wurde anlässlich der Millenniumsfeiern zur tausendjährigen Landnahme der Ungarn 1896 in Betrieb genommen. Kaiser Franz Joseph ließ es sich nicht nehmen, die heute sogenannte Millenniumslinie einige Tage nach ihrer Jungfernfahrt selbst zu besteigen. Heute besticht vor allem die historische Ausstattung – im krassen Gegensatz zu den weiteren in Sowjetzeiten entstandenen Linien 2 und 3. An die erste U-Bahn auf dem europäischen Festland erinnert auch das Millennium-U-Bahn-Museum in der Unterführung des Deák Ferenc tér.

U-Bahn-Museum. Di–So 10–17 Uhr, Eintritt 350 Forint, Tel. 061/4 61 65 00, www.bkv.hu/hu/muzeumok/foldalatti_vasuti_muzeum_budapest

bereits mehrere Namensänderungen hinter sich, bis er schließlich in den 20er-Jahren des vergangenen Jahrhunderts zu Ehren des Dichters umbenannt wurde, zu dessen bekanntesten Werken *Szózat* (»Aufruf«) gehört, das zur zweiten Nationalhymne avancieren sollte. Der Vörösmarty-Platz wird von ehemaligen Handelskontorgebäuden begrenzt, in denen sich heute zumeist Restaurants, Cafés und Geschäfte befinden, darunter das Gourmet-Haus der berühmten Marzipan-Manufaktur Szamos, das gleichzeitig als Konditorei, Café und Schokoladenmanufaktur funktioniert. In dem Gebäude war vorher die ungarische Börse beheimatet.

Geschmackssache ist das in Glasbauweise errichtete Bürogebäude, das im Erdgeschoss internationale Modeketten beherbergt. Am freundlichsten lässt es sich noch als architektonischen Kontrapunkt bezeichnen. Bekanntestes Gebäude am Vörösmarty-Platz ist das Café Gerbeaud, eines der traditionsreichsten Kaffeehäuser in Europa. In der Hochphase um 1900 wimmelte es in Budapest von etwa 600 Kaffeehäusern, in denen sich das intellektuelle Budapest sammelte. Als k.u.k.-Hoflieferant gehörte das »Gerbeaud« unter den Pester Kaffeehäusern zur Elite.

Das Café übersteht alle Wirren

Die Geschichte begann 1858 mit der Eröffnung einer Konditorei durch Henrik Kugler, Nachkomme einer Konditordynastie. Das Geschäft lief so gut, dass 1870 der Umzug an den jetzigen Standort erfolgte. 1884 wurde der in Genf geborene Emil Gerbeaud Kuglers Geschäftspartner in Budapest. Nach und nach übernahm Gerbeaud das Geschäft, führte neue Produkte ein und beschäftigte um 1900 etwa 150 Mitarbeiter. Das Café überstand die Wirren des 20. Jahrhunderts und erstrahlt seit den 90er-Jahren des vergangenen Jahrhunderts

auch von außen wieder in neuem Glanz, als es der deutsche Unternehmer Erwin Franz Müller, Gründer der gleichnamigen Drogeriekette, aufwendig restaurieren ließ.

Kulinarische Historie, wenn auch jüngeren Datums, präsentiert sich mit dem Schnellrestaurant »McDonald's« in der Régi posta utca. Ende Mai 1988 nämlich eröffnete mit dem McDonald's in Budapest die erste Filiale der Kette im damaligen Ostblock. In derselben Straße weht allerdings ebenso ein Hauch vom alten Budapest. Im Gomb Udvar, dem Knopf-Hof, gibt es nicht nur Knöpfe aller Art und Größen zu kaufen, sondern für den Herren von Welt auch Accessoires wie Pfeifen oder Gehstöcke.

Kulinarik und Kunst

Zwei wuchtige Gebäude dominieren das Straßenbild an der Ecke von Pilvax köz und der Városház utca: das Rathaus des Komitats Pest sowie das Rathaus der Stadt Budapest. Das Rathaus des Komitats stammt aus der ersten Hälfte des 19. Jahrhunderts. Der Grundstein für den Bau des Budapester Rathauses wurde bereits am Anfang des 18. Jahrhunderts gelegt. Damals allerdings noch ohne politische Bedeutung. Denn geplant war das breit angelegte Gebäude, das auf vier Straßen blickt, als ein Invalidenheim für kriegsversehrte Soldaten. Es enthielt daher auch eine Kirche. Heute ist der Bau Sitz des Bürgermeisters, seine Sitzungen hält der Stadtrat im Neuen Rathaus im südlichen Teil der Váci utca ab.

Eine enge, kurze Gasse, die Pilvax köz, verbindet die Városház utca mit der Váci utca. In dieser Gasse befindet sich mit dem Kaffeehaus Pilvax ein Ort der ungarischen Geschichte. Das »Pilvax« war in den 40er-Jahren des 19. Jahrhunderts ein

Oben: Allegorische Figurengruppen begegnen dem Besucher in Budapest immer wieder.
Mitte: Das Café Gerbeaud ist eine Legende unter den Budapester Kaffeehäusern.
Unten: An süßen Versuchungen mangelt es im Gerbeaud nicht.

Hauptquartier der revolutionären ungarischen Jugend. Und hier trafen sich am Morgen des 15. März 1848, dem Tag des Revolutionsbeginns, der Nationaldichter Sándor Petőfi (1823–1849) und seine Freunde. Hier, und nicht auf den Stufen des Nationalmuseums, soll Petőfi erstmals sein legendäres Nationallied vorgetragen haben. Das heutige »Pilvax« ist allerdings nur ein Neubau an der Stelle des damaligen Kaffeehauses.

Galerien für Liebhaber

Für Liebhaber antiker Gegenstände empfiehlt sich ein Blick in die Galerien der Váci utca, etwa das István-Csók-Antiquitätengeschäft in der Párizsi utca 1, das nach dem ungarischen Impressionisten István Csók (1865–1961) benannt wurde. In den Galerien kann mit Gold und Schmuck, Malerei und Grafik, Porzellan, Keramik oder auch Möbeln eine breite Palette antiker Objekte erworben werden. Zudem finden wöchentlich Auktionen statt. Die Verbindung zwischen Altem und Neuem begegnet dem Besucher auf Schritt und Tritt. Bestes Beispiel ist das Gebäude mit dem mächtigen Torbogen gleich am Beginn des nördlichen Abschnitts der Váci-Straße, in dem sich einige Cafés angesiedelt haben. Der Durchgang führt direkt zum Platz des 15. März (Március 15. tér). Dieser wurde im Zuge der Neugestaltung Budapests gründlich aufgehübscht. Im Boden eingelassene Glasplatten zeigen Reste eines alten Römerlagers. Vom Március 15. tér sieht man schon links den Gellért- und rechts den Burgberg sich erheben. An den Platz des 15. März grenzt die Nebenstraße Piarista köz. Hier ist es der Millenniumshof, der den Spagat zwischen Vergangenheit und Zukunft bewältigen will. Der zweite Eingang befindet sich direkt in der Váci utca. Wirkliches Leben zieht in den 100 Jahre alten Büro- und Einkaufskomplex allerdings nur langsam ein.

Oben: Handelskontorgebäude am Vörösmarty-Platz zeugen von alter Geschäftigkeit.
Mitte: Im Gomb udvar gibt es Knöpfe in allen Größen, Farben und Materialien.
Unten: Die Fashion Street liegt zwischen Váci utca und Deak-Platz.

Infos und Adressen

ESSEN UND TRINKEN

Café Gerbeaud. Breites Angebot an Süßwaren im historischen Ambiente. Mo–So 9–21 Uhr, Vörösmarty tér 7–8. Neuerdings gibt es auch ein zugehöriges Bistro, Mo–So 12–23 Uhr, Tel. 061/429 90 00, www.gerbeaud.hu

Cyrano. Elegantes Restaurant in einem 200 Jahre alten Gebäude mit ungarischer und internationaler Küche. Mo–So 8–24 Uhr, Kristóf tér 7, 061/266 47 47, www.cyrano.hu

Gerlóczy Kávéház. In Steven Spielbergs Spielfilm »München« kommt das »Gerlóczy« in der Pariser Szene vor, über dem Café werden 19 Zimmer vermietet. Im Angebot ist internationale wie ungarische Küche. Mo–So 7–23 Uhr, Gerlóczy utca 1, Tel. 061/501 40 00, www.gerloczy.hu

Nagyi Palacsintázója. Von 0–24 Uhr gibt es hier eine breite Auswahl der beliebten Palatschinken, Petőfi Sándor utca 17–19, www.nagyipali.hu

Das Gerlóczy am Kamermayer-Platz tauchte schon in einem Spielberg-Film auf.

Onyx. Gehobene und ausgezeichnete Küche im Gebäude des Café Gerbeaud. Eingang über die Harmincad utca. Di–Fr 12–14.30 Uhr sowie 18.30–23 Uhr, Sa 18.30–23 Uhr, Tel. 0630/508 06 22, www.onyxrestaurant.hu

ÜBERNACHTEN

La Prima Fashion. Vier-Sterne-Unterkunft in unmittelbarer Donau-Nähe. Piarista utca 6, Tel. 061/799 00 88, www.laprimahotelbudapest.com

Mercure. Das Mercure Budapest City Center Hotel richtet sich als Mittelklasse-Hotel an Geschäfts- und Privatreisende. Váci utca 20, Tel. 061/485 31 00, www.accorhotels.com

Gediegenes Ambiente herrscht im Café Gerbeaud.

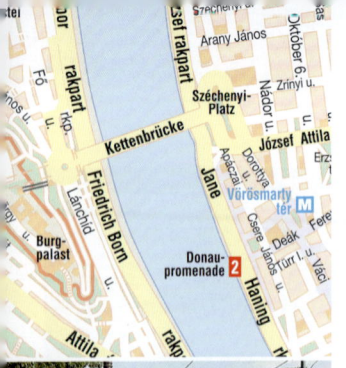

2 Die Donaupromenade
Flanieren am breiten Strom

Zu einem Budapest-Besuch gehört das Flanieren an der Donaupromenade einfach dazu. Nicht zuletzt ist das Donauufer von Budapest Weltkulturerbe. Geprägt war die Promenade vor dem Zweiten Weltkrieg vor allem durch ihre eleganten Hotels. Die gibt es auch heute wieder, wenngleich ihre Fassaden nicht zu den schönsten Sehenswürdigkeiten am Donauufer zählen. Der Blick auf das Burgviertel macht das aber fast wieder wett.

Wo sich das »Marriott« erstreckt, erhob sich einst das »Hungaria«, wo das »Carlton« stand, ist heute nichts mehr. Verschwunden sind das »Bristol« und das »Ritz«. Und einen Straßenzug weiter, an der Stelle des einstigen Luxushotels mit dem prachtvollen Namen »Englische Königin«, steht nun ein

Mitte: Ein Spaziergang an der frisch sanierten Donaupromenade gehört zum Budapest-Gefühl dazu.
Unten: Darf ich bitten? Shakespeare höchstpersönlich verneigt sich hier vor den erlauchten Flaneuren.

MAL EHRLICH

FALSCHES MITLEID

Man kennt das Problem aus deutschen Fußgängerzonen, wo sich vermeintliche Invaliden Kleingeld erbetteln wollen. Das Mitleid ist jedoch oft nicht angebracht, handelt es sich doch in vielen Fällen um aus Osteuropa eingereiste Familienklans, für die Betteln eine Haupteinnahmequelle darstellt. Dafür wird man gern kreativ und simuliert körperliche Gebrechen, die überhaupt nicht vorhanden sind. Vor allem bei den vermummten Damen reicht oft ein Blick auf die jungen Hände, um zu sehen, dass hier nicht das gebrechliche Mütterchen um ein paar Almosen bittet. Im Zweifel also auf das Mitleid verzichten und den Geldbeutel stecken lassen.

Die Donaupromenade

Bürohaus. Von der architektonisch prachtvollen Vergangenheit der Donaupromenade, dem sogenannten Korso, zeugen heute nur noch vereinzelte Gedenktafeln. Dominiert wird der Abschnitt zwischen Kettenbrücke im Norden und Elisabethbrücke im Süden vom Hotel Marriott, in dessen historischem Vorgänger einst auch Richard Wagner mit Frau Cosima abgestiegen war. Der Bau des Hotels 1969 sorgte für einen Skandal. Aber wenn man darin wohne, könne man es zumindest nicht sehen, so hieß es damals.

Korso mit Geschichte

Budapest hatte mehrere Fußgängerpromenaden, aber immer gehörte der Donaukorso zu den beliebtesten und belebtesten. Heute wird an diese Tradition wieder angeknüpft. Aus zahlreichen Straßen in der Innenstadt wurde der Verkehr verbannt. Der Klassiker unter den Promenaden ist jedoch nach wie vor der Donaukorso. Nicht zuletzt bietet sich mit dem Blick sowohl auf den Gellért-Berg als auch auf den Burghügel ein wunderschönes Panorama. Von dem schrieb schon der Dichter János Arany (1817–1882): »Ich steh' und seh' vom Pester Donaustrand/Ein frisches Bild gemalt von Meisterhand«. Das von Meisterhand geschaffene Panorama kann man auch sehr gut vom Boot aus genießen. Das ganze Jahr über – mit der Hochphase natürlich in den Sommermonaten – werden an der Donaupromenade etwa einstündige Bootsrundfahrten auf der Donau angeboten, bei denen auch über die wichtigsten Sehenswürdigkeiten der Stadt informiert wird. Besonders am Abend zeigt sich das hell erleuchtete Budapest in seiner ganzen Pracht.

Prinzessinnen und große Dichter

Ein beliebtes Fotomotiv und gleichzeitig immer wieder einen Grund zur Irritation stellt jene Figur

Oben: »Auf, Ungar!« Der Petőfi-Platz trägt den Namen von Ungarns Nationaldichter Sándor Petőfi.
Unten: Was die Leute nur an mir finden?, mag sie sich denken. Die Prinzessin auf dem Geländer ist aber immer wieder ein beliebtes Fotomotiv.

LINIE 2

Die Straßenbahnlinie 2 entlang der Donau auf der Pester Seite der Stadt ist bei Touristen und Einheimischen gleichermaßen beliebt. Erfolgreich haben sich die Budapester dagegen gewehrt, die historischen Wagen gegen modernere auszutauschen. Von der Straßenbahn hinausblickend kann man den Gellért-Berg, die Budaer Burg, das Parlament und fast alle Brücken der Stadt sehen. Auch international ist die Route ein Begriff. »National Geographic« wählte die Linie in die Liste der weltweit »Top 10 Trolley Rides«. Aber Vorsicht: Beliebt ist die Linie nicht zuletzt auch bei Ticketkontrolleuren. Die Kontrollen in allen öffentlichen Verkehrsmitteln haben sich in Budapest in den letzten Jahren verschärft. Deshalb sollte man es lieber nicht drauf ankommen lassen und immer ein gültiges Ticket zur Hand haben. Als Strafe winkt nämlich ein saftiges Bußgeld von 16 000 Forint.

BKV. Mo 8–20 Uhr, Di–Do 8–17 Uhr, Fr 8–15 Uhr, Akácfa utca 18, Tel. 061/258 46 36, www.bkv.hu

auf dem Donaukorso dar, die der Bildhauer László Marton schuf. Man könnte meinen, sie existiert bereits seit den Anfängen der Promenade, tatsächlich ist sie mit dem Entstehungsjahr 1990 eine der jüngsten Sehenswürdigkeiten auf dem Korso. Vom reinen Betrachten kann niemand mit Bestimmtheit sagen, ob es sich um einen Jungen oder ein Mädchen handelt. Da braucht es die Hilfe einer Tafel, in der dann aber eindeutig von einer Prinzessin die Rede ist. Bei einer weiteren Skulptur stellt sich die Frage, warum sie an diesem Ort aufgestellt wurde. Antwort: Sie stellt eine kulturelle Verbindung her, die von Ungarn bis auf die südliche Erdhalbkugel reicht. Bei der 2003 eingeweihten Shakespeare-Statue vor dem Hotel Marriott handelt es sich nämlich um die Kopie einer Skulptur im australischen Ballarat, die Ende der 1950er-Jahre vom gebürtigen Ungarn Andor Mészáros geschaffen wurde. In Skulpturenform verewigt ist auch der Schriftsteller und Politiker József Eötvös vor dem Hotel Intercontinental. Die Aufschrift auf dem Sockel lautet: »Von der Nation errichtet«.

Prägnantestes Denkmal am südlichen Ende des Korsos ist die Statue von Ungarns Nationaldichter Sándor Petőfi, der im Freiheitskampf gegen die Habsburger ums Leben kam. Es stellt den 25-jährigen Dichter dar, wie er sein Nationallied mit den berühmten Worten *Talpra, Magyar!* (»Auf, Ungar!«) deklamiert. Ins Auge fällt auf dem nach ihm benannten Petőfi-Platz auch die Ende des 18. Jahrhunderts erbaute griechisch-orthodoxe Kirche. Im Krieg büßte sie einen ihrer beiden Türme ein. Seit einigen Jahren wird der markante Makel mit einer schwarzen Verkleidung kaschiert. Die Promenade mündet in den Március 15. tér mit der Innerstädtischen Pfarrkirche. Ein Vorgängerbau existierte bereits im Mittelalter, nach einem Brand wurde sie von 1725 bis 1739 im barocken Stil neu erbaut.

Vom Orient in die Vergessenheit

Der klassische Teil des Donau-Korsos ist hier eigentlich schon zu Ende, noch aber wartet eine kleine kulturgeschichtliche Entdeckung. Blanke Ahnungslosigkeit ist es wohl, mit der man am Belgrád rakpart an der Elisabeth-Brücke auf einer an einer Hauswand angebrachten Gedenktafel den Namen Ármin Vámbéry (1832–1913) liest. Der Mann, dessen Todestag nunmehr schon über 100 Jahre zurückliegt, war jedoch einer der fähigsten Orientalisten des ausgehenden 19. Jahrhunderts. Heute ist er vollkommen vergessen – völlig zu Unrecht, wenn man sich die Leistungen seines Lebens vergegenwärtigt.

Vom Wunsch beseelt, die asiatischen Ursprünge der Magyaren zu erforschen, reiste er mit 22 Jahren nach Konstantinopel. Als sunnitischer Derwisch verkleidet pilgerte er durch die bis dahin für westliche Reisende zum Teil hermetisch verschlossenen Länder Armenien, Persien und Turkestan, wobei er von dort wertvolle geografische, volkskundliche sowie linguistische Resultate zurückbrachte. Das Einzigartige seiner Unternehmung lag darin, als Orientale unter Orientalen gelten zu wollen – und es gelang. Zum Ende seines Lebens war Vámbery national und international eine hochgeschätzte Persönlichkeit. Kein orientalischer Gelehrter oder Geistlicher passierte Budapest, ohne Ármin Vámbéry seine Referenz zu erweisen.

Eine entspannte Atmosphäre genießt man im Café Spoon.

Infos und Adressen

ESSEN UND TRINKEN

Spoon the Boat. Restaurant auf dem Wasser direkt vor dem Intercontinental. Mo–So 12–24 Uhr, Vigadó tér 3, Tel. 061/411 09 33, www.spoonrestaurants.hu

Szamos Gourmet-Haus. Seit 2011 neues Aushängeschild des ungarischen Marzipanherstellers. Mo–So 10–21 Uhr, Váci utca 1, Tel. 0630/570 59 73, www.szamosmarcipan.hu

Szegedi Halászcsárda. Traditionelle ungarische Fischsuppe an der Donaupromenade, Mo–So 11–24 Uhr, Belgrád rakpart, Tel. 061/235 08 65, www.szegedihalaszcsarda.hu

Vén Hajó. Restaurant und Museumsboot in einem. Mo–So 12–24 Uhr, Vigadó tér, Tel. 061/411 09 42, www.venhajo-etterem.hu

ÜBERNACHTEN

Marriott. Jedes Zimmer mit Blick auf die Donau. Apáczai Csere Janos utca 4, 1052 Budapest, Tel. 061/486 50 00, www.marriott.com

3 Die Redoute
Warten auf die Wiedergeburt

Sorgen haben an der Pester Redoute am Donauufer keinen Platz. Dafür steht allein schon der Name des Gebäudes: Vigadó. Vigalom heißt im Ungarischen so viel wie »Vergnügen«. Der gleichnamige Platz vor diesem im Stil der Romantik erbauten Konzert- und Ballhaus gehört zudem zu einem der schönsten von ganz Pest. Es bleibt nur die Frage, wann wieder Leben in das Bauwerk einzieht.

Das Mädchen mit dem Hund ist immer da. Unbeschwert spielen sie bei jedem Wetter am Vigadó-Platz. Seit 2007 schenkt die von Dávid Raffay geschaffene lebensgroße Bronzestatue an der Donaupromenade den Touristen ein beliebtes Fotomotiv. Dominiert wird der Platz freilich von dem Gebäude, das einst gebaut wurde, um das Stadtbild am Donauufer zu verschönern. Die Geschichte des Vigadó geht zurück in die erste Hälfte des 19. Jahrhunderts. In dem ursprünglichen, 1833 fertiggestellten Bau nach den Plänen von Mihály Pollack (1773–1855) waren z. B. Johann Strauß der Ältere oder Franz Liszt zu Gast. Doch lange konnten sich die Pester nicht an dem damals klassizistischen Bau erfreuen. Im Freiheitskrieg 1848/49 wurde er in Schutt und Asche geschossen.

Kulturelles Zentrum

Mitte: Die Pester Redoute (Vígadó) spielt als Konzert- und Ballhaus eine wichtige Rolle in der ungarischen Kulturgeschichte.
Unten: In den Hallen des Vígadó gaben sich schon zahlreiche Größen des Kulturlebens die Ehre.

Die Wiedergeburt der Redoute ließ jedoch nicht lange auf sich warten. Knapp zehn Jahre nach der Zerstörung begann der Architekt Frigyes Feszl (1821–1884) mit den Plänen für einen Neubau. Als das Bauwerk 1865 vollendet war, gingen die Meinungen auseinander. Das mächtige Gebäude

Die Redoute

mit seinen beschwingten Figuren und heiteren Ornamenten, zusammengesetzt aus byzantinischen, maurischen, romanischen und ungarischen Elementen, war den einen zu fremdartig, den anderen zu übertrieben ungarisch. Ungeachtet dessen entwickelte sich das Vigadó schnell zu einem der kulturellen und künstlerischen Zentren Pests und zog in den folgenden Jahrzehnten zahlreiche namhafte Künstler an. Zu ihnen gehörten unter anderen Franz Liszt, Johannes Brahms, Claude Debussy, Vladimir Horowitz, Arthur Rubinstein oder Herbert von Karajan. Neben der internationalen Musikprominenz traten auch heimische Musikgenießer wie Ferenc Erkel oder Béla Bartók im Vigadó auf. Daran erinnern noch heute Gedenktafeln an der Fassade des Gebäudes.

Hauptplatz der Kultur geplant

Nachdem das Gebäude bis vor Kurzem noch für unbestimmte Zeit geschlossen war, ging es bald darauf mit der Renovierung ungewöhnlich zügig voran. Nun muss sich zeigen, ob sich das Warten gelohnt hat und das Altehrwürdige dauerhaft mit Leben erfüllt wird. Versprochen wird von den Planern nicht weniger als Budapests »Hauptplatz der Kultur«. Vorgesehen in den 14 Veranstaltungssälen auf sechs Etagen sind Kulturprogramme, Festivals, Kongresse, Touristen- oder Firmenveranstaltungen. Nicht fehlen soll auch ein Catering-Service der gehobenen Klasse für bis zu 2000 Gäste. Gekrönt wird die Renovierung mit einer Panorama-Terrasse mit Blick auf den Burghügel auf der gegenüberliegenden Seite der Donau.

Apropos: Einmal im Laufe eines Budapest-Besuches sollte man es sich einfach gönnen: Eine Bootsfahrt auf der Donau, am besten am Abend, wenn Parlament und Burgpalast erstrahlen. Die fahrt dauert meist etwas länger als eine Stunde.

Infos und Adressen

SEHENSWÜRDIGKEITEN
Vigadó Konzerthalle. Vigadó tér 2, 061/429 41 24, www.pestivigado.hu

ESSEN UND TRINKEN
Columbus. Restaurant- und Veranstaltungsschiff. Mo–So 12–24 Uhr, Vigadó tér 4, Tel. 061/266 90 13, www.columbuspub.hu

Dunacorso. Schickes Etablissement direkt an der Donaupromenade. Mo–So 12–23 Uhr, Vigadó tér 3, Tel. 061/318 63 62.

Jerney Italian Bistro. Italienisches Restaurant an der Donaupromenade mit Panoramablick auf die Burg. Mo–So 11–23 Uhr, Vigadó tér 3, Tel. 061/266 22 62, www.jerneybistro.hu

McDonald's. Das Essen ist wie überall, nicht aber die Geschichte dahinter. Hier handelte es sich um den ersten McDonald's in Ungarn überhaupt, eröffnet 1988. Mo–So 7–24 Uhr, So 8–24 Uhr, Régiposta utca 10, Tel 06/318 52 01, www.mcdonalds.hu

ÜBERNACHTEN
Intercontinental Budapest. 400 Zimmer direkt an der Donau, Apáczai Csere János utca 12–14, Tel. 061/327 63 33. Im Hotel befindet sich das Corso Restaurant, Mo–So 6.30–23 Uhr, Tel. 061/327 63 92, www.budapest.intercontinental.com

4 Der Széchenyi-Platz
Geistige Eliten unter sich

Die Namensgeber gehörten immer zur obersten politischen Elite. Zunächst war es Kaiser Franz Joseph, nach dem Zweiten Weltkrieg über sechs Jahrzehnte Franklin D. Roosevelt, bis 2011 die Namensrechte an »den größten Ungarn« István Széchenyi fielen. Mit der Akademie der Wissenschaften oder dem Gresham-Palast ist der Széchenyi-Platz auch in seiner Ausstattung elitär.

Ein preußischer Baumeister war es, der für die klügsten Köpfe Ungarns ein Zentrum schuf. Von 1862 bis 1865 wurde die Ungarische Akademie der Wissenschaften nach den Plänen von Friedrich August Stüler (1800–1865) an der Nordseite des heutigen Széchenyi-Platzes gebaut. Es ist bis heute

Unten: Die Akademie der Wissenschaften am Széchenyi-Platz ist der Ort der ungarischen Geisteselite. Mit den Skulpturen an der Fassade haben die Architekten den alten Größen der Wissenschaftsgeschichte ein Denkmal gesetzt.

MAL EHRLICH

FLOTT ZU FUSS

Als Fußgänger hat man es nicht immer leicht in Budapest. Bestes Beispiel dafür ist der Széchenyi-Platz direkt am Pester Brückenkopf der Kettenbrücke. An zahlreichen Stellen braucht es eine gewisse Portion Mut, um den (wenn auch noch so kurzen) Weg über die Straße in Angriff zu nehmen. Es bleibt auch nichts anderes übrig. Denn die Notwendigkeit für eine Fußgängerampel, etwa zur Grünfläche in der Mitte des Platzes, hat bislang noch niemand gesehen. Auf Verständnis der Autofahrer darf man nur bedingt hoffen. So bleibt oft nichts anderes übrig, als auf die wenigen Momente zu hoffen, an denen der motorisierte Verkehr noch an einer Ampel festhängt.

das wichtigste Gebäude am Platz. Für einen der beiden ausführenden Baumeister, Miklós Ybl (1814–1891), einem der größten seines Fachs im Ungarn des 19. Jahrhunderts, endete das Projekt mit einer Enttäuschung: Statt seiner wählte man seinen heute nahezu vergessenen Kollegen Antal Szkalnitzky zum Mitglied der Akademie.

Ihren Ursprung hat die Ungarische Akademie der Wissenschaften allerdings nicht in Budapest, sondern in Bratislava, damals, in der ersten Hälfte des 19. Jahrhunderts, Versammlungsort des ungarischen Reichstages. Im November 1825 bot Graf István Széchenyi auf einer Sitzung des Reichstages ein Jahreseinkommen für die Gründung der Akademie an. Jene Szene ist auf dem großen Relief an der linken Frontseite des Gebäudes dargestellt. Spätestens mit dem Bau des Akademiesitzes einige Jahrzehnte später entwickelte sich die Akademie zum Zentrum des wissenschaftlichen Lebens in Ungarn. Für den Bau des Akademie-Gebäudes brauchte es jedoch größere finanzielle Ressourcen als lediglich die Großspenden einiger Privatpersonen. Die Öffentlichkeit trug ihren Anteil schließlich dazu bei. Davon legen heute noch die Schriftzüge an der Fassade des Neorenaissance-Gebäudes Zeugnis ab. Dort heißt es nicht nur »Gegründet von Patrioten« (Hazafiak alapították), sondern auch »Errichtet von der Nation« (Nemzeti részvét emelte).

Größen der Wissenschaft

Die allegorischen Figuren auf Höhe des zweiten Stockwerks symbolisieren die Wissenschaftszweige, die zur Zeit des Baus in Ungarn betrieben wurden. Weitere Figuren auf derselben Höhe an den anderen Fassaden stellen bedeutende Persönlichkeiten der Wissenschaft dar: Galileo Galilei und Miklós Révai (ein ungarischer Sprachwissenschaftler), Isaac Newton und Michail Lomonossow,

BILDUNG INTERNATIONAL

Der einstige Stadtpalast der Festetics-Familie beherbergt heute eine Universität der besonderen Art. Bei der Central European University handelt es sich nämlich um eine in den USA akkreditierte Universität, deren Lehrbetrieb jedoch ausschließlich in Budapest stattfindet. Zurück geht die Gründung im Jahr 1991 auf den aus Ungarn stammenden amerikanischen Investor George Soros. Hauptziel war ursprünglich, die Entwicklung von offenen Gesellschaften im postkommunistischen Raum zu fördern. Heute hat sich das Selbstverständnis der Universität mit ihren 1600 Studenten aus 100 Ländern auf globale Zusammenhänge verlagert. Besonders empfehlenswert ist der universitätseigene Buchladen in der Zrínyi utca 12 in Richtung Basilika mit einer breiten Auswahl von englischsprachiger Literatur.

CEU Bookshop. Mo–Fr 10–19 Uhr, Sa 10–14 Uhr, Zrínyi utca 12, Tel. 061/327 30 96

AUTORENTIPP!

MUSIKGENUSS AUF HÖCHSTEM NIVEAU

Der Donau-Palast an der Ecke Zrínyi/Nádor utca hat schon einige berühmte Gäste gesehen. Aufgetreten sind dort unter anderem Mark Twain oder Antonín Dvořák. In den 1890er-Jahren im neobarocken Stil erbaut beherbergte es bis 1945 ein Kasino. Schon zu dieser Zeit diente es als Ort für Wohltätigkeitsveranstaltungen und bot jungen Künstlern ein Forum. Den kulturellen Charakter hat der Donau-Palast bis heute behalten. Hier haben das Donau-Sinfonieorchester und das Donau-Künstlerensemble ihren Sitz. Im Theatersaal haben fast 300 Personen Platz. Neben Konzert- und Theateraufführungen sowie Lesungen werden auch regelmäßig Ausstellungen gezeigt.

Duna Palota. Zrínyi u. 5, 1051 Budapest, www.dunapalota.hu

René Descartes und Gottfried Wilhelm Leibnitz. Prachtvoll ist es auch im Inneren der Akademie mit dem prachtvollen Treppenhaus, dem Festsaal und den zahlreichen Fresken zur ungarischen Kulturgeschichte. Öffentlich zugänglich ist das Gebäude aber leider nicht. Spätestens beim Wachmann ist der Besuch zu Ende.

Die Akademie ist heute in elf Fachbereiche gegliedert, darunter acht im naturwissenschaftlichen Bereich. Sie besitzt an die 40 Forschungsinstitute und 100 Forschungsgruppen an Universitäten. Den Statuten gemäß darf die Mitgliederzahl 200 nicht übersteigen. Seit 2003 organisiert die Ungarische Akademie der Wissenschaften alle zwei Jahre in Zusammenarbeit mit der UNESCO, der Europäischen Kommission und dem Internationalen Wissenschaftsrat das World Science Forum, dem Selbstverständnis nach ein wissenschaftliches Äquivalent zum Weltwirtschaftsforum in Davos. Dem geistigen Vater dieser Wissenschaftsinstitution wird in Form einer Statue auf der Grünfläche im Zentrum des Platzes gedacht. Und er befindet sich in – natürlich – würdiger Gesellschaft.

Vater des Ausgleichs

In einer Skulptur verewigt ist dort auch Ferenc Deák (1803–1876), der Vater des Ausgleichs 1867, der die Doppelmonarchie Österreich-Ungarn begründete. Auch hier ist es eine Allegorie, in der die historische Allianz dargestellt wird: Am Fuß der Statue reichen sich zwei nackte Knaben unter dem Segen Gottes die Hände. Repräsentiert die Akademie der Wissenschaften das Höchste im Geiste, steht der Gresham-Palast vis-à-vis der Kettenbrücke für einen anderen Superlativ: Eine feinere Adresse findet sich nirgendwo im Land. Es ist durchaus angebracht, sich mit diesem Mann etwas eingehender zu beschäftigen. Deák war kein Vertreter jenes Revolutionstypus, wie er etwa von dem heißblütigen Lajos Kossuth oder auch dem späteren Ministerpräsidenten Gyula Andrássy verkörpert wurde. Selbst in den heißesten Phasen der Revolution von 1848/49 schlug er sich nicht blind auf eine Seite, sondern versuchte zu vermitteln. Das diplomatische Talent zeigte sich schon in seinen frühen Jahren. Mit gerade einmal 30 Jahren löste er seinen über zehn Jahre älteren Bruder Antal als Gesandten in den Ungarischen Landtag in Pressburg ab. Dieser soll ihn mit den Worten empfohlen haben: »Ich schicke Euch statt meiner einen jungen Mann, in dessen kleinem Finger mehr Wissen steckt als in mir insgesamt.« Im Landtag gehörte er zur Opposition, setzte sich für die Rechte der Bauern ein, kämpfte für die Meinungs- und Religionsfreiheit sowie für die Abschaffung der Todesstrafe. Die liberale Opposition schweißt er zu einer Partei zusammen und wurde ihr führender Redner. Überliefert ist ein Ausspruch nach einer Landtagssitzung, die viel über seine Persönlichkeit aussagt: »Für eine gerechte Sache zu kämpfen ist auch dann eine Verpflichtung, wenn sie keine Aussicht auf Erfolg hat.«

Oben: Die Akademie der Wissenschaften will auch in der Zukunft eine gewichtige Rolle in der Welt der Wissenschaft einnehmen.
Unten: Durch das diplomatische Geschick von Ferenc Deák gelangte Ungarn zum Ausgleich mit Österreich.

45

In der ersten ungarischen Regierung 1848 diente er als Justizminister. Nach der Niederschlagung der Revolution zog er sich in den passiven Widerstand zurück. Seine große Stunde sollte erst einige Jahrzehnte später kommen. Am 15. April 1865 erschien in der Zeitung *Pesti Napló* sein berühmter Artikel, der die Verhandlungen zum Ausgleich von 1867 mit dem geschwächten Österreich in Gang setzte, das nach dem verlorenen Krieg gegen Preußen 1866 endgültig aus Deutschland hinausgedrängt worden war. Dieser historische Meilenstein ist auch als Skulptur auf dem Széchenyi-Platz allegorisch dargestellt. Am Fuß der Statue reichen sich zwei nackte Knaben unter dem Segen Gottes die Hände. Deák verzichtete nach dem Ausgleich auf einen erneuten Ministerposten unter dem neuen Ministerpräsidenten Gyula Andrássy und zog sich immer mehr aus dem öffentlichen Leben zurück. In einem Mausoleum auf dem Kerepesi-Friedhof fand er seine letzte Ruhe.

Ein Juwel des Jugendstils

Seine Bezeichnung als Palast erhielt das heutige »Four Seasons« einzig und allein durch seine prachtvolle Bauweise. Ein Fürst oder Graf hat in dem Jugendstilgebäude nie gelebt. Es war kein Adliger, auf den der Bau zurückgeht, sondern eine Versicherung. 1903 schrieb die Gresham Life Insurance Company einen Wettbewerb aus, den Zsigmond Quittner (1857–1918) und sein Kollege József Vágó (1877–1947) gewannen. Namensgeber der Gresham-Versicherungsgesellschaft war der englische Kaufmann Thomas Gresham (1519–1579). Die Planung und der Bau des nach ihm benannten Palastes fiel in eine Zeit, in der Versicherungen nicht an der Börse investieren durften. Stattdessen erkannte man Mieteinnahmen als lukrative Einnahmequelle. Für den Hauptsitz im Ausland wählte man Budapest aus. An der Stelle, an der

Oben: Der Gresham-Palast ist der Prachtbau schlechthin und war einst Sitz einer Versicherung. **Unten:** Anfang der 90er-Jahre noch war der Zustand lebensgefährlich, nach einer Renovierung gilt der Gresham-Palast als eine der besten Adressen des Landes.

das neue Gebäude entstehen sollte, befand sich zur Mitte des 19. Jahrhunderts mit dem Nákó-Haus bereits ein neoklassizistischer Palast.

Ein Bau setzte Maßstäbe

Der Gresham-Palast wurde in den Jahren 1904 bis 1906 gebaut und demonstrierte die Finanzkraft der Gresham-Versicherung. Von ihr großzügig finanziert und mit freier Hand ausgestattet, wählte Zsigmond Quittner für die Ausgestaltung des Gebäudes die besten Künstler und Handwerker des Landes aus. Die berühmte Zsolnay-Porzellanfabrik etwa produzierte sämtliche Fliesen für die Wände im Erdgeschoss, die Innenhöfe oder die Flure. Die Glas-Mosaiken wurden von dem Glasmacher Miksa Róth hergestellt, die Treppengeländer entstanden in der Werkstatt von Gyula Jungfer.

Der Bau war in vielen Bereichen beispielgebend, nicht zuletzt durch seine Zentralheizung (das warme Wasser wurde über Rohre an den Treppengeländern transportiert) oder die in Form eines T gestaltete, von einer Glaskuppel überdachte Einkaufspassage. Das Gresham diente in erster Linie als Büro- und Mietshaus. Es war ein Ort für jene, die ihn sich leisten konnten. In den 1920er-Jahren wurde er zudem Anziehungspunkt der Avantgarde. Das »Gresham-Venezia«, eines der populärsten Kaffeehäuser der Stadt, gab dem »Gresham-Kreis« seinen Namen, einer Gruppe von ungarischen Künstlern, die dort regelmäßig zusammentrafen. Das 1921 eröffnete Podium-Kabarett zog zudem Avantgarde und Bürgertum gleichermaßen an.

Wiedergeburt als Luxushotel

Im Zweiten Weltkrieg wurde das Gebäude stark beschädigt. Nach der Verstaatlichung 1948 diente es weiter als Büro- und Mietshaus, verfiel jedoch

AUTORENTIPP!

FLOTT AUF DEM WASSER
Es gibt verschiedene Arten, Budapest zu Wasser zu erkunden. Ein Erlebnis ist der »Riverride«. Dieser Schwimmbus hat mit der Untergrundbahn nicht nur gemeinsam, dass sie beide gelb sind, sondern waren beide auch die ersten ihrer Art in Europa. Bevor die Tour ins Wasser geht, stehen zunächst noch auf dem Festland die wichtigsten Sehenswürdigkeiten auf dem Programm. Der Schwimmbus verkehrt ganzjährig von 1. April bis 31. Oktober um 10, 12, 15 und 17 Uhr, von 1. November bis 31. März von 11, 13 und 15 Uhr.

Riverride. Erwachsene 7500 Forint, Kinder (6–14 Jahre) 5000 Forint, Széchenyi Istvan tér 7–8, Tel. 061/332 25 55, www.riverride.de

Am Széchenyi-Platz kann es auch feucht zugehen. Hier startet nämlich der Riverride seine Stadtbesichtigung der anderen Art.

zusehends. In den 1990er-Jahren war der Zustand bereits lebensgefährlich. Dann nahm sich die Four Seasons-Gruppe dem historischen Gebäude an und verhalf ihm zu seiner Wiederauferstehung. Wie 100 Jahre zuvor durch Gresham wurden auch nun die besten Kunsthandwerker des Landes engagiert. 2004 war das Werk vollendet, der Gresham-Palast, nun ein Luxushotel mit 179 Zimmern, war wieder die erste Adresse am Platz.

Neben der Akademie der Wissenschaften und dem Gresham-Palast ist das Gebäude des ungarischen Innenministeriums an der Ecke der Attila József-Straße der dritte dominante Bau am Széchenyi-Platz. Auch hier wurde Kapital offen zur Schau gestellt. Zunächst diente es ebenfalls als Bürogebäude, bevor die 1841 gegründete Ungarische Handelsbank in das Gebäude einzog. Es blieb ihr Stammsitz bis in die 1950er-Jahre. Daran erinnern heute noch zwei Inschriften an der Fassade des Gebäudes. Vom Széchenyi tér sind es nur wenige Minuten zu Fuß zu den weiteren Sehenswürdigkeiten der Innenstadt. Sowohl Parlament als auch Freiheitsplatz und Stephans-Basilika sind nah.

Oben: Das imposante Gebäude des ungarischen Innenministeriums diente einst einer Bank als Zentrale.
Unten: Ur-Vater der Gresham-Versicherungsgesellschaft ist Sir Thomas Gresham. In den Treppengängen des Palastes ist er heute in Bleifenstern verewigt.

Infos und Adressen

SEHENSWÜRDIGKEITEN

Akademie der Wissenschaften. Széchenyi István tér 9, Tel. 061/411 61 00, www.mta.hu

ESSEN UND TRINKEN

Gresham Restaurant. Eines der hochklassigsten Restaurants der Stadt. Genug Kleingeld sollte man aber dabeihaben. So–Do 12–22 Uhr, Fr–Sa 12 bis 22.30 Uhr, Széchenyi István tér 5-6, Tel. 061/268 60 00, www.fourseasons.com/budapest/dining

John Bull Pub. Englische Sportbar mit breitem Steak- und Burger-Angebot. Mo–So 11–24 Uhr, Apáczai Csere János utca 17, Tel. 061/338 21 68, www.johnbullsportpub.hu

The Bar & Lobby Lounge. Exklusives Ambiente für Genießer. Mo–So 11–1 Uhr, Széchenyi István tér 5–6, Tel. 061/268 60 00, www.fourseasons.com/budapest/dining

Gegen Anfassen hat dieser Wachtposten nichts einzuwenden.

Trattoria Pomo D'Oro. Italienische Küche mit weit mehr als nur Pizza. Mo–So 12–24 Uhr, Arany János utca 9, Tel. 061/302 64 73, www.pomodorobudapest.com

ÜBERNACHTEN

Four Seasons Hotel. Wohl das beste Hotel, das Ungarn zu bieten hat, im historischen Gresham-Palast. Széchenyi István tér 5–6, Tel. 061/268 60 00.

Dorottya Apartment. Gemütliche, zentral gelegene Apartmentwohnungen. Dorottya utca 11, Tel. 0670/369 24 21, www.dorottya-apartment.com

Zrínyi Guesthouse. Unterkunft für den kleineren Geldbeutel und überschaubare Ansprüche. Zrínyi utca 4, Tel. 0620/326 01 29, www.zrinyi-hostel-budapest.com

Starlight Suiten. Vier-Sterne-Komfort im Zentrum Budapests, Mérleg utca 6, Tel. 061/484 37 00, www.starlighthotels.com

Edel und gehoben: das Restaurant des Four Seasons im Gresham-Palast.

5 Die Kettenbrücke
Symbol des ungarischen Reformzeitalters

Die Kettenbrücke ist die älteste und bekannteste der neun Budapester Brücken über die Donau und gleichzeitig eines der markantesten Wahrzeichen der ungarischen Hauptstadt. Die Geschichte der Kettenbrücke ist gleich mit mehreren Legenden verbunden. Ihr Bau geht zurück auf den großen ungarischen Reformer István Széchenyi (1791–1860). Er selbst hat die Brücke jedoch nie betreten.

Als Klaus Mann sich einst auf Entziehungskur in Budapest befand, hielt er seine Eindrücke unter anderem in dem Satz fest, man müsse Budapest von oben und bei Nacht gesehen haben. Die hell

Unten: Die Budapester Kettenbrücke macht aus jeder Perspektive eine gute Figur. Schon seit der Mitte des 19. Jahrhunderts ist sie eines der Wahrzeichen der Hauptstadt. Zu ihrem Ruhm tragen auch verschiedene Legenden und Tragödien bei.

MAL EHRLICH

RADELN IN BUDAPEST

Wer auf Rädern unterwegs ist, hat es in Budapest generell nicht leicht. Schwierig ist die Situation vor allem für Radfahrer. Auf Rücksicht sollte man lieber nicht hoffen, stattdessen im Sinne der eigenen Gesundheit vor allem an den verkehrsreichen Punkten besonders achtsam sein, um die Tour durch die Hauptstadt genießen zu können und ohne Blessuren zu überstehen. Budapest verfügt über etwa 160 Kilometer Fahrradwege. Die Critical-Mass-Veranstaltungen ziehen mittlerweile bis zu 100 000 Teilnehmer an. Unter www.budapestbike.hu werden sowohl Fahrradtouren angeboten als auch Fahrräder ausgeliehen. Doch das soll nicht über die Tatsache hinwegtäuschen, dass der Herr der Straße immer noch auf vier Rädern unterwegs ist.

Die Kettenbrücke

erleuchtete Kettenbrücke, die sich dem Betrachter bei einem solchen Blick offenbart, gehört zu den unvergesslichsten Eindrücken eines Budapest-Besuchs. Der offizielle Name der Brücke lautet Széchényi Lánchíd, also Széchényi-Kettenbrücke. Zwar waren die beiden Stadthälften Buda und Pest bereits Ende des 18. Jahrhunderts mit einer Pontonbrücke verbunden. Allerdings nur von Frühling bis Herbst.

Dauerhaft verbunden wurden Buda und Pest schließlich mit der Kettenbrücke. Namensgeber Széchenyi, so heißt es, wurde zu ihrem Bau angeregt, nachdem er eine Woche lang warten musste, um zum Begräbnis seines Vaters ans andere Ufer zu kommen. Es gibt jedoch noch eine weitere Ursprungslegende. Der Schriftsteller Ferenc Herczeg hat sie in seinem Theaterstück *Die Brücke* aufgegriffen. So geht die Initiative für die Kettenbrücke auf die Liebschaft Széchenyis mit der Gräfin Zichy zurück, die er einmal trockenen Fußes besuchen wollte.

Legendäre Brücke

Mit dem Entwurf der Kettenbrücke wurde der renommierte englische Ingenieur William Tierny Clark beauftragt. Die Bauleitung erhielt sein Namensvetter Adam Clark. Später wurde ihm zu Ehren der Platz am Budaer Brückenkopf benannt. Mit dem Bau der Kettenbrücke haben sich alle Beteiligten unsterblich gemacht. Und äußerst langlebig ist auch die Legende, wie die Kettenbrücke ihr erstes Todesopfer forderte. Je nach Erzählung ist es der Architekt selbst oder der Bildhauer, der die imposanten Löwen an den Brückenköpfen modellierte. Man solle einen Makel an der Brücke finden, hieß es nach ihrer Fertigstellung. Als nun darauf hingewiesen wurde, dass die Löwen gar keine Zungen hätten, gab es keinen anderen Ausweg mehr, als sich der Schmach durch Suizid zu entzie-

TRAGISCHE LIEBE IN BUDAPEST

Für Dramatik ist die Kettenbrücke immer gut. Das wissen auch Filmschaffende zu schätzen. Ben Becker stürzt sich hier aus Liebeskummer in die Donau. Natürlich nur auf der Leinwand. *Gloomy Sunday – Ein Lied von Liebe und Tod* handelt von der Dreiecksbeziehung zwischen dem Restaurantbesitzer László (Joachim Król), der Kellnerin Ilona (Erika Marozsán) und dem Pianisten András (Stefano Dionisi). Zeitpunkt der Handlung ist das Budapest der 1930er-Jahre vor dem Hintergrund des aufkommenden Faschismus. Roter Faden dieser deutsch-ungarischen Koproduktion aus dem Jahr 1999 ist das *Lied vom traurigen Sonntag*, das als »Hymne der Selbstmörder« in die Geschichte einging. Für die ungarische Schauspielerin Erika Marozsán bedeutete der Film den internationalen Durchbruch.

Ein Lied von Liebe und Tod – Gloomy Sunday (Deutschland 1999).

Düstere Perspektive: Die Kettenbrücke zieht auch immer wieder Selbstmörder an.

hen. Auch Graf Széchenyi konnte sich nicht lange über »seine« Brücke freuen. Denn er betrat sie nie. Nach einem Zusammenbruch im September 1848 verbrachte er den Rest seines Lebens in einer Nervenheilanstalt in Wien. Umso mehr können sich heutige Besucher beim Überqueren der Brücke an der Aussicht erfreuen.

Von deutschen Truppen gesprengt

Die Kettenbrücke symbolisiert wie kaum ein anderes Bauwerk des 19. Jahrhunderts Budapests Aufstieg von der Provinzstadt zur Metropole. Erbaut wurde sie zwischen 1842 und 1849. Ihre Spannweite zwischen den beiden Pfeilern beträgt 202 Meter. Die ursprüngliche Konstruktion wog mehr als 2000 Tonnen. Sie war noch nicht vollkommen fertiggestellt, als die Österreicher zur Zeit des Freiheitskampfes auf dem Rückzug nach Buda versuchten, sie in die Luft zu sprengen. Der unfachmännisch angebrachte Sprengstoff konnte der Brücke jedoch wenig anhaben. Umso mehr aber dem Oberst, der den Sprengbefehl ausgegeben hatte. Er wurde in Stücke gerissen. Sehr fachmännisch wiederum brachten die Deutschen 1945 den Sprengstoff an. Während der Schlacht um Budapest zündeten sie ihn und versenkten das Mittelstück der Brücke in der Donau. Aber bereits 1949, hundert Jahre nach ihrer Fertigstellung, wurde dieses Wahrzeichen Budapests wieder aufgebaut.

Oben: Aufgepasst: Wenn eine Jungfrau die Brücke betritt, sollen die Löwen brüllen, besagt eine Legende.
Unten: Gern wird die Kettenbrücke auch von Joggern und Radfahrern benutzt. Da kann es schon einmal eng werden.

Infos und Adressen

ESSEN UND TRINKEN

Govinda. Indisches Restaurant mit vegetarischer Küche und Salatbar. Mo–Fr 11.30–21 Uhr, Sa 12 bis 21 Uhr, Vigyázó Ferenc utca 4, Tel. 061/473 13 10, www.govinda.hu

Kyoto. Japanisches Restaurant direkt am Széchenyi-Platz. Mo–So 12–24 Uhr, Széchenyi István tér 7–8, Tel. 061/801 98 62, www.kyotoetterem.hu

Salaam Bombay. Indisches Restaurant mit vielen Hühnchengerichten. Mo–So 12–15 und 18–23 Uhr, Mérleg utca 6, Tel. 061/411 12 52, www.salaambombay.hu

Tigris. Gehobene Küche mit breitem Weinangebot, seit 2009 jährlich von Michelin empfohlen. Mo–Sa 12–24 Uhr, Mérleg utca 10, Tel. 061/317 37 15, www.tigrisrestaurant.hu

ÜBERNACHTEN

Hotel Victoria. Schicke Bleibe am Budaer Donauufer mit Blick auf Burgberg und Kettenbrücke. Bem rakpart 11, Tel. 061/457 80 80, www.victoria.hu

Sofitel Budapest Chain Bridge. Noble Unterkunft direkt an der Kettenbrücke mit Blick auf den Burgberg. Széchenyi tér 2, Tel. 061/266 12 34, www.sofitel.com

Aus Rot wurde Grün. Einst prangte auf der Fläche am Clark Ádám-Platz der Rote Stern.

In den Abendstunden versprüht die hell erleuchtete Kettenbrücke Romantik pur.

6 Die Standseilbahn
Die Stadt zu Füßen

Die Budavári Sikló, die Standseilbahn auf den Burgberg, bietet ein kurzes, dafür umso schöneres Vergnügen. Eben noch braust einem der Verkehr um die Ohren, und wenige Minuten später wird man von der erhabenen Ruhe der Budaer Burg begrüßt. Dazwischen wird den Fahrgästen ein schöner Ausblick auf das Stadtpanorama gegeben.

Es ist ein Familienname, der in der Geschichte von bedeutenden Budapester Bauwerken und Institutionen immer wieder auftaucht: Széchenyi. Im Fall der Standseilbahn vom Donauufer hinauf auf den Burgberg ist es Ödön Széchenyi (1839–1922), ein Sohn des großen Staatsreformers. Zwar war seine eigentliche Passion das Feuerwehrwesen, doch geht die Budavári Sikló eben auch auf seine Initiative zurück. Die Pläne für die Standseilbahn stammen aus dem Jahr 1869. Danach ging es schnell voran. Im Oktober desselben Jahres erfolgte der Testlauf, am 2. März 1870 konnte sie offiziell eröffnet werden. Sie war damit nach der im französischen Lyon die zweite ihrer Art in Europa.

In Betrieb seit 1986

In ihrer ursprünglichen Form wurde die Bahntrasse durch zwei Fußgängerbrücken unterbrochen, die an der Wende des 19. zum 20. Jahrhunderts aufgrund einer Erweiterung des Burggartens entfernt wurden. Jedoch wurden sie in den 1980er-Jahren nach Originalplänen wieder errichtet. Trotz ihres historischen Aussehens sind die Kabinen modernen Datums. Sie wurden ebenfalls in den 1980er-Jahren erbaut, gleichzeitig mit der Wiedererrichtung der

Unten: In gemächlichem Tempo verkehrt die Standseilbahn zwischen dem Clark-Ádám-Platz und dem Szent György tér auf den Burgberg. Da bleibt Zeit genug, aus den historischen Kabinen die Aussicht auf die Stadt zu genießen.

Die Standseilbahn

Standseilbahn selbst, die im Zweiten Weltkrieg zerstört wurde und erst 1986 wieder in Betrieb ging.

500 000 Fahrgäste jährlich

Jährlich transportiert die Standseilbahn etwa 500 000 Personen. Mit jedem Meter, den die Bahn vom Adám-Clark-Platz zum Szent-György-Platz steigt, entfaltet sich das Panorama der Stadt vor den Augen der Reisenden. Der Blick schweift zur Kettenbrücke, über die Donau bis hin zu den pracht- (und weniger pracht-)vollen Gebäuden am Pester Donauufer. Dafür bezahlt man mit 1700 Forint (ca. 5,70 Euro) für Hin- und Rückfahrt allerdings auch einen stolzen Preis. Irrtümlich wird oft angenommen, die Bahn sei 24 Stunden am Tag in Betrieb. Eine Fahrt ist jedoch nur zwischen 7.30 und 22 Uhr möglich.

Auf dem Adám-Clark-Platz am Budaer Kopf der Kettenbrücke fällt auch ein Denkmal in Form einer etwas zu länglich geratenen Null auf. Dies stellt den Null-Kilometer dar, von hier werden die Kilometerabstände zur Hauptstadt gemessen, die einem auf den ungarischen Autobahnen immer wieder begegnen und während der Fahrt etwas die Zeit vertreiben.

Diejenigen, die auf das kurze Vergnügen in der Standseilbahn verzichten wollen und doch lieber zu Fuß unterwegs sind, können entweder die Königstreppe erklimmen, die rechts des Brückentunnels beginnt. Oder den Weg linker Hand des Tunnels an der Kasse der Standseilbahn vorbei wählen. Dort wird man bereits mit einer großen Darstellung (sie zeigt die Wappen der Regionen des historischen Ungarns und den Schriftzug »Vertrauen in die Werte der Ahnen«) auf die geschichtsträchtigste Sehenswürdigkeit der Stadt eingestimmt – die Budaer Burg und das Burgviertel.

Infos und Adressen

ESSEN UND TRINKEN

Alagút Bisztro. Auf der anderen Seite des Tunnels unter dem Burgberg bietet das Bistro Speisen für den großen und kleinen Hunger. So–Do 1.30–24 Uhr, Fr–Sa 11.30–2 Uhr, Alagút utca 4, Tel. 061/788 50 43, www.alagutbisztro.hu

Hunyadi. Benannt nach einem der bedeutendsten ungarischen Herrscher des Mittelalters, bietet das Restaurant vor allem ungarische Küche. Mo–Do 17–23 Uhr, Fr–So 12–23 Uhr, Hunyadi János út 17, Tel. 061/212 77 40, www.hunyadietterem.hu

Lánchíd Söröző. Uriger Ort mit einfachen ungarischen Speisen, ideal für ein Gespräch mit Bekannten, Geschäftsfreunden – oder für ein Rendezvous. Mo–So 11–1 Uhr, Fő utca 4, Tel. 061/214 31 44, www.lanchidsorozo.hu

Pater Marcus. Fleisch- und Fischgerichte in der Atmosphäre einer Abtei. Mo–So 12–24 Uhr, Apor Péter utca 1, Tel. 061/212 16 12, www.patermarcus.hu

Pavillon de Paris. Französische Küche. Di–Sa 12–15 und 18–22 Uhr, Fő utca 20, Tel. 061/225 01 74, www.pavillondeparis.hu

ÜBERNACHTEN

Budapest Best Apartments. Gehobene Unterkünfte nahe der wichtigsten Sehenswürdigkeiten. Fő utca 4, Tel. 061/299 70 76, www.budapestbestapartments.com

7 Der Burgpalast
Gradmesser der Geschichte

Der Palast auf der Budaer Burg ist das größte Gebäude Budapests und zugleich eines der bekanntesten Wahrzeichen. Der Burgpalast dominiert das Stadtbild von allen Seiten. Vor allem aber ist er ein historischer Gradmesser. Im Laufe seiner Geschichte erlebte er zahlreiche Belagerungen und Kriege, wurde mehrfach beschädigt oder gar zerstört, und hat doch alle Zeiten überdauert.

Mitte: Der Burgpalast veränderte im Laufe der Jahrhunderte mehrfach sein Antlitz. Heute beherbergt er unter anderem die Nationalgalerie und die Nationalbibliothek.
Unten: Der Matthiasbrunnen erinnert an den Renaissancekönig Matthias Corvinus.

Der wohl größte europäische Feldherr zwischen Wallenstein und Napoleon demonstriert allein durch seine Körperhaltung, dass Aufgeben keine Option ist: Eugen von Savoyen (1663–1736) gilt als einer der größten Helden der ungarischen Geschichte. Schließlich gelang es unter seiner Führung, die Osmanen zu schlagen, die drauf und dran waren, in ihrem Expansionsdrang auch den westlicheren Teil des Kontinents in Angriff zu nehmen. Sein bronzenes Reiterdenkmal dominiert heute den Platz vor dem Budaer Burgpalast, unter dem sich für den Besucher die Stadt ausbreitet und Erinnerungsfotos im Dauerakkord geschossen werden.

Hat man zu Fuß vom Adám-Clark-Platz kommend den Burgberg erklommen, fällt schon aus einiger Entfernung der prägnante Turul-Vogel auf. Am nordöstlichen Ende des Palastkomplexes, auf einem Pfeiler bei den Treppen zum Szent-György-Platz, breitet er seine Schwingen aus, die Fänge um ein Schwert gekrallt. Der Turul, ein Fabelwesen, begleitet die ungarische Nation seit ihren Anfängen. Der Legende nach hat er die Ungarn einst in das Karpatenbecken geführt.

Der Burgpalast

Der mythische Vogel der Ungarn wacht an dem Tor, das direkt auf den Szent-György-Platz führt. Hier, am oberen Ende der Standseilbahn, dominiert das Sándor-Palais, der Sitz des ungarischen Präsidenten. Vor allem im Hochsommer hat man mit den Wachmannschaften regelrecht Mitleid. Vielleicht macht die grandiose Aussicht die Anstrengungen aber wieder wett. Vorbei am Reiterdenkmal des Eugen von Savoyen und entlang der Mauer bis zum Südrondell und dem Turm des Seufzertores erstreckt sich die Stadt in all ihrer Weite vor dem Betrachter: Das flache, dicht bebaute Pest auf der einen und als Gegenpart das grüne, hügelige Buda auf der anderen Seite.

Der Burgpalast ist heute ein Ort, in dem einige der wichtigsten Kulturinstitutionen des Landes untergebracht sind. Direkt hinter dem Savoyen-Denkmal liegt der Eingang zur Nationalgalerie mit den Werken der großen ungarischen Meister, darunter Mihály Munkácsy, Mór Than, István Csók oder Károly Lotz. Rechts davon geht es durch einen kleinen Durchgang zum Matthiasbrunnen. Von dort führt der Weg in den Innenhof des Palastes, wo sich mit der Nationalbibliothek und dem Budapester Geschichtsmuseum zwei weitere sehenswerte Kultureinrichtungen befinden.

Der Eingang des Innenhofes wird als Löwentor bezeichnet, nach den vier stattlichen Löwenstatuen am Toreingang sowie im Innenhof selbst. In der 1802 gegründeten Nationalbibliothek werden etwa zwei Millionen Bücher verwahrt, hinzu kommen weitere unzählbare Manuskripte, Partituren oder Zeitungen. Eine in dieser Bibliothek aufbewahrte Karte wurde 2007 in das Weltdokumententerbe der UNESCO aufgenommen, die *Tabula Hungariae*, eine von Lazarus Secretarius und seinem Lehrer Georg Tannstetter entworfene, 1528 in Ingolstadt gedruckte Landkarte Ungarns.

SEHENSWERTE SIEDLUNGSGE-SCHICHTE

2000 Jahre Stadtgeschichte kommen im Budapester Geschichtsmuseum zusammen und spannen den Bogen von der Ur- und Frühzeit bis in die Neuzeit. In den oberen Stockwerken des Museums ist die Entwicklung Budapests bis zum Ende des Zweiten Weltkriegs dargestellt. Durch die verschiedenen Exponate, darunter hand- und kunsthandwerkliche Erzeugnisse, Textilien, Keramiken, Fotografien, Hausrat und andere Alltagsgegenstände, wird ein breiter Überblick über die Entwicklung der Stadt vermittelt. Außerdem befinden sich hier die Überreste des mittelalterlichen Palastes, auf dessen Platz der heutige Burgpalast steht. Zu sehen sind auch Kunstwerke und andere Gegenstände, die bei Ausgrabungen auf dem Gelände des Burgpalastes gefunden wurden.

Geschichtsmuseum. Di–So 10–16 Uhr (Nov.–Feb.) bzw. 10–18 Uhr (März–Okt.), Eintritt: 1800 Forint, Szent György tér 2, Tel. 061/487 88 00, btm@mail.btm.hu oder www.btm.hu

Bollwerk gegen die Mongolen

Die Geschichte der Budaer Burg ist untrennbar mit kriegerischen Auseinandersetzungen verbunden. Es war gleich nach dem Mongolensturm in der Mitte des 13. Jahrhunderts, als der damalige König Béla IV. auf dem Burgberg eine befestigte Stadt mitsamt einem Wohnsitz errichten ließ. Dieser ersten Burg war jedoch keine lange Lebensdauer beschieden. Bereits zu Beginn des 14. Jahrhunderts wurden Teile wieder abgerissen und eine neue Burg gebaut, die in den folgenden Jahrzehnten kontinuierlich erweitert wurde – nicht zuletzt wegen der herannahenden Türkengefahr. Die rekonstruierten Teile der mittelalterlichen Befestigungsanlage sind heute im südlichen Teil des Komplexes zu sehen.

Einen Aufschwung erlebten Burg und Land gleichermaßen unter der Herrschaft von Matthias Corvinus (1443–1490). Unter ihm wurde der gotische Burgpalast zu einem Renaissancepalast ausgebaut, der sich in der Folgezeit zu einem Zentrum der Renaissancekultur in Mittel- und Osteuropa entwickelte. Die Einwohnerzahl in dieser Zeit wird auf etwa 8000 geschätzt. An den Renaissancekönig erinnert der Matthiasbrunnen im Innenhof der Anlage. Er zeigt den König als Jäger, begleitet von seinem Jagdmeister, seinen Jagdhunden und einem Geschichtsschreiber. Rechts unten ist die Statue der schönen Ilonka zu sehen, einem Mädchen von geringem Stand, das sich in den König verliebte, ohne zu wissen, wer er war.

Unter türkischer Herrschaft

Allen Befestigungsmaßnahmen zum Trotz gelang es den Türken 1541, letztendlich doch die Burg einzunehmen. Damit einher ging in den kommenden knapp eineinhalb Jahrhunderten der türki-

Prinz Eugen von Savoyen
(1663–1736), Oberbefehls-
haber im Krieg gegen die
Türken, wurde hier ein Denkmal gesetzt.

Einen Überblick über die ungarische Geschichte bekommt
man in der Nationalgalerie.

Oben: Wenn Mauern reden könnten, hätten diejenigen des Burgpalastes viele Geschichten aus mehreren Jahrhunderten zu erzählen.
Unten: Immer wieder Löwen. An ihnen muss vorbei, wer einen Blick in den Innenhof des Burgpalastes werfen will.

schen Besatzung der Verfall der Anlage. Die Räume des Palastes wurden als Lagerräume oder sogar Ställe zweckentfremdet. Es kam sogar noch ärger: Am Pfingstsonntag 1578 löste ein Blitzschlag eine gewaltige Explosion in der Pulverkammer des Palastes aus, der etwa 2000 Menschen zum Opfer fielen, und bei der die größten Teile des Palastes zerstört wurden. Gleichzeitig aber wurden unter der Türkenherrschaft die Befestigungsanlagen verstärkt, was eine Rückeroberung durch christliche Heere unmöglich machte.

Die Befreiung von Buda gelang erst 1686 – und hinterließ eine Ruinenlandschaft. Die christlichen Heere zerschossen den Palast völlig. Im 18. Jahrhundert wurden die Ruinen nicht wieder aufgebaut, stattdessen ein wesentlich kleinerer Barockpalast errichtet. Die Bauarbeiten für eine größere Residenz begannen erst wieder unter Kaiserin Maria Theresia. Danach war dem Burgpalast eine längere Phase der Ruhe beschieden. Erst während des Freiheitskampfes 1848/49 gegen die Habsburger wurde der Palast abermals belagert. Es blieb jedoch bei kleineren Schäden, die schnell behoben

Der Burgpalast

werden konnten. Seine heutige Form erhielt der Burgpalast im letzten Jahrzehnt des 19. Jahrhunderts. Unter der Leitung der Architekten Miklós Ybl und Alajos Hauszmann entstand ein mächtiger neobarocker Palast.

Weltkulturerbe seit 1987

Am Ende des Zweiten Weltkrieges stand der Burgpalast während der Schlacht um Budapest im Mittelpunkt der Kämpfe. Die deutschen Truppen hatten sich hierher zurückgezogen. Der Palast überstand die Kämpfe nicht. Das Dach stürzte komplett ein, das Innere brannte nahezu vollständig aus. Doch auch nach diesem Krieg erlebte der Burgpalast seine Wiederauferstehung, auch wenn es einige Jahrzehnte dauern sollte, bis er Ende der 1960er-Jahre wieder der Öffentlichkeit zugänglich gemacht werden konnte.

Doch wenn auch es dauerte: Damit blieb Budapest eines seiner Wahrzeichen erhalten. Und erspart wurde der Hauptstadt auch so ein Größenwahn, wie ihn der rumänische Diktatur Nicolae Ceauşescu an den Tag legte. Für dessen irrwitzigen Palast des Volkes in Bukarest wurde der historische Charakter der Stadt buchstäblich fast vollständig platt gemacht. Dieses Schicksal blieb dem Budapester Burgpalast glücklicherweise erspart. Eine große Ehre wurde ihm zudem in den 1980er-Jahren zuteil. 1987 wurde der Burgpalast zusammen mit dem Uferbereich der Donau und der Andrássy út von der UNESCO als Bestandteil des Weltkulturerbes erklärt. Davon kann man sich zwar bekanntermaßen nichts kaufen, aber es ist eine gerechte Auszeichnung für einen Komplex, der so untrennbar mit Budapest und seiner oft tragischen Geschichte verbunden ist und Besucher aus der ganzen Welt bis heute in Scharen anzieht.

Infos und Adressen

ESSEN UND TRINKEN

Arany Szarvas. Das ausgezeichnete Restaurant bietet einen Mix aus lokaler und internationaler Küche. Mo–So 11–23 Uhr, Szarvas tér 1, Tel. 061/375 64 51, www.aranyszarvas.hu

Café Deryné. In mehrfachem Sinne ausgezeichnetes Bistro. Mo–So 7.30–24 Uhr, Krisztina tér 3, Tel. 061/225 14 07, www.bistroderyne.com

Korona Cukrászda. Konditorei des berühmten Unternehmens Szamos auf dem Weg ins Herz des Burgviertels. Mo–So 10–19 Uhr, Dísz tér 16, Tel. 061/375 61 39, www.szamosmiklos.hu/korona

Rivalda Café & Restaurant. Seit der Eröffnung im Jahr 2000 hat sich das Rivalda mit europäischer Küche schnell einen Platz unter den führenden Restaurants der Stadt gesichert. Mo–So 11.30–23.30 Uhr, Színház utca 5–9, Tel. 061/489 02 36, www.rivalda.net

Tabán Gösser. Ungarische und internationale Küche auf der Rückseite des Burgberges. Mo–So 12–23 Uhr, Attila út 19, Tel. 061/375 94 82, www.tabanigosseretterem.hu

ÜBERNACHTEN

Burg Hotel. Zimmer mit Blick auf Matthiaskirche und Fischerbastei. Szentháromság tér 7, Tel. 061/212 02 69, www.burghotelbudapest.com

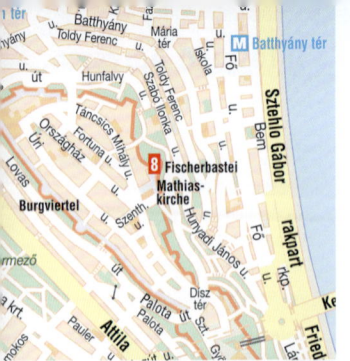

8 Die Fischerbastei
Kitschige Schönheit

Man wird niemandem zu nahe treten, wenn man die Fischerbastei als kitschiges Bauwerk bezeichnet. Einen praktischen Wert hatte sie nie. Der Bau mit seinen schneeweißen steinernen Türmen ist ein Produkt der Neuzeit. Ein wenig Geschichte steckt aber dennoch darin: Ihren Namen erhielt die Fischerbastei von einer mittelalterlichen Fischergilde, die diesen Abschnitt der Stadtmauer zu verteidigen hatte.

Wo sich heute die Touristen tummeln, muss es früher streng nach Fisch gerochen haben. Die Fischhändler konnten aber auch anders. Neben dem Verkauf ihrer Ware standen sie ebenso parat, wenn es hieß, die Burg gegen unerbetene Gäste zu verteidigen. Jahrhunderte später wurden die tapferen Fischer mit der nach ihnen benannten Bastei geehrt. Für Verteidigungszwecke ist diese Aussichtsterrasse jedoch völlig ungeeignet.

Unten: Wer die Ruhe auf der Fischerbastei genießen möchte, sollte früh aufstehen, bevor sich die Touristenströme in Gang setzen.

MAL EHRLICH

PANORAMA UMSONST
Bereits in den 1990er-Jahren hat die örtliche Verwaltung beschlossen, für das Betreten der Fischerbastei ein Eintrittsgeld zu erheben. Das betrug damals 50 Forint und hatte aus heutiger Sicht eher den Charakter einer Spende. Mittlerweile ist der Preis auf 700 Forint, etwa 2,30 Euro, angewachsen. Kinder können das Bauwerk für die Hälfte betreten. Das ist zwar immer noch nicht wirklich teuer, doch kann man darauf auch verzichten. Das Panorama ist auch von einer anderen Stelle so ziemlich das Gleiche.

Die Fischerbastei

Erbaut wurde die Fischerbastei in den Jahren 1895 bis 1902 im neoromanischen Stil vom Architekten Frigyes Schulek (1841–1919), sie gilt als sein bedeutendstes Bauwerk. Auch später blieb die Familie mit der Fischerbastei verbunden. Es war Frigyes Schuleks Sohn János (1872–1948), der nach dem Zweiten Weltkrieg an den Wiederaufbauarbeiten beteiligt war. Bereits bei der Errichtung der Bastei hatte er eine führende Rolle innegehabt.

Auf historischen Mauern

Die Fischerbastei wurde auf den Grundmauern einer historischen Bastei errichtet. Übrig geblieben war von dieser im ausgehenden 19. Jahrhundert kaum etwas. Außerdem entsprach diese – ebenso wie die gesamte Burg – nach Meinung des damaligen Verteidigungsministeriums als Befestigungsanlage nicht mehr den Anforderungen der Zeit. Stattdessen ging es darum, im Rahmen einer Stadtverschönerung das Areal neu zu konzipieren.

Die Bauarbeiten begannen 1895 und vollzogen sich in mehreren Abschnitten. Endgültig fertiggestellt wurde die Fischerbastei zehn Jahre später. Im Oktober 1905 wurde sie offiziell der Stadt übergeben. Die Fischerbastei erstreckt sich über eine Länge von 140 Metern. In ihrer Architektur ist auch einiges an Symbolik versteckt. Die sieben Türme nämlich symbolisieren die sieben Stammesfürsten, die das Volk der Magyaren einst ins Karpatenbecken führten. Historisch ist auch die Person, die auf dem Reiterstandbild vor der Fischerbastei dargestellt ist. Hierbei handelt es sich um den heiligen Stephan (ca. 970–1038) aus dem Hause der Arpaden, den Staatsgründer und Christianisierer Ungarns. Neben dem ersten König Ungarns befinden sich noch weitere Darstellungen historischer Persönlichkeiten in der unmittelbaren Umgebung der Fischerbastei.

AUTORENTIPP!

TRAUMHAFTE AUSSICHT

Trotz ihrer skurrilen Bauweise entfaltet die Fischerbastei mit ihren Korridoren, Treppen und Türmen einen ganz besonderen Charme. Im Sommer kann man sogar bei Tisch das Panorama genießen. Die Aussicht erstreckt sich auf die Donau und das gesamte Pest, auf die Margareteninsel im Norden sowie den Gellért-Berg im Süden. Wie bei allen touristischen Höhepunkten empfiehlt es sich, schon allein der Stimmung wegen, die Stoßzeiten des Touristenverkehrs zu vermeiden und die Fischerbastei am Morgen oder am Abend zu besuchen. Vor allem der Blick auf Budapest bei Nacht gehört zum Pflichtprogramm eines jeden Budapest-Besuchs.

Fischerbastei. Mo–So 0–24 Uhr (während des Tages wird für einige Terrassen ein Eintritt von 700 Forint für Erwachsene erhoben), Szentháromság tér 5, Tel. 061/458 30 30, www.fishermansbastion.com

Kraftvoll auf sein Schwert gestützt blickt János Hunyadi (1387 oder 1407–1456) in die Ferne. Der Vater des Renaissancekönigs Matthias Corvinus zeichnete sich vor allem im Kampf gegen die Osmanen aus. Mit Hunyadi wird auch der Ursprung des Mittagsgeläuts verbunden. So sei von Papst Kalixt III. angeordnet worden, dass eine oder mehrere Kirchenglocken mittags durch ihr Geläut die Gläubigen dazu aufrufen sollten, für einen Sieg der Ungarn unter ihrem Anführer Hunyadi über die Osmanen zu beten.

Wechselvolles Schicksal

Beliebt war die Aussichtsterrasse von Anfang an. Schon kurz nach ihrer Fertigstellung tauchten die ersten Postkarten mit dem Motiv auf. Während des Zweiten Weltkriegs wurde auch die Fischerbastei schwer beschädigt, die Wiederaufbauarbeiten zogen sich über Jahre hin. In den 1970er-Jahren erhielt die Fischerbastei mit der Errichtung des Hilton-Hotels unmittelbare Gesellschaft. Zu seiner Errichtung hochgelobt, scheiden sich heute an dem Bau die Geister, dessen braune Fassade selbst vom anderen Donauufer unübersehbar ist. Die weitaus schöneren Fassaden auf der anderen Seite stammen von einem ehemaligen Jesuitenkloster.

Am heutigen Standort des Hotels befand sich ein Dominikanerkloster. Die gotischen Überreste kann man dort besichtigen. Ebenso auch weitere Statuen, die Freunde Julianus und Gerhardus. Sie sollen von König Andreas II. (um 1177–1235) beauftragt worden sein, die in den uralischen Ursprungsgebieten gebliebenen Magyaren zu suchen. Gerhardus überstand die mühevolle Reise nicht. Julianus aber soll 1237 ein weiteres Mal in den Osten gereist sein und als erster Europäer von den aus der Weite der Steppe herannahenden mongolischen Horden berichtet haben.

Oben: Kitsch oder Kunst? Die Meinungen über die Fischerbastei gehen auseinander. Eine militärische Bedeutung hatte die Aussichtsterrasse jedenfalls nie.
Unten: Bei der Vielzahl an Touristen hoffen auch die Musiker auf die eine oder andere Gabe.

Infos und Adressen

SEHENSWÜRDIGKEITEN

Fischerbastei. Mo–So 0–24 Uhr (während des Tages wird für einige Terrassen ein Eintritt von 700 Forint für Erwachsene erhoben), Szentháromság tér 5, Tel. 061/458 30 30, info@fishermansbastion.com, www.fishermansbastion.com

ESSEN UND TRINKEN

Café Miró. Gemütliches Lokal mit wöchentlichen Angeboten. Mo–So 9–24 Uhr, Úri utca 30, Tel. 061/201 23 75, www.cafemiro.hu

Fekete Holló Étterem. Neben ungarischer Küche gibt es auch Fisch- und Wildgerichte. Mo–So 11 bis 22 Uhr, Országház utca 10, Tel. 061/356 23 67, www.feketehollovendeglo.hu

Fortuna. Typisch ungarische Gerichte. Di–Sa 19 bis 24 Uhr, Hess András tér 4, Tel. 061/375 68 57, www.fortuna-restaurant.hu

Halászbástya étterem. Der Ausblick von diesem Restaurant auf der Fischerbastei ist grandios. Mo–So 12–23.30 Uhr, Budai Vár, Halászbástya Északi Híradástorony, Tel. 061/201 69 35, www.halaszbastya.eu

Stilvoll eingerichtet ist man im Carlton.

ÜBERNACHTEN

Buda Castle Fashion Hotel. Das Hotel inmitten des Burgviertels bietet 25 geräumige Zimmer bzw. Luxussuiten. Úri utca 39, Tel. 061/224 79 00, www.budacastlehotelbudapest.com

Carlton Hotel Budapest. Viersternehotel am Fuße des Burgberges. Apor Péter utca 3, Tel. 061/224 09 99, www.carltonhotel.hu

Im Carlton erwartet den Besucher der gewohnt perfekte Service.

9 Die Matthiaskirche
Wo Franz Joseph und Elisabeth gekrönt wurden

Die einstige Krönungskirche der ungarischen Könige ist der bekannteste Sakralbau der Hauptstadt. Ihr eigentlicher Name lautet »Budaer Liebfrauenkirche«. Ihren populären Namen erhielt sie, da König Matthias hier zweimal getraut wurde. Zu den hier gekrönten Häuptern zählen Karl I. Robert von Anjou (1309), Franz Joseph (1867) und Karl IV. (1916). Doch die Kirche verfügt auch über eine reiche Musiktradition, die noch heute gepflegt wird.

Die Anfänge der Kirche reichen bis in die Gründungszeit des Budaer Burgviertels im Mittelalter zurück – und vielleicht sogar noch weiter. Handfeste Beweise dafür, dass hier bereits zu Zeiten König Stephans I. im 11. Jahrhundert eine Kirche existierte, gibt es jedoch nicht. Und ebenso wenig für die Legende, der heilige Gellért, der das Christentum zu den heidnischen Ungarn brachte, sei hier vorübergehend begraben worden. Sollte es bereits in dieser Zeit eine Kirche gegeben haben, wurde sie spätestens mit dem Einfall der Mongolen in der Mitte des 13. Jahrhunderts dem Erdboden gleichgemacht. Die urkundlich belegte Geschichte der Kirche beginnt nur wenige Jahre später. Zwischen 1245 und 1255 gründete Béla IV. die Stadt Buda und die jetzige Liebfrauenkirche, die zwischen 1250 und 1270 in zwei Phasen erbaut wurde.

Zeitweise Moschee

Einen entscheidenden Einschnitt in der Geschichte der Kirche stellt die 150 Jahre während Türkenherrschaft dar. 1541 eroberten die Türken Buda.

Unten: Einst fand in der Matthiaskirche die Krönung von Franz Joseph und Elisabeth statt. Doch die Geschichte der Kirche reicht noch viel weiter zurück. Ihre schlimmste Zeit erlebte sie während der Türkenherrschaft.

Die Matthiaskirche

Danach wandelten sie die Kirche innerhalb kürzester Zeit in eine Moschee um, entfernten Altäre und Statuen, tünchten die Wände weiß und bedeckten sie mit Teppichen. Für die nächsten 145 Jahre wurde die Liebfrauenkirche zur Hauptmoschee von Buda. Der Legende nach hatte man unmittelbar vor der Eroberung der Stadt 1541 durch die Osmanen eine Marienstatue innerhalb der Kirche eingemauert, um sie so vor der Zerstörung durch die Türken zu bewahren. So soll die Statue bis zum Jahre 1686 unentdeckt in der zur Moschee umfunktionierten Kirche verblieben sein.

Wunderbare Rückeroberung

1686 kam es zur Belagerung der Stadt durch die Christen. Während der Kämpfe soll in der Nähe der Kirche ein Schießpulverlager der Türken explodiert sein. Durch die Wucht der Explosion stürzte demnach die Mauer vor der Statue ein und zu ihrem Entsetzen tauchte vor den betenden Muslimen die Jungfrau Maria auf. Noch am gleichen Abend, dem 2. September 1686, wurde die Stadt zurückerobert. Der Sieg wurde dem Wunder zugeschrieben, was diese Kapelle bis heute zu einer Pilgerstätte macht.

Der Eingang zur Kirche erfolgt durch das südliche Marientor aus dem 14. Jahrhundert. Das Relief soll den Tod Marias darstellen, jedoch sind nur noch Fragmente erhalten. Die Köpfe der Figuren wurden von den Türken im 16. Jahrhundert abgeschlagen. An der Ostwand des Südturmes befindet sich das Wappen des Namensgebers Matthias Corvinus, bestehend aus den Wappen der Königreiche Ungarn, Dalmatien und Böhmen sowie einem Raben, dem Wappen des Hauses Hunyadi. Links und rechts des Hauptportals befinden sich die Loretokapelle sowie die Taufkapelle. In dieser beginnt auch der Aufgang zum Kirchenmuseum. Auf der Nordseite

der Kirche befindet sich die Kapelle des heiligen Emmerich (ungar. *Imre*). An der Westwand sind Fresken, die das Leben des heiligen Franz von Assisi darstellen. Gleich neben der Emmerich-Kapelle schließt sich die Dreifaltigkeitskapelle an. Sie ist heute die letzte Ruhestätte von König Béla III. (1172 bis 1196) und seiner Frau Agnes de Chatillon. Die Krypta wird heute als Unterkirche für Taufen und Trauermessen und während der Besuchszeiten als Sakramentskapelle genutzt. Hier befindet sich der gemeinsame Sarkophag der ungarischen Könige des Mittelalters. Ein bedeutendes Datum in der Geschichte der Matthiaskirche stellt der 8. Juni 1867 dar: Nach dem Ausgleich wurden König Franz Joseph I. (1867–1916) und seine Gemahlin Elisabeth mit der Heiligen Krone in der Kirche gekrönt. Noch heute erinnern die Fahnen an den Säulen an dieses Ereignis. Sie zeigen die Wappen der Länder der Heiligen Stephanskrone.

Magnet nicht nur für Touristen

Gelitten hat die Matthiaskirche vor allem in den letzten beiden Kriegsjahren 1944–1945. In der Unterkirche richteten die Deutschen eine Lagerküche ein, später hielten die Sowjets ihre Pferde im Chor und benutzten die Loreto-Kapelle als Latrine. Zahlreiche Kunstschätze der Kirche gingen verloren. Das Bauwerk wurde für lebensgefährlich erklärt, ein Abriss stand kurz bevor. Es ist bis heute ein Geheimnis, wem die Rettung der Hauptkirche des Budaer Burgberges vor der völligen Vernichtung zu verdanken ist. So ist die Kirche heute nicht nur ein Ort für Touristen. Die Kirchengemeinde gehört zur Erzdiözese Esztergom-Budapest. Pilgern wird freier Eintritt zu jeder Stunde des Tages garantiert. In der Kapelle der Unterkirche besteht zudem den ganzen Tag über die Möglichkeit zum Besuch der Heiligen Messe oder zum gemeinsamen Gebet.

Infos und Adressen

ESSEN UND TRINKEN

Alabárdos Étterem. Das Restaurant hat seit 50 Jahren seinen festen Platz im Burgviertel – zu Recht. Mo–Fr 19–23 Uhr, Sa 12–15 und 19–23 Uhr, Országhaz utca 2, Tel. 061/356 08 51, www.alabardos.hu

Budavári Mátyás Étterem. Im Restaurant werden in erster Linie typische heimische Speisen angeboten. Mo–So 12–22 Uhr, Hess András tér 4, Tel. 061/375 61 75, www.budavarimatyasetterem.hu

Café Pierrot. In einem Backhaus aus dem 13. Jahrhundert lädt die sympathische Einrichtung zum Besuch ein, die schon von Michelin und Gault Millau ausgezeichnet wurde. Mo–So 11–24 Uhr, Fortuna utca 14, Tel. 061/375 69 71, www.pierrot.hu

Pest-Buda Vendéglő. Einladend und gemütlich eingerichtet, außerdem wird der Geldbeutel nicht zu sehr belastet. Mo–So 11–24 Uhr, Fortuna utca 3, Tel. 061/225 03 77, www.pestbudabistro.hu

ÜBERNACHTEN

Hilton Budapest. Die Gestaltung des Hotels ist nach wie vor nicht jedermanns Geschmack, doch gehört das Hotel heute einfach zum Erscheinungs-

Charakteristisch sind die bunten Dachkeramiken.

bild des Burgviertels dazu. Hess András tér 1, Tel. 061/889 66 00, www.placeshilton.com/budapest

Hapimag. 30 modern eingerichtete Apartments im historischen Burgviertel. Fortuna utca 18, Tel. 061/487 74 00, www.hapimag.com

In der Kirche lohnt sich ein Blick nach oben zum schmuckvollen Deckengewölbe.

10 Das Burgviertel
Zeitreise ins mittelalterliche Buda

An keinem anderen Ort werden die mittelalterlichen Ursprünge Budapests so lebendig wie auf dem anderthalb Kilometer langen Burgberg. Die Anfänge des Burgviertels reichen bis in das 13. Jahrhundert zurück. Im Laufe seiner Geschichte wurde es zweimal fast völlig zerstört. Sämtliche Kirchen, Palais, Amtsgebäude und Wohnhäuser haben also ein reichliches Stück ungarischer Geschichte miterlebt.

Mit den Mongolen fing alles an. Nach deren raschem und unerwartetem Angriff zogen sich Budas Bürger in der Mitte des 13. Jahrhunderts auf den Burgberg zurück. Der Königshof folgte bald. Und damit begann die Blütezeit Budas, das

Mitte: Das Wiener Tor ist der nördliche Eingang des Burgviertels. Vorsicht, wenn der Bus vom Széll Kálmán tér durchrauscht.
Unten: Ein Spaziergang durch das Burgviertel ist wie eine Zeitreise ins mittelalterliche Buda.

MAL EHRLICH

TRAU, SCHAU, WEM …

Auf eines kann man sich auf der Burg zu jeder Jahreszeit und bei jedem Wetter immer verlassen: Touristen. Besonders gern gesehen sind sie an dem Ort, an dem früher die Deutschen ihren Markt abhielten. Lebensmittel wie früher findet man auf der Verkaufsfläche in der Tárnok utca hingegen eher selten. Vielmehr sind es die typischen Folklore-Erzeugnisse, für deren Qualität oder Herkunft nicht immer gebürgt werden kann. Schauen kann man natürlich, beim Kauf sollte man sich dann aber schon sicher sein. Ähnlich verhält es sich natürlich bei den zahlreichen Buden, die sich während verschiedener Festivals an der Südseite des Burgviertels dicht an dicht reihen.

im 15. Jahrhundert zu den bedeutendsten Städten Europas mit schätzungsweise 8000 Einwohnern unterschiedlicher Nationalitäten wurde. Im Vergleich zu den mittelalterlichen Stadtkernen westeuropäischer Städte wirkt das Budaer Burgviertel heute auf den ersten Blick eher klein und provinziell. Geprägt ist es vor allem von Gassen und Gässchen, die sich den Berg entlangschlängeln.

Das Burgviertel lässt sich sowohl vom Süden als auch vom Norden her erkunden. Erste Haltestelle des Burgbusses im Burgviertel vom Szell Kálmán tér kommend ist der Wiener-Tor-Platz (*Bécsi kapu tér*). Das Wiener Tor ist das nördliche Tor des Stadtviertels, hier laufen alle Straßen, die das Burgviertel durchziehen, zusammen. Früher hieß der Platz »Samstagsmarkt«, es war der Markt der nicht-jüdischen Händler und Käufer. Direkt gegenüber des Wiener Tors befindet sich die Lutherische Kirche. In der Kapelle links der Kirche werden regelmäßig deutschsprachige Gottesdienste abgehalten.

Zentrum des literarischen Lebens

Den Hauch einer mondänen Vergangenheit verströmt das Gebäude Nummer 7. Anfang des 20. Jahrhunderts gehörte das Gebäude dem Schriftsteller und Mäzen Baron Lajos Hatvany (1880–1961). Mit einer Zuckerfabrik war die Familie reich geworden. Das Vermögen verwendete Hatvany unter anderem dazu, die ungarische literarische Szene zu unterstützen. Zwischen 1935 und 1936 war Thomas Mann dreimal bei Hatvany im Burgviertel zu Gast. In dieser Zeit galt das Haus als eines der Zentren des literarischen Lebens in Ungarn. Den Bürgersteig zieren in goldener Schrift Namen von Schriftstellern und Künstlern, die hier zu Gast waren, neben Thomas auch Klaus Mann, Béla Bartók, Sándor Márai oder Franz Werfel.

WEINVERKOSTUNG

Das Haus der Ungarischen Weine wurde während des Budapester Weinfestivals 1997 eröffnet. Es bietet die beste Gelegenheit, die Vielfalt der ungarischen Weinsorten kennenzulernen. Untergebracht ist es im Haus der Stiftung der Ungarischen Kultur. Über 450 verschiedene Weinsorten der 22 Weinanbaugebiete Ungarns werden im Keller des Gebäudes präsentiert. Die Weine sind nach den einzelnen Anbaugebieten gruppiert. Mithilfe von mehrsprachigen Tafeln kann sich der Besucher nicht nur über die einzelnen Weinsorten informieren, sondern auch Geschmack und Qualität testen. Aus allen Weinbaugebieten werden offene Flaschen angeboten.

Magyar Borok Háza. Mo–So 11–19 Uhr, Szentháromság tér 6, Tel. 061/212 10 30.

Das dominanteste Gebäude am Platz ist jedoch der mächtige Bau, der das Ungarische Nationalarchiv beherbergt. Die Bestände reichen vom Archiv der ungarischen Hofkanzlei aus dem 15. Jahrhundert bis in die Zeit nach 1945. Insgesamt belaufen sich die Dokumentenbestände laut eigener Aussage auf 73 Kilometer, hinzu kommen über 63 Millionen Mikrofilmaufnahmen und zahllose Stempel, Urkunden, Fotos oder Landkarten. Erbaut wurde das Gebäude im ersten Viertel des 20. Jahrhunderts an der Stelle einer ehemaligen Kaserne.

In derselben Zeit wurde das nordwestlich gelegene Kriegsgeschichtliche Museum (*Tóth Árád sétány 40*) gegründet. Das Gebäude im Nordwesten des Viertels wurde in der Mitte des 19. Jahrhunderts als Kaserne gebaut, in der Zwischenkriegszeit bezog es das bereits 1918 gegründete Museum als eigenes Gebäude. Während des Zweiten Weltkriegs wurden zwei Drittel der Bestände vernichtet. Heute sind die kriegsgeschichtlichen Ausstellungsstücke leider größtenteils nur auf Ungarisch erklärt. Schwere Schäden erlitt während des Krieges auch die nahe Maria-Magdalenen-Kirche am Kapisztrán tér. Die Franziskanerkirche war im 13. Jahrhundert die Kirche der ungarischen Gläubigen. Am Anfang der türkischen Besatzung durften die Christen diese eine Kirche für ihre Gottesdienste behalten. Kirchenschiff und Chor wurden während des Zweiten Weltkrieges zerstört, die Kommunisten rissen die Überreste ab. Nur noch der wieder errichtete Turm der Kirche steht heute als Mahnmal.

Zerstörung brachte Vergangenheit zum Vorschein

So seltsam es klingen mag, aber die zweite Zerstörung des Burgviertels nach der Türkenbefreiung brachte auch Erfreuliches zum Vorschein. Während der Belagerung am Ende des Zweiten Welt-

Rundgang Burgviertel

Das Burgviertel ist als Ganzes so schön, dass es Spaß macht, Einzelheiten zu entdecken und die Geschichte dahinter kennenzulernen.

A Ausgangspunkt für die Erkundung ist der Szent György tér mit dem Sitz des ungarischen Präsidenten.

B Auf dem *Tóth Árpád sétány* paart sich Ruhe mit einem Ausblick auf die Budaer Berge.

C Auf András Hadik geht der Begriff vom »Husarenstück« zurück, als seine Husaren während des Siebenjährigen Krieges Berlin für einen Tag besetzten. An der Ecke Dreifaltigkeitsplatz/Dreifaltigkeitsstraße befindet sich mit dem Collegium Budapest das ehemalige Rathaus von Buda, das heute von der Akademie der Wissenschaften genutzt wird.

D Der nahe Hess András tér ist nach dem ersten Buchdrucker von Buda benannt. In seiner Werkstatt entstand 1473 das erste gedruckte Buch Ungarns, die *Chronica Hungarorum*. Am selben Platz steht das *Haus zum roten Igel* mit dem Relief eines roten Igels, eines der ältesten Gebäude Budas.

E Durch die winzige Fortuna-Gasse (*Fortuna köz*) geht es in die Országház utca. Die Nummern 18, 20 und 22 vermitteln am ehesten den Eindruck, wie das Viertel im 14. und 15. Jahrhundert ausgesehen haben mag. Die historische Bedeutung des gesamten Viertels wird durch die Gedenktafeln deutlich, die fast an jedem Gebäude prangen.

F Am nordwestlichen Ende des Burgviertels, nahe des linken Flügels des Kriegshistorischen Museums, befindet sich das Grab eines türkischen Heerführers. In türkischer und ungarischer Sprache wird hier an den letzten ungarischen Statthalter der 143 Jahre währenden Türkenherrschaft erinnert. Die Inschrift endet mit den Worten: »Er war ein heldenhafter Gegner. Friede sei mit ihm.«

krieges stürzten nirgendwo sonst so viele Häuser ein wie hier. Gerade diesen Zerstörungen aber haben es die Häuser zu verdanken, dass sie ihre ursprüngliche, mittelalterliche Gestalt wiederbekommen haben. Denn vor dem Krieg dominierte im Burgviertel eher der barocke Stil, der nach der Türkenbefreiung die historischen Mauern unter sich verbarg. Beim Wiederaufbau nach dem Zweiten Weltkrieg wurden die mittelalterlichen Überreste nicht wieder zugemauert. Dabei kamen auch Überraschungen zum Vorschein, etwa Dutzende gotische Sitznischen an den Hauseingängen. Wohl handelte es sich dabei um Ruheposten für Nachtwächter oder Plätze, an denen die Diener Platz zu nehmen hatten, wenn sie auf ihre hohen Herren warteten.

Es sind nur wenige Straßen, die den Burghügel durchziehen. Die »Herrengasse« (*Úri utca*) deutet schon durch ihren Namen an, dass sich hier die ungarischen Adligen und reichen Kaufleute ihre Stadthäuser errichten. Geprägt ist die Straße hauptsächlich durch Gebäude im romanischen, gotischen und barocken Stil. Nach der Türken-

Oben: Das Burgviertel wird nur von wenigen Straßen durchzogen. Zeit, um sie zu durchstreifen, sollte man in jedem Fall mitbringen.
Unten: Ein Relikt aus längst vergangener Zeit: das Grab eines türkischen Heerführers am Kriegsgeschichtlichen Museum.

herrschaft und den damit einhergehenden Zerstörungen wurden die Gebäude größtenteils im barocken bzw. klassizistischem Stil errichtet. In der Úri utca 64–66 hat die Deutsche Botschaft wie schon in der Vorkriegszeit ihren Sitz.

Die Országház utca und die Fortuna utca führen direkt zum Zentrum des Burgviertels, dem »Dreifaltigkeitsplatz« (*Szentháromság tér*), einem der ältesten Plätze und zugleich der am höchsten gelegene Punkt des Viertels. Im Zentrum des Platzes steht die 14 Meter hohe Dreifaltigkeitssäule, eigentlich eine Pestsäule, die Anfang des 18. Jahrhunderts erbaut wurde, um eine weitere Pestepidemie abzuwenden. Auf dem Dreifaltigkeitsplatz befinden sich zudem gleich mehrere Gebäude mit historischer Bedeutung – zusammen mit der Matthiaskirche und der Fischerbastei zwei Hauptsehenswürdigkeiten des Burgviertels.

Theater und Politik

Richtung Süden führt der Weg über die Úri utca oder die Tárnok utca zum »Ehrenplatz« (*Dísz tér*). In der heutigen Tárnok utca, was so viel heißt wie »Schatzmeisterstraße«, hatten die deutschen Bürger im Mittelalter ihren Wochenmarkt. Markt gibt es auch heute noch, nur statt Brot, Obst oder Fisch findet sich in erster Linie Folklore-Ware im Angebot. Der Dísz tér selbst war einst ein Paradeplatz, umringt von mehreren Wohnhäusern. Zu denen gehört auch das Palais der bedeutenden Familie Batthyány in den Nummern 3 sowie 4–5.

Zu dem Gebäudekomplex rund um den Szent György tér im Süden des Burgviertels gehört auch das Burgtheater. Das Gebäude war in den 1780er-Jahren nach Auflösung des Karmeliterordens von einer Kirche zu einem Theater umfunktioniert worden. Bei dem Planer handelte es sich um einen

UNTER DER STADT

Im Inneren des Burghügels befindet sich ein Höhlensystem, das in Kriegszeiten von der Budaer Bevölkerung immer wieder als Schutz- und Lagerraum genutzt wurde. Und als Krankenhaus. Die 2300 Quadratmeter große Fläche des jetzigen Felsen-Hospitals wurde sowohl während des Zweiten Weltkriegs als auch während des Volksaufstandes 1956 genutzt. In den Jahrzehnten danach führte das Höhlensystem ein geheimnisvolles Dasein als Atombunker. In einem Teil wurde trotzdem der Krankenhausbetrieb weitergeführt. Das Museum wurde erst 2008 als Dauerausstellung eröffnet. Mit der größten Wachsfigurenausstellung Ungarns wird nun die Geschichte des Krankenhauses erzählt.

Sziklakórház. Mo–So 10–20 Uhr, Eintritt: 3600 Forint, Lovas út 4/c, Tel. 0670/701 01 01, info@sziklakorhaz.hu oder www.sziklakorhaz.eu

wahren Tausendsassa. Farkas Kampelen (1734–1804) erlangte vor allem durch seinen Schachautomaten europaweite Berühmtheit. Zu den bedeutendsten Persönlichkeiten, die im Burgtheater konzertierten, gehörte Ludwig van Beethoven im Mai 1800. Heute beherbergt das Gebäude des Burgtheaters das Ungarische Tanztheater.

An das Burgtheater schließt sich der zwischen 1803 und 1805 von Mihály Pollack erbaute Sándor-Palast an. Vor dem Krieg war das Gebäude Büro und Residenz des ungarischen Ministerpräsidenten. Es ist nicht ausgeschlossen, dass es diese Funktion in Zukunft wieder erhält. Seit 2003 und gegenwärtig ist es aber noch der Sitz des ungarischen Staatspräsidenten. Die regungslosen Wachmänner vor dem klassizistischen Gebäude erwecken vor allem im Hochsommer Mitleid. Ihnen bleiben auch so manche Freuden des Burgviertels (zumindest während der Dienstzeit) verwehrt. Dazu gehört etwa das alljährliche Weinfestival mit seinen fabelhaften Produkten. Allerdings ist bei deren Genuss Vorsicht geboten. Die Sommer in Budapest können sehr heiß werden und die guten Tropfen schnell zu Kopf steigen.

Oben: Im Burgviertel reiht sich ein denkmalgeschütztes Haus an das nächste.
Unten: Der Árpád-Tóth-Spazierweg lädt zum Flanieren und Verweilen ein. Der Blick auf die Budaer Berge ist einfach nur zum Genießen da.

Infos und Adressen

SEHENSWÜRDIGKEITENEN

Apotheke zum goldenen Adler (Arany Sas Patika). Ausstellung zur Medizin- und Apothekengeschichte. Di–So 10.30–18 Uhr (März–Okt.), Di–So 10.30–16 Uhr (Nov.–Feb.), Eintritt: 500 Forint, Tárnok utca 12, Tel. 061/375 97 72, www.semmelweis.museum.hu/aranysas

Höhlenlabyrinth (Várbarlang). Einblicke in das Höhlensystem im Inneren der Burg. Mo–So 10–19 Uhr, Eintritt: 2000 Forint, Országház utca 16, Tel. 061/212 02 07, www.labirintusbudapest.hu

Koller Galerie. 1953 gegründete Kunstgalerie. Mo–So 10–18 Uhr, Táncsics Mihály utca 5, Tel. 061/356 92 08, www.kollergallery.com

Kriegsgeschichtliches Museum (Hadtörténeti Múzeum). Sammlungen aus der ungarischen Militärhistorie. Di–So 10–18 Uhr (April–Sept.), 10–16 Uhr (Nov.–März), Eintritt: 1100 Forint, Kapisztrán tér 2–4, Tel. 061/325 16 00, www.militaria.hu

Musikgeschichtliches Museum (Zenetörténeti Múzeum). Sammlung historischer Musikinstrumente im Gebäude des Musikwissenschaftlichen Instituts. Di–So 10–16 Uhr, Eintritt: 600 Forint, Táncsics Mihály utca 7, Tel. 061/214 67 70, www.zti.hu

Das Kriegsgeschichtliche Museum widmet sich der ungarischen Militärgeschichte.

Ein typisches Straßenbild im Burgviertel von Budapest: Historie allerorten.

Telefon-Museum (Telefónia Múzeum). Ausstellungsstücke aus 100 Jahren Telefoniegeschichte im früheren Telefonzentrum des Viertels. Di–So 10–16 Uhr, Eintritt: 500 Forint, Orzágház utca 30, Tel. 061/201 88 57, www.postamuzeum.hu

ESSEN UND TRINKEN

21 – Hungarian Restaurant. Ungarische Küche des 21. Jahrhunderts, stilvoll eingerichtet und zu vertretbaren Preisen. Mo–So 12–24 Uhr, Fortuna utca 21, Tel. 061/202 21 13, www.21restaurant.hu

Arany Hordó Vendéglő. Das »Goldene Fass« war einst Sitz des königlichen Mundschenks, heute darf auch der Normalbürger hier einkehren und sich wohlfühlen. Mo–So 12–24 Uhr, Tárnok utca 16, Tel. 06 1/356 13 67, www.aranyhordovendeglo.hu

Vörös Ördög. Der »Rote Teufel« sieht wahrscheinlich mehr Touristen als Einheimische. Mo–So 11–22 Uhr, Országház utca 20, Tel. 061/214 37 98, www.vorosordog.atw.hu

ÜBERNACHTEN

Budavár Panzió. Helle und saubere Zimmer in ruhiger Lage. Szabó Ilonka utca 15, Tel. 061/201 56 86, www.budavar-pension.com

St. George. Noble Bleibe, dessen Geschichte bis ins späte 18. Jahrhundert zurückgeht. Fortuna utca 4, Tel. 061/393 57 00, www.stgeorgehotel.hu

11 Die Wasserstadt
Lustwandeln am Fuße des Burgberges

Zwischen Burgberg und Donau befindet sich mit der Wasserstadt einer der romantischsten Teile Budapests. Mit ihrer Ursprünglichkeit, ihren kleinen Gassen, Treppen, Wohnhäusern und Kirchen konserviert die Wasserstadt die »alten Zeiten«. Und mit dem Király-Bad hinterließen hier auch die Türken ihre Spuren.

Während westlich und nördlich der Burg Lärm und Verkehr keinen Zweifel an der Großstadt lassen, geht es am Fuße des Burgberges in der Víziváros (Wasserstadt) eine Spur gemächlicher zu. Die zieht sich vom Miklós-Ybl-Platz im Süden bis zur József-Bem-Straße im Norden und dem Kálmán-Szell-Platz im Nordwesten. Hauptschlagader der Wasserstadt ist die knapp zwei Kilometer lange, schnurgerade Fő utca. Ihr Startpunkt ist der Budaer Brückenkopf der Kettenbrücke, wo es an Verkehr nie mangelt.

Ursprünge in der Römerzeit

Die Ursprünge der Wasserstadt reichen bis in die Römerzeit zurück. Im Mittelalter befanden sich an dieser Stelle mehrere kleine Siedlungen. Unter ihrer Herrschaft wandelten die Türken die Kirchen in Moscheen um und erbauten das heute noch existierende Király-Bad. Das befand sich damals noch innerhalb der Burgmauern, um auch im Fall einer Belagerung nicht auf die Freuden des Badens verzichten zu müssen. Der Name des Bades leitet sich nicht von einem Herrscher, sondern von dem Namen der Familie König, ungarisch Király, ab. Nach der Rückeroberung ließen sich in der Wasser-

Unten: In den Becken des Király-Bades können sich die müden Knochen von der Stadtwanderung erholen. Die Freuden des Badens wussten schon die Türken zu schätzen. Die Tradition wird bis heute von Einheimischen wie Touristen gepflegt.

stadt deutsche Händler und Gewerbetreibende
nieder, die mit ihren barocken Häusern und Kirchen
den architektonischen Charakter des Stadtteils
prägten. Im 19. Jahrhundert kamen die Stadtpaläste am Donauufer hinzu. Weit ist die Vergangenheit in der Wasserstadt nicht entfernt. Es
lohnt sich immer, die Fő utca für einen kleinen
Abstecher zu verlassen und die kleinen Seitenstraßen oder romantischen Treppen zu erkunden.

Schönste Barockkirche Budas

Zu den zahlreichen historischen Gebäuden in der
Fő utca gehören neben Wohnhäusern unter anderem das Kapuzinerkloster mitsamt Kapuzinerkirche
in der Nummer 30, aber auch der wuchtige und
abschreckende Häuserblock des Militärgerichts in
den Nummern 70–72. Unterbrochen wird der
Verlauf der Hauptstraße vom Corvin-Platz. In der
dortigen Budaer Redoute, dem »Haus der Traditio-
nen«, befindet sich der Sitz des Staatlichen Volks-
ensembles, zu dessen Aufgabe die Bewahrung
ungarischer Volkstänze und -musik gehört. Auf
dem weiteren Weg mündet die Hauptschlagader

Oben: Zu den interessantesten historischen Gebäuden der Wasserstadt gehört das Kapuzinerkloster
in der Fő utca 30.
Unten: Wer hier herkam, tat dies
mit Sicherheit nicht freiwillig. Noch
heute wirkt das Gebäude des Militärgerichts abschreckend.

ZEITREISE

Ausflug in den Sozialismus gefällig? Im »Bambi Eszpresszó« ist man dafür richtig. Das Café an einer Ecke des Bem-Platzes in unmittelbarer Nähe der Margaretenbrücke wurde Anfang der 1960er-Jahre eröffnet. Und hat sich seitdem im Grunde nicht verändert. Im Inneren sind die Sitzbänke mit rotem Leder bezogen, am Tisch neben der Toilette verbringt alltäglich eine Herrenrunde ihren Tag beim Brettspiel. Besonders angenehm ist es im Sommer draußen auf der Terrasse. Die Speisen sind einfach, aber lecker. Ebenso die Kuchen. Und da wir uns im Bambi quasi auf einer Zeitreise befinden, darf es nicht wundern, wenn die eine oder andere Speise gerade einmal nicht verfügbar ist.

Bambi. Mo–Fr 7–22 Uhr, Sa–So 9–22 Uhr, Frankel Leo út 2–4, Tel. 061/212 31 71

Die Terrasse des Bambi-Cafés auf dem Bem-Platz ist bei schönem Wetter meist voll besetzt.

Fő utca direkt im Herzen des Stadtteils – dem Batthyány-Platz. Hauptzierde des Platzes ist die zwischen 1740 und 1761 erbaute St. Annenkirche, die wohl schönste Barockkirche Budas. Vor ihr ist der Namensgeber des Platzes Lajos Batthyány (1807–1849) in einer Skulptur verewigt.

Die Markthalle ist nur noch von außen historisch, im Inneren befindet sich ein Supermarkt. Allerdings kann man vom Obergeschoss bei einem Café den Ausblick auf das Parlament am gegenüberliegenden Ufer genießen. Gleich neben der Markthalle gibt es bei »Nagyi Palacsintázója« einige der leckersten Palatschinken der Stadt. Als Verkehrsknotenpunkt fährt vom Platz zudem auch die Vorortbahn HÉV nach Norden über die Römerstadt Aquincum bis nach Szentendre.

Ein Pole unter Ungarn

Im weiteren Verlauf mündet die Fő utca in den József-Bem-Platz. In dem wuchtigen weißen Bau, der die gesamte Südseite des Platzes einnimmt, wird die ungarische Außenpolitik gemacht. Der Pole Bem war einer der erfolgreichsten Heerführer im Freiheitskampf von 1848 bis 1849. Von seinen Soldaten wurde der beliebte Anführer »Väterchen« Bem genannt. Die Statue im Zentrum des Platzes zeigt ihn mit verbundenem Arm, wie er seine Truppen zum Sturm bei der Brücke von Piski leitet.

Das Denkmal spielte zudem eine bedeutende Rolle beim Ausbruch des Volksaufstandes im Oktober 1956. Schon seit dem Mittelalter gibt es einen Vers in beiden Sprachen, der die Waffen- und die Trinkbrüderschaft von Ungarn und Polen besingt: »Lengyel-magyar két jó barát, együtt harcol s issza borát/Polak, Węgier, dwa bratanki, i do szabli, i do szklanki« (»Polen und Ungarn sind zwei Freunde, sie kämpfen zusammen und sie trinken zusammen«).

Infos und Adressen

ESSEN UND TRINKEN

Arany Kaviár Restaurant. Traditionelle russische Küche. Mo–So 12–15 und 18–24 Uhr, Ostrom utca 19, Tel. 061/201 67 37, www.aranykaviar.hu

Atakám Budai Bisztro és Étterem. Ungarische Küche in angenehmer Atmosphäre. Mo–So 10–23 Uhr, Iskola utca 29, Tel. 061/781 41 29, www.atakam.hu

Belga Sörök Háza. Riesiges Angebot an Bieren jeder Art. Mo–Fr 12–17 Uhr, Mi 12–19 Uhr, Halász utca 2, 061/356 10 27, www.belgasorokhaza.hu

Carne di Hall. Ungarische Angebote, u.a. die berühmte Gänseleber. Mo–Sa 12–24 Uhr, Bem rakpart 20, Tel. 061/201 81 37, www.carnedihall.eu

Dunaparti Matróz Kocsma. Urige Atmosphäre, das Rum-Angebot darf nicht fehlen. Mo–So 10–24 Uhr, Halász utca 1, Tel. 061/225 16 73, www.matrozkocsma.hu

Die wohl schönste Barockkirche der Stadt steht am Batthyány-Platz in Buda.

Vom Obergeschoss der Markthalle auf dem Batthyány-Platz geht der Blick direkt auf das Parlament.

Horgásztanya Vendéglő. Ein Ort für alle Liebhaber von Fischgerichten. Mo–So 12–24 Uhr, Fő utca 27, Tel. 061/212 37 80, www.horgasztanyavendeglo.hu

Kacsa Étterem. Verschiedene Entengerichte, ab 19 Uhr Live-Zigeunermusik. Mo–So 12–24 Uhr, Fő utca 75, Tel. 061/201 99 92, www.kacsavendeglo.hu

ÜBERNACHTEN

Art'otel. Stilvoll eingerichtet mit tollem Ausblick. Bem rakpart 16–19, Tel. 061/487 94 87, www.artotel.com

Hotel Regnum Residence. Das Hotel bietet 49 Räume mit hohem Komfort. Ganz utca 8, Tel. 061/265 50 90, www.regnumresidence.hu

Novotel Budapest Danube. 4-Sterne-Hotel zwischen Margareten- und Kettenbrücke. Bem rakpart 33, Tel. 061/458 49 00, www.novotel.com

PRACHTVIERTEL UND PRACHT-MEILE

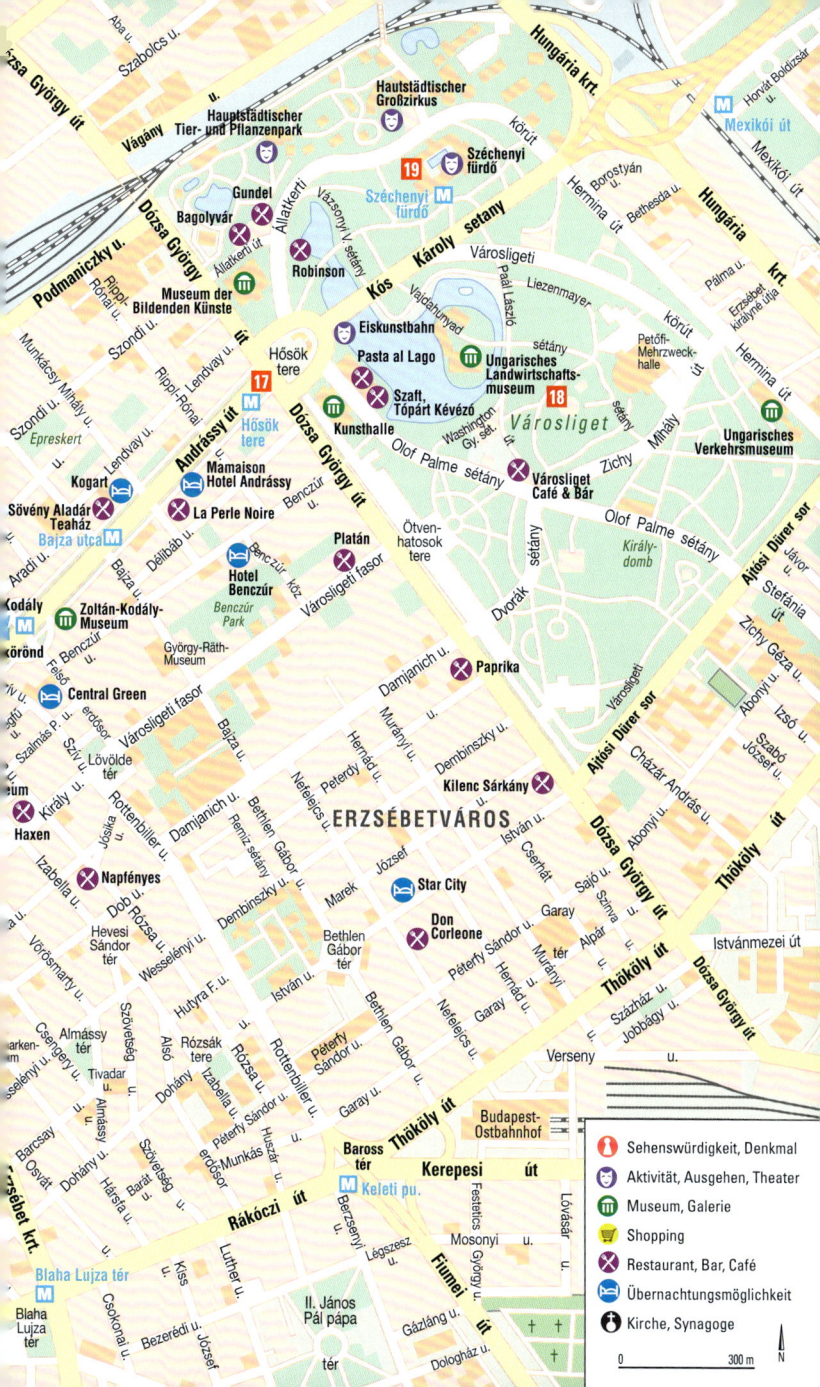

12 Das Parlament
Ort großer Momente

Das Budapester Parlament ist wohl eines der schönsten der Welt – und zugleich eines der protzigsten. Es suggeriert eine Macht, die das Land nie besessen hat. Und trotzdem kommt hier in der Budapester Innenstadt ungarische Geschichte wie an keinem anderen Ort zusammen. Vor allem im 20. Jahrhundert wurde dieses Land immer wieder Schauplatz der großen politischen Ereignisse – im Guten wie im Schlechten.

Auf Postkarten und Fotos bilden sie wohl das berühmteste Pärchen Budapests: Kettenbrücke und dahinter das ungarische Parlament. 96 Meter ragt die Kuppel des neogotischen Prachtbaus in den

Seite 82/83: Das Mai Manó Haus
Mitte: Die Ansicht des Parlaments ist von der Donau aus ein beliebtes Postkartenmotiv.
Unten: Die Hauptstiege des Parlaments kommt vor allem beim Empfang von Staatsgästen zum Einsatz.

MAL EHRLICH

UNGARNTÜMELEI

Seit dem Wahlsieg 2010 hat die Regierung von Viktor Orbán kaum einen Stein auf dem anderen gelassen. Das schloss auch die Umbenennung von Straßen und Plätzen mit ein. Jede Erinnerung an unliebige Personen oder Orte verschwanden so aus dem Stadtbild und wurden durch historisch genehmere ersetzt: Der Roosevelt- wurde zum Széchenyi-Platz, der Moszkva- zum Kálmán-Széll-Platz. Der Kossuth-Platz bleibt davon nicht ausgenommen. Seinen Namen behält er zwar, doch erhält er als »Hauptplatz der Nation« ein neues altes Gesicht, nämlich das aus den Jahren vor 1944. Über Sinn und Unsinn dieser Maßnahme kann man diskutieren. Die Geschichtstümelei und der starre Fokus gerade auf die Zwischenkriegszeit mutet vor allem im Westen Europas befremdlich an.

Das Parlament

Himmel, an dessen Fassaden ein beträchtlicher Teil der jüngeren ungarischen Geschichte klebt. Denn entstanden ist das Parlamentsgebäude erst am Ende des 19. Jahrhunderts. Fast 19 Jahre sollte es dauern, bis der Bau nach dem Vorbild der Houses of Parliament in Westminster (dem Sitz des britischen Parlaments) fertiggestellt war.

Mit dem Bau beauftragt wurde Imre Steindl (1839–1902). Und es würde sich bei dem Parlamentsgebäude wohl um kein ungarisches Bauwerk handeln, wenn nicht auch eine gewisse Tragik mit ihm verbunden wäre. Dem Architekten nämlich war es nicht vergönnt, sein fertiges Werk noch zu betrachten. Er war Mitte 40, als der Bau begann. Als das Gebäude fast fertig war, war er bereits schwer krank und erblindet. Er starb noch vor der endgültigen Übergabe 1904. Steindl selbst äußerte sich zu seinem Bau wie folgt: »Bei diesem Bauwerk wollte ich keinen neuen Stil schaffen, denn ein so monumentales Gebäude, das für Jahrhunderte bestimmt ist, darf nicht mit vergänglichen Details belastet werden.«

Platz für die Menge

Das ungarische Parlamentsgebäude ist 268 Meter lang, 118 Meter breit und ein Kosmos eigener Art. Es gibt 27 Eingänge, 10 Innenhöfe, 691 Räume, 29 Treppenhäuser, eine Post, einen Friseur, kilometerlange Flure, viel Gold und viel Geschichte. Und natürlich auch einige Anekdoten. Wie die von den Zigarrenhaltern. Vor dem Sitzungssaal legten die Abgeordneten nämlich einst ihre Zigarren ab. So konnte die Redezeit jedes Einzelnen verglichen werden. Die Zeiten sind rauchfreier geworden, die Meinungen über die gewählten Repräsentanten des Staates sind jedoch gespalten we eh und je. In einer Zeit, als Volk und Politiker noch vermeintlich an einem Strang zogen, war Lajos Kossuth (1802

NICHT NUR VON AUSSEN SEHENSWERT

Über das ungarische Parlamentsgebäude kann man viel lesen, aber einen wirklichen Eindruck erhält man erst, wenn man es selbst besichtigt hat. Mehrsprachige Führungen werden jeden Tag angeboten. Dabei werden den Besuchern natürlich die wichtigsten Daten zum Gebäude vermittelt. Zu den beeindruckendsten Orten des Parlaments gehört der Kuppelsaal, in dem die Stephanskrone und die Reichsinsignien aufbewahrt werden. Zu einer klassischen Führung gehört demnach auch die Frage, warum das Kreuz auf der Krone schief ist. Nicht gern gehört wird es, wenn die wahrscheinlichste Antwort – die Krone ist einfach irgendwann mal runtergefallen und das Kreuz dadurch verbogen worden – vorweggenommen wird. Das würde schließlich die Pointe verderben.

Parlament. Mo–Fr 8–18 Uhr, Sa–So 8–16 Uhr, Eintritt (für EU-Bürger) 1750 Forint, Kossuth tér 1–3, Tel. 061/441 44 15, www.parlament.hu

bis 1894) der große Held. Benannt nach diesem ungarischen Revolutionär ist der Platz vor dem Parlament. Der Kossuth tér ist immer Anziehungsplatz gewesen für die große Menge, sei es im Jubel oder im Protest. Hier trat 1956 der Ministerpräsident Imre Nagy (1896–1958) vor die Massen und erklärte die Neutralität seines Landes, und hier wurde etwas mehr als 40 Jahre später die ungarische Demokratie ausgerufen.

Statue passte nicht mehr zum Zeitgeschmack

An den Namensgeber selbst wird durch ein massives Denkmal erinnert. Ein erstes Kossuth-Denkmal an gleicher Stelle wurde bereits in den 1920er-Jahren errichtet: Als zur Flucht gezwungener Anführer, in dem Moment, als er von seinen Getreuen Abschied nimmt. Also zeigte das Monument eine Gruppe von mutlosen, trauernden Gestalten. Nach 1945 passte dies nicht mehr zum Zeitgeschmack. Anlässlich seines 150. Geburtstages wurde ein neues, knapp 15 Meter hohes Denkmal mit einer neuen Figurengruppe geschaffen, die Kossuth als siegreichen Revolutionshelden zeigt. Auch wenn dies ein

Oben: Der Dichter Attila József blickt wehmütig auf den Strom. Die Besucher sind meist besserer Laune.
Unten: Seit dem Umbau des Parlaments halten Wachposten die Stellung. Vor allem im Hochsommer sind sie nicht zu beneiden.

Das Parlament

wenig an der Wirklichkeit vorbeigeht. Schließlich verbrachte Kossuth nach der Niederschlagung der Revolution den Rest seines langen Lebens im Exil. Im Exil endete auch das Leben eines anderen Freiheitshelden. Kossuth gegenüber auf der anderen Seite des Platzes zügelt Ferenc II. Rákóczi sein sich aufbäumendes Schlachtross. Er führte von 1704 bis 1711 den Kuruzzenaufstand gegen die katholischen Habsburger an, verlor und verbrachte den Rest seines langen Lebens in Istanbul.

Das Parlament ist das politische Zentrum des Landes, und nicht nur in seinem Inneren wird Politik gemacht. Die Statue des »roten Grafen« Mihály Károlyi, des ersten Ministerpräsidenten des Landes nach dem Ersten Weltkrieg, grübelte im Norden des Platzes nahe der Donau seit den 1970er-Jahren über seine Rolle in der Geschichte nach. Andere scheinen über ihn schon gerichtet zu haben. In den Plänen zur Neustrukturierung des Platzes in den Zustand von vor 1944 hatte die Statue des ersten demokratisch gewählten Ministerpräsidenten Ungarns keinen Platz mehr und wurde entfernt. Dies könnte auch Attila József treffen. Im Süden des Platzes, ebenfalls nah zur Donau, sitzt er da, grübelnd, in Gedanken versunken. Fragt sich nur, wie lange noch. Dafür werden neue alte Statuen den Platz bevölkern, darunter das Reiterstandbild von Gyula Andrássy im Süden des Platzes sowie im Norden des Platzes eine Gedenkstatue für István Tisza. Andrássy (1823–1890) war ein führender Politiker in der zweiten Hälfte des 19. Jahrhunderts; unter Ministerpräsident Tisza (1861–1918) erreichte Ungarn den größten Einfluss in der Außenpolitik von Österreich-Ungarn. Er wurde nach dem Ersten Weltkrieg von Soldaten ermordet, die ihn für den Krieg verantwortlich machten. Auch das ursprüngliche Kossuth-Denkmal wurde im Zuge der Neugestaltung wieder errichtet.

AUTORENTIPP!

VIEL VÖLKERKUNDE

Der Kossuth-Platz wird vom Landwirtschaftsministerium und vom Ethnografischen Museum abgeschlossen. Das Museum ist im Gebäude des ehemaligen Justizpalasts, der in den 90er-Jahren des 19. Jahrhunderts nahezu zeitgleich mit dem Parlament entstand. Von seiner ursprünglichen Bestimmung zeugen heute noch die Darstellungen an der Fassade des Gebäudes. Das imposante Treppenhaus ist eine Sehenswürdigkeit für sich. Seit 1973 beherbergt das Gebäude das Ethnografische Museum, das sich der Kultur des ungarischen Volkes sowie anderer europäischer und nicht-europäischer Völker von der Urgesellschaft bis zur Zivilisation widmet. Es verfügt über etwa 200 000 Objekte, ebenso historische Fotografien, Film- oder Tonaufnahmen. Alljährlich findet in der Eingangshalle die World Press-Fotoausstellung statt.

Ethnografisches Museum. Di–So 10–18 Uhr, Eintritt: 1400 Forint, Kossuth Lajos tér 12, Tel., 061/473 24 00, www.neprajz.hu

1956 ist überall

Das Jahr 1956, das Jahr des ungarischen Volksaufstandes, hat sich fest ins kollektive Gedächtnis der Ungarn gebrannt. Im öffentlichen Raum ist es nahezu allgegenwärtig, sei es durch die Einschusslöcher an den Häuserfassaden, die noch heute zu sehen sind, oder an den Denkmälern, die an jene Wochen zwischen Hoffnung und Verzweiflung erinnern. Vor allem zum Nationalfeiertag am 23. Oktober sieht man oft ungarische Flaggen mit einem Loch in der Mitte. Es gab schon Besucher, die dachten, Ungarn sei so arm, dass es sich keine ganzen Flaggen leisten könne. Tatsächlich prangte in der Zeit des Stalinismus an dieser Stelle der Flagge das sowjetische Emblem, das die Aufständischen aus ihren Flaggen schnitten. Das Loch ist so zu einem Symbol des Freiheitskampfes geworden. Die lebensgroße Bronzestatue eines späteren Ministerpräsidenten, nämlich dem des Aufstandes von 1956, Imre Nagy, steht etwas weiter abseits am Vértanuk tere, dem Platz der Blutzeugen. Von dort blickt er nachdenklich auf das Parlament. Nagys Hoffnung auf ein demokratisches, blockfreies Ungarn erfüllte sich nicht. Er wurde verraten, hingerichtet und verscharrt. Seine Wiederbestattung 1989 gehört zu den emotionalsten Momenten der Wendezeit in Ungarn. Sein Denkmal wurde 1996 an der Stelle aufgestellt, an der bis kurz nach dem Zweiten Weltkrieg an die Opfer des roten Terrors 1919 in Ungarn gedacht wurde.

Eine Erinnerung an den Krieg und ein dunkles Kapitel ungarischer Geschichte stellen die »Schuhe am Donauufer« dar, etwas südlich, zwischen dem Parlament und der Akademie der Wissenschaften gelegen. Über 40 Meter ziehen sich die wie verstreut daliegenden Schuhe hin. Das Mahnmal wurde von Gyula Pauer und Can Togay zur Erinnerung an die Hinrichtung von Juden während des Weltkrieges gestaltet.

Oben: Die Bronzestatue von Imre Nagy erinnert an den hingerichteten Ministerpräsidenten.
Mitte: Löwen empfangen die Besucher.
Unten: Die Schuhe sind ein stilles Gedenken an die hier erschossenen Juden.

Infos und Adressen

ESSEN UND TRINKEN

Alma Mater. Einfaches Lokal, dafür sehr preiswert und mit typisch ungarischen Gerichten. Mo–So 9 bis 21 Uhr, Alkótmany utca 9–11, Tel. 061/374 62 29, www.almamateretterem.hu

Aszú. Zentrales Element der Speisekarte sind die Weine aus der berühmten Weingegend Tokaj. Mo–So 12–24 Uhr, Sas utca 4, Tel. 061/328 03 60, www.aszuetterem.hu

Biarritz. Für 5500 Forint gibt es eine Zusammenstellung der besten ungarischen Speisen. Mo–Fr 9–22 Uhr, Sa 10–22 Uhr, So 10–17 Uhr, Balassi Bálint utca 2, Tel. 061/311 44 13, www.biarritz.hu

Dracula Restaurant. Einfache Speisen zu niedrigen Preisen, für den anspruchsvolleren Gast aber eher nicht zu empfehlen. Széchenyi utca 14, Mo–So 10–22 Uhr, Tel. 0630/553 63 11, www.dracularestaurant.com

Momotaro Ramen. Japanische Nudeln in zahlreichen Variationen. Di–So 11–22.30 Uhr, Széchenyi utca 16, Tel. 061/269 38 02, www.momotaroramen.com

Das Aszú bietet ein Gastronomieerlebnis in stilvollem Ambiente.

Die Speisekarte im Aszú besticht auch durch moderne Kreationen.

Rokfort. Großartiges Essen zu fairen Preisen. Mo–Fr 9–23 Uhr, Sa 11–23 Uhr, So 11–22 Uhr, Honvéd utca 18, Tel. 061/269 10 72, www.rokfortetterem.hu

Szalai cukrászda. Eine der ältesten und legendärsten Konditoreien Budapests. Mo–So 9–19 Uhr, Balassi Bálint utca 17, Tel. 061/269 32 10, www.szalaicukraszda.hu

ÜBERNACHTEN

Gateway Budapest. Schicke Apartments nur wenige Gehminuten vom Parlament entfernt. Tel. 0630/731 99 01, www.gatewaybudapest.com

13 Der Freiheitsplatz
Von der Habsburger-Kaserne zum Sowjetdenkmal

Im Laufe seiner Geschichte hat der Freiheitsplatz eine 180-Grad-Wendung vollzogen. Einst, als die Stadt sich noch langsam erweiterte, stand hier eine berüchtigte Kaserne der Habsburger, die sich ins kollektive Gedächtnis eingebrannt hat. Hier ließen einige der Freiheitskämpfer von 1848/49 ihr Leben, allen voran der damalige Ministerpräsident Lajos Batthyány. Heute ist der Platz einer der schönsten von Budapest mit einigen seiner prachtvollsten Gebäude.

Der Szabadság tér, der »Freiheitsplatz« im Zentrum des V. Bezirks, war im 19. Jahrhundert alles ande-

Unten: Erst war es die Börse, dann die Zentrale des Ungarischen Staatsfernsehens. Heute dient der Prachtbau am Freiheitsplatz zumindest noch als Kulisse für internationale Filmproduktionen.

MAL EHRLICH
UNSICHTBAR AM RAND DER GESELLSCHAFT

Touristen mögen sich wundern: Der Freiheitsplatz und seine Umgebung gehören zu den besten Adressen von Budapest, er ist ruhig, grün, mitunter sogar lauschig – und man wird garantiert von keinen Obdachlosen belästigt. Das hat gute Gründe. Per Gesetz ist es untersagt, auf öffentlichen Plätzen oder in der Nähe von historisch bedeutsamen Denkmälern zu schlafen. Natürlich, Touristen wollen in ihrem Urlaub in der Regel nicht von den unschönen Seiten ihres Urlaubsortes belästigt werden. Natürlich, die Sauberkeit von öffentlichen und vor allem stark frequentierten Plätzen ist im Interesse aller. Doch auf der anderen Seite werden so auch die soziale Realität und mit ihr die sozial Schwachen nicht nur an den Rand der Stadt, sondern damit noch weiter an den Rand der Gesellschaft gedrängt.

Der Freiheitsplatz

re als die Lieblingsadresse der Stadtbewohner. Wer hierherkam, hatte nichts Gutes zu erwarten. Es war die Zeit, als diese Gegend nördlich der historischen Innenstadt noch »Neustadt« war und von dem berüchtigten »Neugebäude« dominiert wurde. Halb Kaserne, halb Strafanstalt, war das Gebäude auch als ungarische Bastille bekannt. Nach der Niederwerfung des Freiheitskampfes 1848/49 darbten einige der Revolutionsführer in diesen Mauern und verlebten hier ihre letzten Stunden. Einer davon war Lajos Batthyány, Ministerpräsident der Revolutionsregierung, der an einer Mauer des Gebäudes hingerichtet wurde. An dieses Schicksal erinnert eine bronzene Skulptur auf dem Platz vor dem ehemaligen Gebäude des ungarischen Fernsehens sowie das ewige Licht für Batthyány an der Ecke Hold utca/Báthori utca. Einige der Straßen, die strahlenförmig vom Freiheitsplatz abgehen, tragen noch heute die Namen der damals Hingerichteten. Es heißt zudem, dass die Österreicher mit Bier auf ihre getane Arbeit anstießen. Für die nächsten 150 Jahre blieb das Anstoßen mit Bier der Legende nach daraufhin ein Tabu.

Neues Gesicht zur Jahrhundertwende

Kurz vor der Jahrhundertwende wurde die düstere Vergangenheit des Platzes dem Erdboden gleichgemacht und an seiner Stelle nach den Plänen von Antal Palóczy – der, als ob es der Zufall so gewollt hätte, im Jahr des Scheiterns der Revolution 1849 geboren war – der Freiheitsplatz errichtet. Noch heute wird der Platz von den damaligen Gründerzeitbauten dominiert, allen voran dem Gebäude der ehemaligen Börse im Westen des Platzes. Der Börsenpalast, von 1897 bis 1907 errichtet, war bis vor wenigen Jahren Sitz des ungarischen Fernsehens MTV (Magyar Televízió). Derzeit steht das Gebäude leer, was nicht heißt, dass es nicht ge-

AUTORENTIPP!

TRADITIONELLE HERREN-SCHNEIDER

Noch in den 1960er-Jahren galten die Ungarn als beste Schneider der Modemetropole London. Früher gab es einen Herrenschneider in jeder Budapester Straße, heute ist die Kunst der Herrenschneiderei in Ungarn vom Aussterben bedroht. Von einigen Ausnahmen abgesehen. Simon Skottowe ist so eine. Der Brite führt seit einigen Jahren sein eigenes Geschäft in Budapest, wo die Tradition des »bespoken« weiterlebt. In der Nähe des Széll Kálmán tér, Endhaltestelle der Straßenbahnen 4 und 6, hat mit Tamás Jáni ebenfalls ein Vertreter der alten Schule sein Atelier. Hier hält er die Tradition des 1932 gegründeten Familienunternehmens aufrecht.

Simon Skottowe. Zoltán utca 10, Tel. 0630/280 19 60, www.simonskottowe.hu

Tamás Jáni. Keleti Károly utca 44, Tel. 061/316 79 53, www.uriszabo.hu

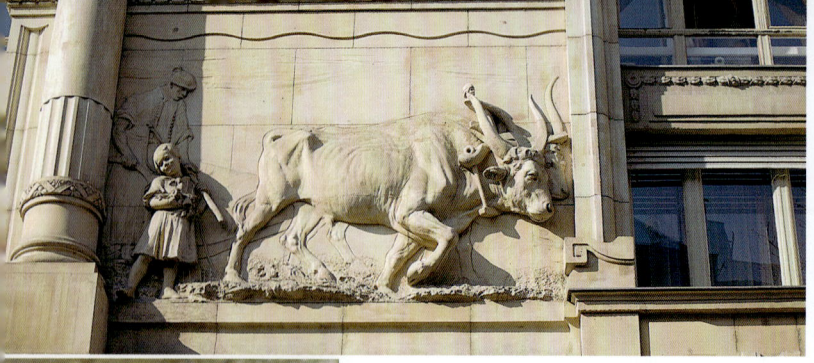

nutzt wird. Man muss gar nicht einmal viel Glück haben, um als Zaungast bei der Produktion von internationalen Filmen dabei zu sein, die das wuchtige Gebäude gern als Kulisse nutzen.

Denkmal hinter Gittern

Im wahrsten Sinne des Wortes in den Brennpunkt geriet es 2006. Bei den regierungsfeindlichen und teilweise gewalttätigen Demonstrationen im Anschluss an die Publikwerdung der berühmt-berüchtigten »Lügenrede« des damaligen sozialistischen Ministerpräsidenten Ferenc Gyurcsány wurde das Gebäude von den Demonstranten gestürmt. Wenn es nach ihnen gegangen wäre, hätte auch das Sowjetdenkmal im Zentrum des Platzes nicht mehr lange gestanden. Als Reaktion auf die Unruhen ist es seit dieser Zeit durch einen massiven Stahlzaun geschützt. Ein solches Denkmal hinter Gittern ist wohl auch einzigartig. Für Diskussionen sorgt zurzeit ein geplantes Monument, das an die deutsche Besatzung Ungarns im Zweiten Weltkrieg erinnern soll.

Reminiszenzen an die Supermacht

Charakteristisch für den Freiheitsplatz ist die architektonische Zurschaustellung von Macht und Größe, mit prachtvollen Verzierungen sowohl im Inneren als auch an der Fassade. Dies wird deut-

Oben: Die Landwirtschaft spielt nur noch an der Fassade der Ungarischen Nationalbank eine Rolle. Drin regiert das Geld.
Unten: Ronald Reagan hat sich unters Volk gemischt und steht gern für Erinnerungsfotos zur Verfügung.

lich nicht zuletzt am Gebäude der Ungarischen Nationalbank, erbaut von 1902–1905. Unter den Palästen sticht ein Jugendstilbau etwas heraus. Hierbei handelt es sich um einen streng bewachten Ort, schließlich sitzt hier die US-amerikanische Botschaft. Nicht von ungefähr finden sich am Platz zahlreiche Reminiszenzen an die Supermacht. Eine Statue von Ronald Reagan liegt direkt auf dem Weg zum Parlament, näher an der Botschaft reckt Harry Hill Bandholtz stolz den Kopf. Der amerikanische General war nach dem Ersten Weltkrieg der Vertreter der Vereinigten Staaten bei der Alliierten Militärmission in Ungarn. Nachhaltigen Ruhm in Ungarn erlangte er dadurch, dass er 1919 die Plünderung des Nationalmuseums durch rumänische Soldaten verhinderte.

Einen Krieg später war es Carl Lutz, der sich in noch größerem Maße hervorgetan hat und dem in Form eines Gedenksteins gedacht wird. Als Retter Tausender Juden ist der Schweizer Konsul in die Geschichte eingegangen, wenngleich er an Bekanntheit dem schwedischen Diplomaten Raoul Wallenberg – wohl auch aufgrund von dessen mysteriösen Tod in der Sowjetunion – etwas nachsteht. Wenig einfühlsam hingegen zeigte sich die Budapester Stadtführung, als sie einem winzigen Stück Fläche vor der Botschaft den Namen Roosevelt tér gab. Der ursprüngliche Roosevelt tér direkt am Fuß der Kettenbrücke vor dem Gresham-Palast trägt seit 2011 den Namen Széchenyi.

Man kann es auf dem Freiheitsplatz ruhig angehen lassen.

Infos und Adressen

ESSEN UND TRINKEN

Csárnok vendéglő. Familiäre Stimmung in der Innenstadt. Mo–So 10–22 Uhr, Hold utca 11, Tel. 061/269 49 06, www.csarnokvendeglo.hu

Farger. Wochenangebote ab 890 Forint. Mo–Fr 7–22 Uhr, Sa–So 9–18 Uhr, Zoltán utca 18, Tel. 0620/237 78 25, www.farger.hu

Iguana. Spanische Gerichte zu niedrigen Preisen. Mo–So 11.30–1 Uhr, Zoltán utca 16, Tel. 061/331 43 52, www.iguana.hu

Via Luna. Italienische Küche zu moderaten Preisen. Mo–Fr 11.30–23.30 Uhr, Sa/So 12–23.30 Uhr, Nagysándor József utca 1, Tel. 361/312 80 58, www.vialunaetterem.hu

ÜBERNACHTEN

Ibero Star Grand Hotel Budapest. Luxushotel in exquisiter Lage. Oktober 6. utca 26, Tel. 061/354 30 50, www.iberostar.com

14 Die Basilika
Der Dom von Ungarn

Als der Bau zur St.-Stephan-Basilika begann, war Pest noch eine Kleinstadt. Ein halbes Jahrhundert und drei Architekten waren nötig, bis der Kirchenbau als abgeschlossen gelten konnte. Mit einem Fassungsvermögen von 8500 Personen ist sie die größte Kirche der Stadt. Und mit der »Heiligen Rechten« beherbergt sie zudem die bedeutendste Reliquie des Landes.

Als 2006 Ungarns Fußballlegende Ferenc Puskás bestattet wurde, gab es ein Novum. Seine letzte Ruhestätte nämlich war jener Ort, der bislang nur Königen und Heiligen vorbehalten war: die St.-Stephan-Basilika. An ihrem heutigen Standort ging es früher jedoch alles andere als heilig zu. Hier stand am Ende des 18. Jahrhunderts das Hetz–Theater, zu dessen »Attraktionen« Tierkämpfe gehörten. In Betrieb war das Theater letztendlich

Unten: An sonnigen Tagen strahlt die Basilika, dass einem die Augen wehtun. Dafür ist es im Inneren schön kühl.

MAL EHRLICH

KAFFEE STATT KLEINODIEN

Neuerdings ist sogar der Besuch der Kirche selbst kostenpflichtig. Die 200 Forint sind an der Eingangspforte an die Kontrolleure abzugeben. Der Besuch auf der Aussichtsplattform schlägt mit 500 Forint zu Buche, für 100 Forint erhellt sich die *Heilige Rechte* und mit 400 Forint darf man einen Blick in die Schatzkammer werfen. Aber der Begriff Schatzkammer kann auch in die Irre führen. Wer sich nicht für liturgische Objekte interessiert, kann sich für das Geld nach dem Besuch stattdessen einen Kaffee gönnen und den (kostenlosen) Blick auf die Basilika genießen.

keine zehn Jahre. Noch bevor das Jahrhundert zu Ende war, wurde es abgerissen. An seiner statt wurde durch einen reichen Bürger eine kleine Kirche für die Bewohner dieses neuen Stadtviertels Leopoldstadt errichtet. Als sich zudem eine Pfarrgemeinde mit schon 1000 Gläubigen bildete, wurde für den Bau einer größeren Kirche Geld gesammelt.

Einsturz wegen Baumängeln

Den Auftrag für den Bau bekam 1845 der Architekt József Hild (1789–1867), der sich bereits einen Namen als Baumeister verschiedener Kirchen gemacht hatte. Zu seinen sakralen Bauwerken zählen auch die Lutherische Kirche am Deák tér oder die Reformierte Kirche am Kálvin tér. Die Vorbereitungsarbeiten für die Basilika waren bereits im Gange, als die Revolution von 1848/49 gezwungenermaßen zu einem Baustopp führte. Erst 1851 konnten die Bauarbeiten für das geplante klassizistische Gotteshaus wirklich beginnen. Sie schienen unter keinem guten Stern zu stehen. Der Bau nämlich zog sich dermaßen in die Länge, dass eine Redensart entstand: »Ich zahle dir meine Schulden zurück, wenn die Basilika fertig ist.« József Hild erlebte das Ende der Bauarbeiten nicht mehr. Er starb 1867. So musste er zumindest nicht mehr mit ansehen, wie das Bauwerk in die Brüche ging. Wegen Baufehlern stürzte die bereits aufgesetzte Kuppel im Januar 1868 ein.

Miklós Ybl (1814–1891), ebenfalls einer der Großen seines Fachs, setzte die Arbeiten fort, diesmal im Stil der Neorenaissance. Aber auch er erlebte die Fertigstellung nicht mehr. Nach seinem Tod 1891 war es schließlich der dritte Architekt, József Kauser (1848–1919), der die Basilika nach über einem halben Jahrhundert seit dem ersten Spatenstich im Jahr 1905 fertigstellte. Die Festansprache zur Einweihung ein Jahr später hielt Kaiser Franz Joseph

Oben: Vom Turm der Basilika überblickt man die gesamte Stadt.
Mitte: In der Basilika wird die »Heilige Rechte« aufbewahrt.
Unten: Über dem Besucher wölbt sich die imposante Kuppel.

AUF DEN TURM

Auch wenn ein Lift die Sache mittlerweile einfacher macht, zumindest auf den letzten Stufen ist etwas Puste nötig. Die Anstrengungen beim Aufstieg auf die Kuppel der Basilika werden aber belohnt mit einem grandiosen Panoramablick auf fast 100 Metern Höhe. Für den Ausblick darf man sich ruhig eine Viertelstunde Zeit nehmen, nicht zuletzt, um seine persönliche Orientierungsfähigkeit zu schärfen. Von der ebenfalls 96 Meter hohen Kuppel des Parlaments abgesehen fällt es gar nicht so leicht, die weiteren Sehenswürdigkeiten unter den Pester Häuserdächern auszumachen.

St.-Stephans-Basilika. Mo–Sa 9–19 Uhr, So 7.30–19 Uhr, Eintritt: 200 Forint, Szent István tér 1, Tel. 061/311 08 39, www.bazilika.biz

persönlich, wobei er die Kuppel mit ihren 22 Metern Durchmesser misstrauisch beäugt haben soll.

Staatsreliquie in eigener Kapelle

Mit einer Höhe von 96 Metern ist die Basilika genauso hoch wie das Parlament und nach diesem das größte Gebäude Budapests. Der Grundriss entspricht der Form eines griechischen Kreuzes. An der Vorderfront der Kirche prangt der Schriftzug *Ego sum via, veritas et vita* (»Ich bin der Weg, die Wahrheit und das Leben«). Die Fresken und Altäre sind Schöpfungen der bekanntesten ungarischen Künstler der Jahrhundertwende. Dazu zählen die Maler Mór Than, Bertalan Székely, Gyula Benczur, Károly Lotz und die Bildhauer Alajos Stróbl und János Fadrusz.

Namenspatron der Basilika ist der Staatsgründer und Nationalheilige Stephan. Seine rechte Hand, die *Heilige Rechte*, gehört zu den wertvollsten Reliquien des Landes. Sie ist in einer eigenen Kapelle zu besichtigen, in der auf Schautafeln auch über die abenteuerliche Geschichte der mumifizierten Hand in den vergangenen 1000 Jahren informiert wird. Gegen Einwurf einer 100-Forint-Münze wird der Reliquienschrein für einige Minuten beleuchtet und die vorher kaum zu erkennende Hand wird sichtbar.

Historisch bedeutsame Artefakte sind in der Schatzkammer der Basilika zu besichtigen. Hier wird über die Entstehungsgeschichte der Basilika informiert, die innerhalb der Kirchenhierarchie den Rang einer *basilica minor* einnimmt und sich seit 2001 auch im Besitz der Kirche befindet. Davor war die Basilika im Staatsbesitz und die katholische Kirche in Ungarn ihr Betreiber. Zudem sind Kunstwerke, Objekte und liturgische Gegenstände ausgestellt. Zu den wichtigsten Stücken zählt eine Kopie der *Heiligen Rechten*, die einst Maria Theresia anfertigen ließ.

Infos und Adressen

SEHENSWÜRDIGKEITEN

St.-Stephans-Basilika. Mo–Sa 9–19 Uhr, So 7.30–19 Uhr, Szent István tér 1, Tel. 061/311 08 39, www.bazilika.biz

ESSEN UND TRINKEN

Első Pesti Rétesház. Kaffeehaus mit einer breiten Auswahl an Strudeln. Mo–So 9–23 Uhr, Október 6. utca 22, Tel. 061/428 01 35, www.reteshaz.com

Hummus. Für Freunde orientalischer Küche und Vegetarier. Mo–Fr 11.30–22 Uhr, Sa–So 12–22 Uhr, Október 6. utca 19, Tel. 061/354 01 08, www.hummusbar.hu

Lugás. Abends ist es nicht immer einfach, in diesem traditionellen ungarischen Lokal einen freien Platz zu bekommen. Mo–So 12–23.30 Uhr, Tel. 061/302 53 93, Bajcsy Zsilinszky út 15/a, www.lugas-etterem.com

Prime Steak & Wine. Zahlreiche Steak-Varianten und an die 200 Weine zur Auswahl. Mo–Mi 12–24 Uhr, Do–Sa 12–1 Uhr, So 12–18 Uhr, Sas utca 18, Tel. 0670/331 86 66, www.primerestaurant.hu

Rézkakas. Eine Auswahl der ungarischen Küche mit hauseigener Musikkapelle. Mo–So 12–24 Uhr, Sas utca 3, Tel. 061/318 00 38, www.rezkakasbistro.hu

Tom George. Das Angebot reicht von Nudel- über Fisch bis hin zu Fleischgerichten. Mo–So 12–24 Uhr, Október 6. utca 8, Tel. 061/266 35 25, www.tomgeorge.hu

ÜBERNACHTEN

Kempinski Hotel Corvinus. Viel Licht, viel Raum und viel Luxus in Top-Lage in der Innenstadt. Erzsébet tér 7, Tel. 061/429 33 75, www.kempinski.com

Le Meredien. Direkter Nachbar des Kempinski mit denselben Vorzügen. Erzsébet tér 9–10, Tel. 061/429 55 00, www.lemeridienbudapest.com

In der Basilika werden nach wie vor Messen abgehalten.

15 Der Andrássy-Boulevard

Unterwegs auf den Champs Élyssées von Ungarn

In Budapests Prachtstraße, der Andrássy út, ist vieles vertreten, was Rang und Namen hat, allen voran die Modewelt. Seit 2002 darf sich die Straße sogar zum Weltkulturerbe zählen – zusammen mit der unter ihr verlaufenden Untergrundbahn, der *földalatti*. Auf ihren drei Abschnitten lässt sich die Stadtgeschichte im wahrsten Sinne des Wortes erlaufen. Neben den Hochglanzboutiquen wird auch der Freund der Kultur auf seine Kosten kommen.

Vielleicht ziemt es sich nicht, an einem Weltkulturerbe herumzumäkeln. Und doch fällt der Geburtsfehler der Budapester Prachtmeile Andrássy

Unten: Der Andrássy-Boulevard unterteilt sich in drei Abschnitte, von denen jeder einzelne eine besondere Architektur aufweist. Und ein bisschen mehr Grün gibt es mittlerweile auch.

MAL EHRLICH

HIN UND NICHT WIEDER ZURÜCK

In der *Földalatti*, der Untergrundbahn unter der Andrássy út, fühlt sich der Fahrgast in die Zeit der Jahrhundertwende zurückversetzt. Schließlich handelt es sich bei dieser Bahn um die erste U-Bahn auf dem europäischen Festland. Jedoch sollte bedacht werden, dass ein Ticket (sie gelten sowohl für Metros, Busse und Straßenbahnen) jeweils nur für eine Strecke gültig ist. Es ist also nicht möglich, etwa an der Haltestelle Oper auszusteigen und nach einer Besichtigung mit demselben Ticket die Fahrt fortzusetzen. Es ist zudem nicht zu erwarten, dass die Kontrolleure hier Kulanz walten lassen. Um Strafzahlungen zu vermeiden, bietet es sich an, immer ausreichend Tickets bei der Hand zu haben.

Der Andrássy-Boulevard

út vor allem bei einem Blick auf die Stadtkarte auf. Streng betrachtet nämlich beginnt sie im Nichts und zumindest in ihrer Entstehungszeit führte sie auch in dasselbe. Statt einer Geraden, die von der Kettenbrücke direkt auf die Andrássy út führt, krümmt sich zwischen den beiden noch die József Attila utca. Und so großstädtisch sie an ihrem Beginn anmutet, so ländlich wirkt sie an ihrem Ende. Gebaut wurde die Straße nämlich zu einer Zeit, in der ihr oberes Ende bereits hin zum Stadtwald (damals natürlich noch unbebaut) ausfranste.

Idee kam in den 1840ern auf

Lange galt die parallel zur Andrássy út verlaufende Király utca als Hauptstraße der Theresenstadt. Die Idee zum Bau einer Allee kam erstmals in den 1840er-Jahren auf. In der Zeitung *Pesti Hírlap*, dessen Chefredakteur er damals war, erschien 1841 ein Aufsatz des späteren Revolutionsführers Lajos Kossuth. Darin beschrieb er unter der Fragestellung »Was benötigt die Stadt Pest, um den Grundstein für eine hauptstädtische Form zu legen?« die Idee einer mit Bäumen bepflanzten Allee zwischen Stadtzentrum und Stadtwäldchen. »Was wäre für die Budapester schöner und gemütlicher, als von der Kettenbrücke bis zum Stadtwäldchen zwischen schattigen Baumreihen wie in einem Park zu spazieren oder Kutsche zu fahren und der engen, grässlichen Király utca mit ihrer langweiligen, nicht enden wollenden Häuserfront auszuweichen.«

Allein die Pester Bevölkerung musste sich noch eine Weile mit der Király utca begnügen, die da aber schon längst nicht mehr dem städtischen Verkehr gewachsen war. Aber erst unter dem Ministerpräsidenten Gyula Andrássy (1823–1890) nahm ab 1870 der Bau der Straße konkrete Züge an. So wurde das Budapest der Neuzeit geschaffen.

AUTORENTIPP!

GEISTIGER UND HOCHGEISTIGER GENUSS

Der Begriff »Büchertempel« ist mit Sicherheit nicht übertrieben, wenn die Rede von der Alexandra-Buchhandlung in der Andrássy út 39 ist. Erbaut 1882 als Kasino, wandelte es sich im ersten Jahrzehnt des 20. Jahrhunderts zu einem Modetempel nach französischem Vorbild. Noch heute prangt der Name *Párizsi Nagy Áruház* (»Pariser Großkaufhaus«) über dem Eingang des Jugendstil-gebäudes. 2009 eröffnete das Haus als Buchhandlung neu. Doch nicht nur das Geistige wird hier angeboten. Integriert in den Bücherverkauf ist ein breites Weinangebot. Und das Café im Obergeschoss braucht sich mit seinem prachtvollen Interieur vor keinem der altehrwürdigen Budapester Kaffeehäuser zu verstecken.

Alexandra Könyvesház. Mo–So 10–22 Uhr, Andrássy út 39, Tel. 061/484 80 00, www.alexandra.hu

FOTOKUNST

Das Mai Manó Haus in der Nagymező utca 20 ist das Haus der ungarischen Fotografen. Und wenn man sich fragt, welche berühmten Fotografen Ungarn hervorgebracht hat, sollte man sich nur Namen wie André Kertész oder Robert Capa vergegenwärtigen. Benannt ist das Haus nach Manó Mai (1855–1917), seines Zeichens kaiserlicher und königlicher Hoffotograf. In »seinem« Haus wird heute bei wechselnden Ausstellungen auch der jungen ungarischen (und internationalen) Fotografie ein Forum geboten. Im Buchladen des Hauses gibt es eine breite Palette an Fotografiebüchern und -zeitschriften.

Mai Manó-Haus. Mo–Fr 14–19 Uhr, Sa–So 11–19 Uhr, Eintritt: 1500 Forint, Nagymező utca 20, Tel. 061/473 26 66, maimano@maimano.hu oder www.maimano.hu.

Mit der Architektur der Häuser auf dem neuen Boulevard wurden der heute vergessene István Linczbauer und Miklós Ybl (1814–1891) betraut. Den einheitlichen Stil verdankt die Straße der gerade zu dieser Epoche aufkommenden Neorenaissance. Die Arbeiten konnten 1876 abgeschlossen werden. Den Namen des Ministerpräsidenten Andrássy trägt sie seit 1885.

Erste Wohnadresse schon damals

Den Beginn der Andrássy út markiert linker Hand ein hoch aufragendes Bürogebäude, das einer französischen Versicherungsagentur als Sitz diente. Der Schriftzug ist noch vorhanden. Im Erdgeschoss ist heute eine Coffeeshop-Kette untergebracht. Gegenüber war es dann lange Zeit das Postmuseum, das einen Eindruck von der Wohnkultur der höheren Schichten zur Gründerzeit vermittelte. Leider nur, bis es unlängst verkauft wurde. Beeindruckend ist auf der Andrássy út aber schon der Blick von außen. Der Spaziergang auf dem Boulevard führt entlang an den großen Namen der Modewelt und an Hausportalen, an denen Götter und Löwen in Stein verewigt wurden. Nach wenigen Minuten erhebt sich linker Hand bereits das Operngebäude, eines der wichtigsten Bauwerke der ungarischen Architekturgeschichte. Direkt gegenüber der Oper wartet ein historisches Gebäude noch auf seine Wiederauferstehung. Der Drechsler-Palast war jahrzehntelang Sitz des ungarischen Ballett-Instituts. Nach über zehn Jahren des Leerstands soll nun dem Vernehmen nach eine Luxusunterkunft entstehen. Eine andere Institution hat seine Renaissance bereits hinter sich. Fast nebenan beschwört das »Művész Kávéház« den Geist der Zeit um die Jahrhundertwende. Das typische Kaffeehaus galt bereits zur Gründung als Treffpunkt für Künstler und Bohemiens.

Der Andrássy-Boulevard

Broadway in Pest

Die Andrássy út ist in drei Abschnitte geteilt. Im ersten Teil vom Deák tér bis zum Oktogon dominieren drei- bis vierstöckige Wohnhäuser das Bild. Der zweite Abschnitt zwischen dem Oktogon und dem Kodály körönd ist ebenfalls von einer geschlossenen Bauweise geprägt, jedoch sind die Häuser bereits ein Stockwerk niedriger. Parallel zu diesem Abschnitt finden sich auch zwei mit Bäumen gesäumte Nebenfahrbahnen. Im dritten Abschnitt zwischen Kodály körönd und Heldenplatz überwiegt bereits der ländliche Charakter. Die Straße ist hier am breitesten und von Palästen und Villen sowie Gärten in offener Bauweise umgeben. Noch bevor der erste Abschnitt der Straße am Oktogon zu Ende geht, weht ein Hauch der großen Theaterwelt über den Asphalt. Nagymező heißt so viel wie »großes Feld«. Diese Zeiten sind aber längst vorbei. Heute leuchten in der gleichnamigen Straße die Lichter der Theater. Auf diesem »Pester Broadway« haben gleich mehrere Theater ihr Zuhause. Zu ihnen zählen etwa das Radnóti-Theater, das Thália-Theater, das Budapester Operettentheater oder das Moulin Rouge.

Weltbekannter Fotograf

Neu in der Nagymező utca ist das Capa-Zentrum, benannt nach dem ungarischstämmigen Fotografen Robert Capa, der als Endre Ernő Friedmann 1913 in Budapest geboren wurde und unter seinem Künstlernamen zu einem der großen Kriegsfotografen des 20. Jahrhunderts avancierte. Seine Bilder vom Spanischen Bürgerkrieg oder von der Endphase des Zweiten Weltkriegs in Europa sind heute legendär. Zusammen mit seinen Kollegen Henri Cartier-Bresson, David Seymour und George Rodger gründete Capa 1947 die Fotoagentur Magnum. 1954 starb er in Indochina, als er auf eine Landmine trat. Mit dem nach ihm benannten

Oben: Das »Művész« gehört zu den Kaffeehäusern der alten Zeiten, die wieder auferstanden sind.
Mitte: Das berüchtigte »Terrorhaus«, früher Sitz der Staatssicherheit, ist heute ein Museum.
Unten: In der Nagymező utca gibt es mehrere Theater.

Zentrum wird dem Fotografen nun in seiner Heimat Rechnung getragen. Eigentümlich ist nur eins: Bilder von Robert Capa selbst sucht man in der Einrichtung vergebens. Weichen musste für das Capa-Zentrum das Ernst-Museum für zeitgenössische Kunst. Dieses wiederum zog in die Kunsthalle am Heldenplatz um.

Im Capa-Zentrum findet seit 2014 die sehr sehenswerte »Ungarische Pressefotoausstellung« statt. Gezeigt werden die besten Pressefotografien des vorangegangenen Jahres (www.sajto-foto.hu) – und das bereits seit über 30 Jahren. Vormals nahm die Pressefotoausstellung mehrere Räume im Ungarischen Nationalmuseum (s. S. 178) ein. Der Umzug ins Capa-Zentrum könnte den Fortbestand der Ausstellung gesichert haben, wenn man bedenkt, dass sie im Nationalmuseum zuletzt arg zusammengeschrumpft in einen Nebengang verbannt worden war.

Statuen berühmter Dichter

Vor dem Oktogon lohnt es sich, auf dem Liszt-Platz mit seinen zahlreichen Cafés eine kleine Pause einzulegen. Die Statue des verwitterten Mannes, der sich gegen den Wind zu stemmen scheint, stellt Endre Ady (1877–1919) dar. Er gilt als einer der Erneuerer der ungarischen Dichtkunst. Der Name des früh gestorbenen Ady wird dem Besucher in Ungarn in Form von Straßennamen und Plätzen immer wieder begegnen.

Nicht ganz so populär, dennoch ein ungarischer Klassiker, ist Mór Jókai. Der Platz auf der anderen Straßenseite gegenüber des Liszt-Platzes trägt nicht nur seinen Namen, sondern ist auch mit einer Statue des Schriftstellers geschmückt. Jókais wohl auch in Deutschland bekanntestes Werk ist Ein *Goldmensch* (*Az arany ember*).

Oben: Starke Schultern sind nötig, um die Portale der repräsentativen Gründerzeitgebäude zu tragen.
Unten: Im ehemaligen Ernst-Museum befindet sich heute ein Museum zu Ehren des Kriegsfotografen Robert Capa.

Ein *Goldmensch* erschien erstmals im Jahr 1872.
Zu dieser Zeit war der Oktogon, der nun folgende
Platz, lediglich eine Grube, die als Müllkippe diente. Heute ist er einer der Verkehrsknotenpunkte
der Stadt und der Burger King einer der beliebtesten Treffpunkte. Eine Uhrzeit, in der es nicht vor
Menschen und Fahrzeugen wimmelt, gibt es höchs-
tens in tiefster Nacht. Seinen Namen erhielt er
von seiner achteckigen Form. Charakteristisch sind
die vier markanten Gebäude, die den Platz einrah-
men. Am Oktogon befand sich mit dem »Abbázia«
auch eines der bekanntesten Kaffeehäuser der
Stadt, das in der Budapest Noir-Reihe des Krimi-
autors Vilmos Kondor literarisch verarbeitet wurde.
Sein Titelheld ging hier ein und aus. Heute würde
er sich nur noch wundern. Nach über hundertjähri-
ger Tradition ging das Café nach der politischen
Wende pleite, eine Wiederaufstehung in Form eines
Kaffeehaus-verliebten Investors blieb ihm verwehrt.
Heute zeugt nur noch eine Gedenktafel davon.
In dem Kaffeehaus von einst ist heute eine Bank
untergebracht. Der Oktogon eignet sich hervorragend dazu, in alle vier Himmelsrichtungen auszu-
schwärmen und je nach Vorliebe weitere Sehenswürdigkeiten zu erkunden. Richtung Norden etwa,
entlang des Rings, führt der Weg zum Westbahnhof und zur Margareteninsel, im weiteren Verlauf
der Andrássy út geht es direkt zum Heldenplatz.

AUTORENTIPP!

UNGARISCHE LITERATUR

Ein fremdsprachiges Angebot ist zwar
vorhanden, jedoch kommt es nicht
gegen die ungarische Hausmacht im
»Írók boltja«, dem Laden der Schriftsteller in der Andrássy út 45 an. Wer
aber des Ungarischen mächtig und so
mutig ist, es mit der ungarischen Literatur im Original aufzunehmen, der ist
hier goldrichtig. Neben einer umfas-
senden Auswahl an klassischer wie
auch an zeitgenössischer Literatur
rührt die Besonderheit des »Írók boltja« auch aus seiner Vergangenheit.
Denn er war einmal – natürlich – ein
Kaffeehaus. Seine Blütezeit erlebte
es zwischen den beiden Weltkriegen,
nicht zuletzt durch die herausragende
Küche. Das damalige »Japán«, dessen
Innengestaltung ganz dem ostasiati-
schen Namen entsprach, war seinerzeit vor allem bei Dichtern, Schriftstellern und Journalisten beliebt.

Írók boltja. Mo–Fr 10–19 Uhr,
Sa 11–19 Uhr, Andrássy út 45,
Tel. 061/322 16 45,
www.irokboltja.hu

Ein Optiker in der weiten Welt

Berühmtestes (und berüchtigtstes) Gebäude im zweiten Straßenabschnitt zwischen Oktogon und Kodály köröd ist das Gebäude mit der Hausnummer 60. 1880 als Wohnhaus errichtet, nahm es im 20. Jahrhundert eine unrühmliche Rolle ein. Erst war es Sitz der ungarischen Nazis, der »Pfeilkreuzler«, danach nutzte es der ungarische Staatssicherheitsdienst während der Stalin-Ära als Foltergefängnis. Heute beherbergt es das Museum *Haus des Terrors*, das die Zeit beider Diktaturen aufarbeitet, laut Meinung von Kritikern jedoch die ungarische Opferrolle zu sehr in den Mittelpunkt rückt.

Der dritte Abschnitt der Andrássy út beginnt am Kodály köröd. Namensgeber ist der ungarische Komponist und Bartók-Schüler Zoltán Kodály (1882–1967), der sich nicht zuletzt durch die Erforschung des ungarischen Volksliedgutes verdient gemacht hat. In der Eckwohnung am Kodály köröd 1 (Eingang über die Andrássy út 89) lebte der Komponist seit den 1920er-Jahren bis zu seinem Tod. Heute ist dort ein Archiv und Erinnerungsmuseum eingerichtet. Dazu gehört auch ein Salon, der die Stimmung des 19. Jahrhunderts widerspiegelt. In ihm soll Kodály am liebsten seine Gäste empfangen haben. Zu den Gästen soll auch Yehudi Menuhin gezählt haben.

Ein weiteres Museum ganz eigener Art befindet sich im letzten Abschnitt der Andrássy-Straße. Im Ferenc-Hopp-Museum hat die ostasiatische Kunst in Ungarn ein Zuhause gefunden. Ferenc Hopp (1833–1919) stammte aus Mähren und war ursprünglich Optiker. Seine Tausende Objekte umfassende Sammlung aus dem Fernen Osten, die er vor seinem Tod dem Staat vermachte, bildete den Grundstock für das 1923 gegründete Museum in der Andrássy út 103.

Oben: Ostasiatische Kunst hat im Ferenc-Hopp-Museum ein Zuhause gefunden.
Unten: Die Eingangshalle des »Terrorhauses« wird von einem Panzer dominiert. Das Museum selbst ist in seiner Konzeption nicht unumstritten.

Infos und Adressen

SEHENSWÜRDIGKEITEN

Capa-Zentrum. Mo–So 11–19 Uhr, Eintritt 1500 Forint, Nagymező utca 8, Tel. 061/4131310, www.capacenter.hu

Ferenc Hopp Ostasiatisches Kunstmuseum. Mo–So 10–18 Uhr, Eintritt: 1000 Forint, Andrássy út 103, Tel. 061/3228476, www.imm.hu

Franz-Liszt-Museum. Mo–Fr 10–18 Uhr, Sa 9–17 Uhr, Eintritt: 1300 Forint, Vörösmarty utca 35, Tel. 061/4130440, info@lisztmuseum.hu oder www.lisztmuseum.hu

Haus des Terrors. Di–So 10–18 Uhr, Eintritt: 2000 Forint, Andrássy út 60, Tel. 061/3742684, www.terrorhaza.hu

ESSEN UND TRINKEN

Baraka. Wöchentlich wechselnde Angebote quer über alle Kontinente. Balassi Bálint utca 7, Tel. 0630/5341071, Di–Sa 19–22 Uhr, www.barakarestaurant.hu

Bohémtanya. Solide Küche, die schmeckt und dem Geldbeutel nicht wehtut. Mo–So 12–24 Uhr, Paulay Ede utca 6, Tel. 061/2673504, www.bohemtanya.com

Am Liszt-Platz trifft man sich gerne zum Ausgehen.

Casa Brasil. Südamerikanische Gerichte und Getränke, durchaus einen Besuch wert. Di–Fr 18–24 Uhr, Sa 12–24 Uhr, So 12–16 Uhr, Andrássy út 34, Tel. 061/3010383, www.casabrasil.hu

Chez Daniel. Französisches Bistro in ruhiger Nähe der Metrohaltestelle Kodály körönd. Mo–So 12–15 Uhr und 19–23 Uhr, Szív utca 32, Tel. 061/3024039, www.chezdaniel.hu

Ferencz József. Unter den Augen des Kaisers Franz Joseph gibt es deftige ungarische Speisen. Mo–Sa 11–24 Uhr, So 13–24 Uhr, Nagymező utca 12, Tel. 061/3445316, www.ferenczjozsefetterem.hu

Instant. Ruinenkneipe mit besonders sehenswerter Innendekoration. Mo–So 12–3 Uhr, Nagymező utca 38, Tel. 061/3110704, www.instant.co.hu

Két Szerecsen. Gemütlicher Ort für die verschiedensten Anlässe und mit guter Küche. Fr 8–24 Uhr, Sa–So 9–24 Uhr, Nagymező utca 14, Tel. 061/3431984, www.ketszerecsen.hu

Krizia. Italienisches Restaurant, das einen sehr guten Ruf genießt. Mo–Sa 12–15 Uhr und 18.30 bis 24 Uhr, Mozsár utca 12, Tel. 061/3318711, www.ristorantekrizia.hu

Művész Kávéház. Traditionsreiches Kaffeehaus auf dem Boulevard. Mo–Sa 9–22 Uhr, So 10–22 Uhr, Andrássy út 29, Tel. 061/3433544, www.muveszkavehaz.hu

Teaház a vörös oroszlány. Es muss nicht immer Kaffee sein. Die Teehäuser in Budapest bieten da eine gelungene Abwechslung. Mo–Sa 11–23 Uhr, So 15–23 Uhr, Jókai tér 8, Tel. 061/2690579, www.vorosoroszlanteahaz.hu

ÜBERNACHTEN

Mamaison Hotel Andrássy. Hotels der gehobenen Mittelklasse in der Nähe des Heldenplatzes sowie des Kodály körönd. Andrássy út 111, Tel. 061/4622100, www.mamaison.com

16 Die Oper
Hohe Kunst und leere Taschen

Das Gebäude der Ungarischen Oper ist nicht nur eins der schönsten auf der gesamten Andrássy út, es ist zugleich eines der bedeutendsten Bauwerke der ungarischen Architekturgeschichte. Sein erster Direktor war kein Geringerer als der Komponist der ungarischen Nationalhymne. Zu seinen Nachfolgern gehörte unter anderem auch Gustav Mahler, der das Haus zu einer Glanzzeit führte. An den finanziellen Problemen änderte das aber nichts.

Wie und mit welchen Mitteln gearbeitet wurde, muss wohl Spekulation bleiben. Doch die Csárda, eines jener typischen ungarischen Restaurants, stand im Weg, als die Bauarbeiten für die Andrássy út bereits in vollem Gang waren. Darüber hinaus

Unten: Im Laufe der Geschichte spielten sich hier schon große Opernmomente ab, stummer Zeuge über all die Jahre war der in Deutschland gefertigte Kronleuchter.

MAL EHRLICH

WENN DER SCHEIN TRÜGT

Man tut einer gastronomischen Einrichtung unrecht, wenn man sie pauschal verurteilt. Manchmal aber kann es einem den ganzen Tag verderben, wenn einer der Servicekräfte selbst einen schlechten erwischt hat. Da macht es auch keinen Unterschied, wie glamourös die Umgebung sich gibt. »Unhöflich« und »arrogant« waren schon die Eindrücke von manchem Café, das sich selbst gern in den höchsten Tönen lobt. Deshalb gilt auch bei Restaurants und Cafés: Nicht immer sich nur vom Äußeren leiten lassen und erst mal draußen auf die Karte schauen. Wenn Speisen mehr als 3000 Forint kosten, darf man ruhig auch etwas mehr erwarten. Aufmerksamen Service inklusive.

soll die Gaststätte in einem zweifelhaften Ruf gestanden haben. Letztendlich gelang es, das Grundstück zu enteignen. Der Bau der Andrássy-Straße ging weiter, und an etwa die Stelle der alten Csárda trat das Operngebäude, ein architektonisches Ausrufezeichen. Und gleichzeitig entstand damit ein Ort, der dem Unterhaltungsbedürfnis der Bevölkerung Rechnung tragen konnte.

Kaiser als Ehrengast

Das Ungarische Königliche Opernhaus, wie es damals hieß, wurde am 27. September 1884 nach neunjähriger Bauzeit feierlich eröffnet. Kaiser Franz Joseph (1830–1916) ließ es sich nicht nehmen, persönlich an der Eröffnung dieser »feierlichen Halle des Lied und der Musik«, wie es in einer zeitgenössischen Zeitung hieß, teilzunehmen.

Unter der Leitung von Ferenc Erkel (1810–1893), dem ersten von bis zum heutigen Tag über 30 Direktoren der Oper, wurde der erste Aufzug der Oper *Bánk bán*, die Ouvertüre von *László Hunyádi* sowie der erste Aufzug vom *Lohengrin* aufgeführt. Während der Eröffnung soll es zu tumultartigen Szenen gekommen sein, da die vorhandenen Plätze bei Weitem nicht für diejenigen ausreichten, die sich das Ereignis nicht entgehen lassen wollten.

Verantwortlich für den Bau im Stil der Neorenaissance war Miklós Ybl (1814–1891), der die Ausschreibung für den Bau der Oper für sich entscheiden konnte. Ybl nahm sich für architektonische Gestaltung im Inneren die Pariser Oper zum Vorbild. Vielleicht ein Grund, warum der italienische Filmregisseur Dario Argento für seine Version von *Das Phantom der Oper* im Gebäude der ungarischen Oper drehte. Vor Gespenstern dieser Art muss man sich aber heute nicht mehr fürchten.

AUTORENTIPP!

OPER ALS AUGENSCHMAUS

Die Innengestaltung der Ungarischen Staatsoper ist eine Sinfonie für sich. Den ersten Eindruck vom Inneren vermittelt bereits die vor Gold strotzende Eingangshalle, an die sich das opulente Treppenhaus anschließt. Sehenswert dort und im Zuschauerraum der Oper sind die Wandgemälde, die mit Bertalan Székely, Mór Than oder Károly Lotz von den berühmtesten Künstlern ihrer Zeit angefertigt wurden. Glanzstück des Zuschauerraumes, in dem fast 1300 Zuschauer Platz finden, ist zudem der gewaltige Kronleuchter, der einst in Mainz gefertigt wurde und seit 1884 mit seinen 2,1 Tonnen an derselben Stelle hängt, alle Zeiten überdauernd. Führungen werden täglich in mehreren Sprachen angeboten.

Ungarische Staatsoper. Eintritt: 2900 Forint, Andrássy út 22, Tel. 061/814 71 00, www.operavisit.hu (Fremdsprachige Führungen täglich um 15. u. 16 Uhr).

AUTORENTIPP!

SÜSSES FÜR DIE SÜSSE

Das Prinzip lässt sich eigentlich auf ganz Budapest anwenden. Es ist eine Stadt der Nischen und der Ecken, und so lohnt es sich immer, nicht nur die Hauptsehenswürdigkeiten zu erkunden, sondern auch die unmittelbare Umgebung. Die kann mitunter äußerst süß sein. Im »Sugarbolt« in der nahe gelegenen Paulay Ede utca 48 findet man alles Süße und Quietschbunte an einem Ort vereint. Wenig überraschend ist die Kundschaft dort vor allem weiblich. Eine kleine Aufmerksamkeit für das holde Geschlecht findet sich dort auf jeden Fall.

Sugarbolt. Mo 12–22 Uhr, Di–So 10.30–22 Uhr, Paulay Ede utca 48, Tel. 061/321 66 72, paulay@sugarshop.hu oder www.sugarshop.hu

Götter der Musik und der Antike

Die Grundfläche der Oper beträgt knapp 5400 Quadratmeter, in ihren weitesten Ausmaßen ist sie mehr als 100 Meter lang und knapp 60 Meter breit. Vor dem Gebäude findet man jeweils eine Statue des ersten Museumsdirektors Ferenc Erkel (1810–1893), der auch die ungarische Nationalhymne komponiert hat, und Franz Liszt (1811 bis 1886), beide geschaffen von Alajos Stróbl. Am auffälligsten sind die ebenfalls von Stróbl geschaffenen marmornen Sphinx-Figuren, die zwischen ihren Klauen Masken und Lorbeerkränze halten. Darstellungen der Musen finden sich in den Nischen vor den Fenstern des Foyers. Dort wachen die liebliche Erato, die tanzfreudige Terpsichore, die blühende Thalia und die singende Melpomene. Die Fassade wird von einer Balustrade gekrönt, auf der berühmte Komponisten verewigt sind. Zu ihnen gehören, von links nach rechts: Claudio Monteverdi, Alessandro Scarlatti, Christoph Willibald Gluck, Wolfgang Amadeus Mozart, Ludwig van Beethoven, Gioacchino Rossini, Gaetano Donizetti, Michail Glinka, Richard Wagner, Guiseppe Verdi, Charles Gounod, Georges Bizet, Modest Mussorgski, Peter Tschaikowski, Stanisław Moniuszko und Bedřich Smetana. Neben den Göttern der Musik finden sich zudem Darstellungen der antiken Götter Pan, Dionysos, Poseidon, Hermes und Orpheus.

Glanzzeit unter Gustav Mahler

So prächtig und erhaben das Gebäude anmutet, so wenig war es von weltlichen Problemen ausgenommen. Von Beginn an stand das Haus im Kreuzfeuer der Presse. Es mangelte an Geld, es mangelte an künstlerischem Niveau und vor allem mangelte es auch an ausreichenden Besucherzahlen.

Wegen der hohen Eintrittspreise blieb die Oper ein Vergnügen für die Aristokratie und den Geldadel. Die (zumindest künstlerische) Wende kam in den Jahren 1888 bis 1891 und ist in erster Linie mit dem Namen Gustav Mahler (1860–1911) verbunden, der zu dieser Zeit als Direktor amtierte und das Haus in ein erstes »Goldenes Zeitalter« führte. Wenngleich er sich internen Gegenkampagnen ausgesetzt sah, erlebte das künstlerische Niveau der Aufführungen eindeutig eine Steigerung. Allein, es war nicht von langer Dauer.

Nach einem erneuten Niedergang war es Miklós Bánffy, der es mehr oder weniger schaffte, die finanzielle Lage des Hauses zumindest zu stabilisieren. Mit der Verjüngung des Ensembles und der Neu-Inszenierung klassischer Stücke von Mozart oder Verdi erlebte die Oper einen erneuten Aufschwung. Der war auch nötig. Mittlerweile nämlich hatte mit der *Népopera*, der Volksoper, auch ein künstlerischer Rivale die Bühne betreten, der populäre und preisgünstige Stücke aufführte und sich an die Zuschauer mit klammerem Geldbeutel wandte. Und damit schien auch der Beweis er-

Oben: Einmal stehen bleiben und genießen. Das Gebäude der Staatsoper gehört zum Besten, was die ungarische Architektur zu bieten hat. **Unten:** Die marmornen Sphinx-Figuren geben Acht, dass niemand ohne Ticket die heiligen Hallen der Oper betritt.

Oben: Bei der Innenausstattung der Oper weiß man oft nicht, wo man zuerst hinschauen soll.
Mitte: Den Blick nach oben sollte man bei der Besichtigung auf keinen Fall vergessen.
Unten: Fast 1300 Personen finden im Zuschauerraum der Oper Platz.

bracht, dass eine Oper ohne staatliche Unterstützung nicht lebensfähig ist. Die Staatsoper bildete keine Ausnahme. Allein war die Oper nie in der Lage, sich selbst zu tragen, immer blieb sie vom Staat subventioniert.

Aufschwung nie von langer Dauer

Die vielversprechende Entwicklung unter Bánffy wurde durch den Ausbruch des Ersten Weltkriegs gestoppt. Von September 1914 bis März 1915 blieb das Haus geschlossen. Zwischen den beiden Weltkriegen, mit der Öffnung des Hauses Richtung Moderne und Avantgarde, erlebte die Oper erneut eine Blütezeit, wenngleich sich die Wirtschaftskrise auch auf die Besucherzahlen auswirkte. Zu den bedeutendsten Direktoren dieser Zeit gehören Miklós Rádnai (1925–1935) und nach dessen Tod László Márkus (1935–1944), unter dem wohl das homogenste Ensemble in der Geschichte der Budapester Oper arbeitete. Mit der »Arisierung« mussten jedoch 37 Mitglieder das Haus verlassen. Den Zweiten Weltkrieg überstand die Oper weitestgehend unbeschadet. Die Vorstellungen wurden erst Ende 1944 eingestellt, in den Kellergewölben suchte während der Schlacht um Budapest nicht nur das Ensemble, sondern auch die Budapester Bevölkerung Schutz. Bereits im März 1945 aber wurde der regelmäßige Spielbetrieb wieder aufgenommen.

Auch in der Zeit des Kommunismus rissen die alten Probleme der Oper nicht ab: Sie blieb ein Subventionsbetrieb. Stürmisch verliefen dann die Nachwendejahre, in denen fast ein halbes Dutzend Direktoren verschlissen wurde. Die Oper selbst war ausdauernder. 2009 feierte das Haus, das neben dem Opernensemble heute auch das Ungarische Nationalballett beherbergt, den 125. Jahrestag seiner feierlichen Übergabe.

Infos und Adressen

SEHENSWÜRDIGKEITEN

Ungarische Staatsoper. Andrássy út 22,
Tel. 061/814 71 00, www.opera.hu

ESSEN UND TRINKEN

Anker't. Ruinenkneipe im Hinterhof. Mo–So
16–24 Uhr, Paulay Ede utca 34, Tel. 0630/360 33 89

Balettcipő. Einfache Speisen zu guten Preisen
und in nettem Ambiente. Mo–Fr 10–24 Uhr,
Sa 12–24 Uhr, So 12–23 Uhr, Hajós utca 14,
Tel. 061/269 31 14, www.balettcipo.hu

Boutiq' Bar. 2012 zu den 50 besten Bars der
Welt gezählt. Di–Sa ab 18 Uhr, Paulay Ede utca 5,
Tel. 0630/229 18 21, www.boutiqbar.hu

Callas. Café und Restaurant direkt an der Oper
gelegen, dementsprechend nicht gerade billig.
Mo–So 10–24 Uhr, Andrássy út 20,
Tel. 061/354 09 54, www.callascafe.hu

La Pampa. Kräftige Rindergerichte zum Sattwerden. Mo–So 12–0.30 Uhr, Bajcsy–Zsilinszky út 21,
Tel. 061/354 14 44, www.lapampa.hu

Im Treppenhaus lohnt sich ein genauer Blick auf
die historischen Wandgemälde.

Olíva. Mediterrane Speise in heimischer Atmosphäre. Mo–So 12–24 Uhr, Lázár utca 1,
Tel. 061/30 10 45, www.olivaetterem.com

Vak Éger. In die »Blinde Maus« darf man sich
gern einmal verirren. Di–Sa 18–5 Uhr, Paulay Ede
utca 2, Tel. 0670/333 96 33, http://vakeger.com

Vak Varjú. Auch die »Blinde Krähe« ist mal hung-
rig und muss nicht viel zahlen, um satt zu werden.
Mo–So 11–24 Uhr, Paulay Ede utca 7,
Tel. 061/268 08 88, http://pest.vakvarju.com

ÜBERNACHTEN

K+K Hotel Opera. First-Class-Hotel im Herzen
der Stadt. Révay utca 24, Tel. 061/269 02 22,
www.kkhotels.com

Opera Garden. Viersternehotel unweit der Oper
in 110 Jahre altem Gebäude. Hajós utca 24,
Tel. 061/301 90 30, www.operagardenhotel.hu

Egal, wo man einkehrt. Auf einen guten Service
sollte man bestehen.

113

17 Der Heldenplatz
Geschichte in Bronze und Stein

Auf dem Budapester Heldenplatz ist ungarische Geschichte in Bronze und Stein verewigt. Diejenigen, die heute als nationale Heroen auf ihrem steinernen Sockel stehen, haben das Land geprägt. Mit der Kunsthalle und dem Museum der Bildenden Künste stellt der Platz einen einzigartigen urbanen Freiraum in der Hauptstadt dar, auf dem auch das Nichtstun schön sein kann.

Im Laufe seiner Geschichte hat der Heldenplatz einige Wandlungen durchgemacht. Beschlossen wurde seine Errichtung 1896 im Zuge der Millenniumsfeierlichkeiten. Aber erst über 30 Jahre später, 1929, wurde der Bau endgültig beendet. Das Zentrum des Platzes nehmen die sieben Stammesfürsten ein, angeführt von Árpád, der führenden Gestalt der ungarischen Landnahme und Begrün-

Unten: Hoch oben auf der Siegessäule thront der Erzengel Gabriel und blickt auf die Andrássy út herab.

MAL EHRLICH

SICHERHEITSABSTAND

Manche lernen es nie. Politische Kundgebungen sind mit dem Heldenplatz untrennbar verbunden, völlig unabhängig vom politischen System. Beschämend ist nur, dass nun, nach 25 Jahren der Demokratie, der Platz immer wieder auch von rechtsextremen und nationalistischen Gruppen für ihre Aufmärsche genutzt wird. Aber es gibt auch Gegenbeispiele, die von Courage zeugen, etwa das Budapest Pride Festival. Es ist nicht ausgeschlossen, dass es zu solchen Veranstaltungen auch zu Auseinandersetzungen kommen kann. Im Zweifel sollte man sich also immer in sicherer Entfernung halten. So traurig es ist.

der der Arpaden-Dynastie. Die Namen der weiteren Fürsten sind: Tétény, Ond, Kond, Tas, Huba und Előd. 36 Meter über ihnen erhebt sich auf dem Millenniumsdenkmal der Erzengel Gabriel, Königskrone in der einen, apostolisches Doppelkreuz in der anderen Hand. Am Fuß der Säule befindet sich das 1929 eingeweihte Heldendenkmal, ein einfacher Steinquader. Gedacht wird hier der Helden, »die ihr Leben der Freiheit unseres Volkes und der nationalen Unabhängigkeit geopfert haben«.

Entworfen wurde der Heldenplatz vom österreichisch-ungarischen Architekten Albert Schickedanz (1846–1915) und dem Bildhauer György Zala (1858–1937). Zu dieser Zeit befand sich an dieser Stelle ein idyllisch im Grünen gelegener Pavillon mitsamt Brunnen nach den Plänen von Miklós Ybl. Der Brunnen jedoch verschwand und mit ihm nach und nach auch jegliches Grün auf dem Gelände. Ebenso auf das Konto von Albert Schickedanz (zusammen mit seinem Kollegen Ferenc Fülöp Herzog) gehen die 1896 eingeweihte Kunsthalle (*Műcsarnok*) und das 1900 bis 1906 gebaute Museum der Bildenden Künste (*Szépművészeti Múzeum*), die den Heldenplatz begrenzen.

Ausstellungen zur Gegenwartskunst

Die Kunsthalle, nach dem Grundriss einer Basilika aufgebaut, ist ein Ausstellungsgebäude, das über keine eigene Sammlung verfügt. Das Museum der Schönen Künste wiederum zeigt die wichtigste Sammlung nicht-ungarischer Kunst in Budapest. Es präsentiert ein breites Spektrum künstlerischer Epochen, von der ägyptischen, griechischen und römischen Antike bis hin zur Renaissance und Moderne. So verfügt die »Galerie der Alten Meister« über die größte Sammlung spanischer Künstler außerhalb des Prado.

AUTORENTIPP!

HELDEN IM ABENDLICHT

Am frühen Abend, wenn der Verkehr abgeklungen ist, wenn sich die Touristen bereits verloren haben und sich die Hauptstadt langsam auf das Tagesende vorbereitet, entfaltet der Heldenplatz eine ganz besondere Stimmung. Die Helden auf den Kolonnaden und die allegorischen Figurengruppen werden zu stummen Schatten, während die Jugend beim Skateboardfahren oder entspannten Rumhängen den Abend genießt. Die Museen sind in weiches Licht getaucht, auf dem weitläufigen Platz hält die Stille Einzug. Zu solchen Zeiten sei nichts anderes empfohlen, als den Moment einfach zu genießen. Der besondere Charme des Budapester Heldenplatzes scheint sich inzwischen weltweit herumgesprochen zu haben: Unweit von Shanghai findet sich in einem Themenpark eine fast originalgetreue Nachbildung.

Hősök tere. Mit der U-Bahn-Linie 1 vom Vörösmarty tér, Haltestelle *Hősök tere.*

Statuen im Stil des Zeitgeists

Charakteristisch für den Heldenplatz ist die 85 Meter breite Kolonnade. Dargestellt sind heute auf diesem Pantheon der ungarischen Geschichte von links nach rechts Staatsgründer Stephan I., Ladilaus I., Koloman, dessen ungarischer Beiname *Könyves* (*könyv* ist »Buch«) sich auf seine Gelehrsamkeit bezieht, András II., Béla IV., Róbert Károlyi I., Lajos I., János Hunyadi, Matthias Corvinus, István Bocskai, Gábor Bethlen, Imre Thököly, Ferenc II. Rákóczi und Lajos Kossuth.

Die Statuen der Habsburger, die einst deren Platz einnahmen, wurden in der Zeit der kommunistischen Diktatur nach 1945 entfernt. Unter den Statuen sind in den Reliefs jeweils Szenen aus dem Leben der historischen Persönlichkeiten dargestellt. Auf der Kolonnade befinden sich ebenfalls vier allegorische Figurengruppen, die Arbeit und Wohlstand, Krieg, Frieden sowie Wissen und Ruhm symbolisieren.

Oben: Einst hatten auf der Kolonnade auch Habsburger Platz, doch die mussten weichen.
Mitte: Der Bedarf an Kunst kann in der Kunsthalle gestillt werden.
Unten: Jedem Helden ist eine Szene aus seinem Leben beigefügt.

Seit der Zeit nach dem Ersten Weltkrieg und bis in die Gegenwart war der Heldenplatz immer wieder Schauplatz von Massenveranstaltungen. Mal waren es militärische Aufmärsche, kommunistische Propagandaveranstaltungen, dann feierliche Gedenkveranstaltungen, wie jene 1989 zur Wiederbestattung von Imre Nagy, dem Ministerpräsidenten während des Volksaufstandes 1956. An dessen Schicksal erinnert auch das Gebäude in der Dózsa György út 92b. Hier, in der jugoslawischen Botschaft, fand Nagy nach der Niederschlagung des Aufstands Asyl. Er lieferte sich erst aus, nachdem ihm vom neuen starken Mann János Kádár Straffreiheit garantiert worden war. Das war jedoch nur ein Lippenbekenntnis. Nagy wurde verhaftet, zuerst nach Rumänien gebracht und später hingerichtet. Heute ist das Haus Sitz der serbischen Botschaft.

Infos und Adressen

SEHENSWÜRDIGKEITEN

Kunsthalle. Di–So 10–18 Uhr, Do 12–20 Uhr,
Eintritt: 1800 Forint, Dózsa György út 37,
Tel. 061/460 70 00, mucsarnok@mucsarnok.hu,
www.mucsarnok.hu

Museum der Bildenden Künste. Di–So 10–18 Uhr,
Eintritt: 1800 Forint (abweichende Preise bei
Sonderausstellungen), Dózsa György út 41,
Tel. 061/469 71 00, info@szepmuveszeti.hu oder
www.mfab.hu

ESSEN UND TRINKEN

Kilenc Sárkány. Chinesische Küche. Mo–So 11
bis 22 Uhr, Dózsa György út 56, Tel. 061/342 71 20

Paprika. Ungarische Küche, wie man sie kennt
und mag. Mo–So 12–23 Uhr, Dózsa György út 72,
Tel. 0620/294 79 44, www.paprikavendeglo.hu

Platán. Einfache traditionelle Küche in unmittelbarer Nähe zum Heldenplatz. Mo–So 10–23 Uhr,
Városligeti fasor 46, Tel. 061/322 66 15,
www.platan-etterem.hu

ÜBERNACHTEN

Silver Hotel. Das Dreisternehotel ist zentral gelegen und bietet die Möglichkeit, alle Sehenswürdig-

Der einsame Held im Sonnenuntergang

keitenen zu Fuß zu erreichen. Hunyadi tér 11,
Tel. 061/321 07 24, www.silverhotelbudapest.hu

Zum 50. Jahrestag des Volksaufstandes 1956 wurde unweit des Heldenplatzes dieses neue Denkmal
eingeweiht.

18 Das Stadtwäldchen
Erholungsort für alle Generationen

Ein fröhlicher Farbenfleck in der Stadtlandschaft von Budapest ist das Stadtwäldchen (*Városliget*). Der etwa 100 Hektar große Park mit seinen schätzungsweise 6500 Bäumen bildet ein Stadtviertel für sich. Er ist gleichermaßen Stätte der Erholung und des Vergnügens. Vor allem um die Jahrhundertwende haben sich Freizeit- und Kultureinrichtungen hier angesiedelt, von denen manche eine Sehenswürdigkeit für sich sind.

Das, was sich heute direkt hinter dem Heldenplatz erstreckt, entstand wie so vieles in Budapest im

Mitte: Auf die Jahreszeit kommt es nicht an. Im Sommer wird gepaddelt, im Winter Schlittschuh gefahren.
Unten: Hätten Sie mal die Zeit? Die Zeitrechnung dieser Riesen-Sanduhr begann 2004.

MAL EHRLICH

DEMOKRATIE LERNEN

Die Zersplitterung der politischen Klasse Ungarns und der Mangel an Konsens wird am besten bei den alljährlichen Gedenkveranstaltungen zum Jahrestag des Volksaufstandes 1956 deutlich: Regierung und Opposition halten ihre Gedenkveranstaltungen getrennt ab. Zwischen Heldenplatz und Ajtósi Dürer sor war einst der Aufmarschplatz, dominiert von einer riesigen Stalin-Statue, die 1956 abgerissen wurde. Hier, am heutigen 56-osok tere, entstand 2006 unter der sozialistischen Regierung ein neues rostfarbenes 56-Denkmal, an dem die Sozialistische Partei seitdem ihre Gedenkveranstaltung abhält. Dass es dabei keineswegs gesittet zugeht, wurde 2013 deutlich. Einer nachgebauten Statue des Ministerpräsidenten Viktor Orbán wurde einst wie Stalin der Kopf abgeschlagen.

Das Stadtwäldchen

Zuge der Millenniumsfeierlichkeiten am Ende des 19. Jahrhunderts. Aber der Vergnügungspark (*Vidámpark*), 1950 eröffnet, wurde im September 2013 wegen Unrentabilität geschlossen. Und das Stadtwäldchen verlor damit eines seiner charakteristischen Ausflugsziele. Noch aber mangelt es nicht an Alternativen – und das zu allen Jahreszeiten. Hochkonjunktur hat das Stadtwäldchen natürlich in den Sommermonaten. Allerorten trifft man hier auf Jogger, auf Sportgruppen, die sich zusammenfinden oder auf Liebespärchen, die in einem schattigen Plätzchen sich selbst genug sind.

Erste Erwähnung findet das Stadtwäldchen bereits im Mittelalter. Als Ort der Erholung, des Ausgleichs und der Freizeit gewann es für die Pester aber erst im Laufe des 19. Jahrhunderts zunehmend an Bedeutung und Beliebtheit. Bereits zu dieser Zeit entstand die Eiskunstbahn. Während im Sommer der große Teich mit Wasser gefüllt ist und für Bootsfahrten genutzt werden kann, gleiten im Winter die Kufen über das Eis. Und das bereits seit 1870. Damit ist die Kunsteisbahn nicht nur eine der größten, sondern auch eine der ältesten ihrer Art in Europa. Die Eisfläche mit dem Hauptgebäude aus dem 19. Jahrhundert, das auf den bekannten Architekten Ödön Lechner (1845–1914) zurückgeht, war auch schon Kulisse für verschiedene ungarische Filmproduktionen.

Nachbauten historischer Originale

Auffälligstes Bauwerk im Stadtwäldchen ist die Burg Vajdahunyad, eine Mischung aus romanischen und gotischen sowie Elementen der Renaissance und des Barock, geschaffen vom Architekten Ignác Alpár (1855–1928). Wirklich alt ist aber nur das Original. Bei dem Exemplar im Stadtwäldchen, das fast festungsähnlich vom Teich umschlossen

wird, handelt es sich nur um eine kleinere Nachbildung der originalen und weitaus mächtigeren Burg im heute rumänischen Hunedoara. Es war die Stammburg der Hunyadis, zu dessen bekanntesten Vertretern der Renaissance-König Matthias Corvinus zählte. Der Nachbau im Stadtwäldchen entstand im Zuge der Millenniumsfeierlichkeiten 1896. Teil des Ensembles ist auch die Kopie des Stundturms in Schäßburg.

In der Burg Vajdahunyad untergebracht ist das Landwirtschaftsmuseum (*Mezőgazdasági Múzeum*), laut eigener Aussage das größte landwirtschaftliche Museum Europas. Eröffnet wurde es 1907. Das Eingangsportal ist dem sogenannten Károlyi-Tor im heutigen Alba Iulia in Rumänien nachempfunden, hat also ebenfalls ein historisches Vorbild. Neben zahlreichen Beispielen zu Flora und Fauna wird in dem Museum auch über die Geschichte der ungarischen Landwirtschaft seit ihren Anfängen informiert, inklusive bäuerlichem Handwerkszeug und Landmaschinen.

Geheimnisvollstes Denkmal auf der Burginsel ist die Statue des Anonymus. Es wurde zu Ehren eines im Mittelalter lebenden anonymen Geschichtenschreibers hier errichtet, der die erste ungarische Chronik, die *Gesta Hungarorum*, niederschrieb. Dieses Werk habe er lediglich mit den Worten »Glorissima Belae Regis Notarius« (»Der Notar des glorreichen Königs Béla«) unterschrieben, die sich heute auf dem Sockel der Statue befinden. Da es zwischen dem 11. und dem 13. Jahrhundert aber gleich vier Könige namens Béla gab, bleibt die Identität des Notars ungeklärt. So hat ihn der Bildhauer Miklós Ligeti 1903 auch unkenntlich mit einer Kapuze über dem Gesicht dargestellt. Vielleicht ist es ja dieses Mysteriöse, das dafür sorgt, ihn aufzusuchen und sich seine eigenen Gedanken über ihn zu machen.

Oben: Die Burg Vajdahunyad verbindet Architekturstile aus dem gesamten Gebiet des historischen Ungarns.
Mitte: Anonymus lässt sich nicht aus der Ruhe bringen.
Unten: Die Burg Vajdahunyad ist einer gleichnamigen Burg in Siebenbürgen nachempfunden.

Rundgang Stadtwäldchen

Beim Ausstieg aus der U-Bahn-Linie 1 an der End-haltestelle Mexikói út befindet man sich bereits mitten im Stadtwäldchen. Von hier sind es nur noch wenige Schritte zum **Ⓐ Széchenyi-Bad**, dem größten Badekomplex Europas. Hier lässt sich gut und gern ein kompletter Tag verbringen. Das trifft ebenso auf den **Ⓑ Hauptstädtischen Zoo** zu, einem der ältesten in Europa. Und Tradition wird auch im legendären Restaurant Gundel großge-schrieben.

Einen festgeschriebenen Pfad gibt es im Stadt-wäldchen nicht. Zentrum ist natürlich die **Ⓒ Burg Vajdahunyad** mit dem Landwirtschaftlichen Museum und der mysteriösen Anonymus-Statue. Am besten erkunden lassen sich der Park und seine Sehenswürdigkeiten auf den zahlreichen Spazierwegen, die nach Staatsmännern wie

George Washington, Winston Churchill oder Olof Palme benannt sind.

Das Gebäude am Olof Palme sétány 1 beherbergt heute das **Ⓓ Haus der ungarischen Bildhauer**. Der Ort ist passend gewählt: Im Park finden sich nämlich auch die Statuen und Büsten zahlreicher historischer Persönlichkeiten, darunter George Washington, Winston Churchill oder Rudolf von Österreich-Ungarn.

Unweigerlich führt der Weg auch an der **Ⓔ Petőfi-Mehrzweckhalle** vorbei. Falls Geräusche aus dem Inneren dringen, muss man sich nicht wundern. Neben seiner Funktion als Veranstaltungsort für Konzerte und Theater sowie für Ausstellungen sind auch verschiedene Jugendklubs darin unterge-bracht.

Im Stadtwäldchen befinden sich viele Schleich-wege, manche können aber etwas nass werden.

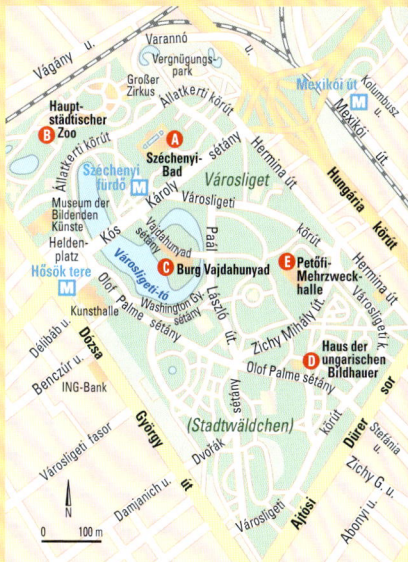

Das »Gundel« ist eine wahre Budapester Gastronomie-Legende mit großer Geschichte.

Wiederauferstehung eines legendären Restaurants

An den Rändern des Stadtwäldchens mangelt es ebenso wenig an Sehenswürdigkeiten. Unweit des Heldenplatzes, am 56-osok tere, steht mit dem Zeitrad (Ido 'kerék) die größte Sanduhr der Welt. Geschaffen wurde das Objekt anlässlich des ungarischen EU-Beitrittes 2004. In der entgegengesetzten Richtung, am nordöstlichen Teil des Stadtwäldchens, befindet sich mit dem »Gundel« das wohl bekannteste Restaurant Ungarns.

In der ersten Hälfte des 20. Jahrhunderts gehörte es unter der Leitung von Károly Gundel (1883 bis 1956) zu einer der besten Adressen in Europa. Nach der Wende kaufte der ungarisch-amerikanische Gastronom George Lang zusammen mit seinem Partner Ronald S. Lauder das 1948 verstaatlichte Restaurant zurück, mit der Intention, »das Restaurant zu früherer Größe und in die Reihe Europas feinster und vornehmster Lokale zurückzuführen«. So findet man auf der neuen Speisekarte Spezialitäten aus den wichtigsten Küchen der Welt ebenso wie traditionelle ungarische Gerichte, wenngleich es auch immer wieder Kritik an den Preisen und dem Service gab.

An das »Gundel« schließt sich der Budapester Zoo sowie der Hauptstädtische Großzirkus am Ostrand des Stadtwäldchens an. Eröffnet wurde das seinerzeit aus Wellblech und Eisenfachwerk bestehende Zirkusgebäude im Mai 1891 durch den deutsch-holländischen Zirkusdirektor Ede Wulff. Heute gehört der Zirkus mit über 300 000 Besuchern im Jahr zu den meistbesuchten Einrichtungen dieser Art in Europa.

Beim Ausstieg aus der U-Bahn-Linie 1 an der Endhaltestelle Mexikói út befindet man sich bereits

Das Stadtwäldchen

Im Winter verwandelt sich der Teich im Stadtwäldchen zur beliebten Eislauffläche.

mitten im Stadtwäldchen. Von hier sind es nur noch wenige Schritte zum Széchenyi-Bad, dem größten Badekomplex Europas. Hier lässt sich gut und gern ein kompletter Tag verbringen. Einen festgeschriebenen Pfad gibt es im Stadtwäldchen nicht. Auf den zahlreichen Spazierwegen, die nach Staatsmännern wie George Washington, Winston Churchill oder Olof Palme benannt sind, lassen sich der Park und seine Sehenswürdigkeiten am besten erkunden. Das Gebäude am Olof Palme sétány 1 beherbergt heute das Haus der ungarischen Bildhauer. Der Ort ist passend gewählt: Im Park befinden sich nämlich auch die Statuen und Büsten zahlreicher historischer Persönlichkeiten, darunter George Washington, Winston Churchill oder Rudolf von Österreich-Ungarn. Unweigerlich führt der Weg auch an der Petöfi-Mehrzweckhalle vorbei. Falls Geräusche aus dem Inneren dringen, muss man sich nicht wundern. Neben seiner Funktion als Veranstaltungsort für Konzerte und Theater sowie für Ausstellungen sind auch verschiedene Jugendklubs darin untergebracht. Im Zuge einer geplanten Umgestaltung des Stadtwäldchens zu einem Museumsviertel wird die Halle aber womöglich abgerissen.

Infos und Adressen

ESSEN UND TRINKEN

Don Corleone. Einfache italienische Gerichte für den Hunger zwischendurch. Mo–So 9.30–21.55 Uhr, Nefelejcs utca 27, Tel. 061/321 07 18, www.don-corleone.hu

Haxen. Traditionelle Küche seit 1893. So–Do 12–24 Uhr, Fr–Sa 12–1 Uhr, Király utca 100, Tel. 061/351 67 93, www.haxen.hu

Kogart. Gastronomie für gehobene Ansprüche. Mo–Fr 10–18 Uhr, Andrássy út 112, Tel. 061/354 38 20, www.kogarthaz.hu

La Perle Noir. Französischer Stil und Eleganz im oberen Abschnitt des Andrássy-Boulevards. Mo–So 12–23 Uhr, Andrássy út 111, Tel. 061/555 15 45, www.laperlenoire.hu

Napfényes. Vegane Gerichte. Mo–So 12–22.30 Uhr, Rózsa utca 39, Tel. 061/313 55 55, www.napfenyesetterem.hu

Sövény Aladár Teaház. Teehaus im Gebäude des Südostasien-Museums. Di–So 11–17 Uhr, Andrássy út 110, Tel. 061/482 31 90, www.aranymuzeum.eu

ÜBERNACHTEN

Central Green. Einfache Unterkunft, aber gut gelegen in der Nähe der Andrássy út. Szív utca 13, Tel 061/321 24 39, www.centralgreenhotel.hu

Star City. Dreisternehotel nah an Stadtwäldchen und Ostbahnhof. István utca 14, Tel. 061/479 04 20, www.starhotel.hu

19 Das Széchenyi-Bad
Schach, Schnee und schöne Frauen

Im Wasser Schach spielen, umringt von schönen Frauen, und das selbst im Winter? Das kann es nur in Budapest geben. Ungarns Hauptstadt ist eine Bäderstadt, und die Budapester Heilbäder genießen bei Einheimischen wie Touristen einen exzellenten Ruf. Die heilende Kraft der Thermalquellen war schon den Römern bekannt, die Türken führten die Tradition später fort. Und in Badetempeln wie dem Széchenyi fürdő kommen alle Sinne auf ihre Kosten.

Bereits im 2. Jahrhundert gab es im damals römischen Aquincum, nördlich des heutigen Budapest,

Mitte: Das Széchenyi-Bad bietet nicht nur etwas für die Seele. Auch das Auge kommt auf seine Kosten. **Unten:** Neben dem Außenschwimmbecken gibt es in dem Badekomplex zahlreiche Innenbecken zum Entspannen und Regenerieren.

MAL EHRLICH

NICHT OHNE MEINE BADEKAPPE

Im Jahr 2010 wurde das Széchenyi-Bad auf einer im Internet veröffentlichten Liste des *LIFE*-Magazin zu einem der weltweit zwölf schmutzigsten Orte gewählt. Nach wütenden Leserkommentaren wurde das Bad wieder von der Liste genommen. Das Ungarische Tourismusamt zog wegen der Anschuldigungen sogar rechtliche Schritte in Erwägung. Zudem verwiesen die Budapester Heilbäderbetriebe als Betreiber darauf, dass die Hygienestandards sogar strenger seien als von der EU vorgegeben. Davon darf man sich gern selber überzeugen. Wenn im Schwimmbecken des Außenbereichs ein greller Pfiff ertönt und der Bademeister den Gast aus dem Wasser bittet, kann das nur einen Grund haben: die fehlende Badekappe. Die ist in diesem Becken nämlich Pflicht.

Das Széchenyi-Bad

14 Thermen. Die Kultur der römischen Thermalbäder ging mit dem Niedergang des Römischen Reiches und dessen Rückzug aus Pannonien allmählich wieder verloren, wurde aber mit der Besetzung durch die Türken während des 16. und 17. Jahrhunderts neu begründet. 1669 wird bereits von acht Bädern berichtet. Die von den Türken etablierte Badekultur blieb auch nach deren Rückzug aus Ungarn populär – und das bis heute. So entstanden vor allem an der Schwelle zum 20. Jahrhundert auch regelrechte Badepaläste.

Langwieriger Vorlauf

Das »Szecska«, wie das Széchenyi–Bad umgangssprachlich genannt wird, war das erste Budapester Heilbad auf der Pester Seite der Stadt. Pläne zu dessen Bau kamen in den 1880er-Jahren auf. Zu dieser Zeit existierte bereits ein bescheidenes Badehaus, das seine Existenz einem artesischen Brunnen verdankte, jedoch schon bald nicht mehr den Ansprüchen der Zeit genügte. Mit der Planung des späteren Széchenyi-Bades wurde der Architekt und Hochschullehrer Győző Czigler (1805–1905) beauftragt. Das Jahrhundert musste jedoch erst vorübergehen, bevor der endgültige Beschluss fiel. Der Bau wiederum begann nicht eher als 1909 unter der Leitung von Jenő Schmitterer. Ursprünglich war der Name »Artesisches Bad« vorgesehen. Eröffnet wurde das auf über 6000 Quadratmetern errichtete Bad schließlich am 16. Juni 1913 unter seinem heutigen Namen, benannt nach dem ungarischen Staatsmann István Széchenyi (1791–1860).

Männer und Frauen anfangs getrennt

Das Bad bestand damals aus Privatbädern sowie Dampfbad- und Badebereichen jeweils für Männer und Frauen. In den ersten Jahren betrug die Besu-

AUTORENTIPP!

NACHTBADEN

Im Winter entfaltet das Széchenyi-Bad seinen vollen Reiz. Im Optimalfall rieseln vom Himmel die Schneeflocken, während man selbst im warmen Wasser und umgeben von Dampfwolken in seiner eigenen Welt versinkt. Zumindest bis zu dem Moment, an dem man beschließt, das Wasser zu verlassen und die Gänsehaut auf ihren Einsatz wartet. In den letzten Jahren hat sich das Unterhaltungsangebot der Budapester Bäder zudem auf die späteren Stunden erweitert. Auch im Széchenyi-Bad finden regelmäßig abendliche Veranstaltungen statt, etwa Kinovorführungen. Es gibt auch eine Bädernacht. Mehr zu den Veranstaltungen: www.szecska.hu

Széchenyi fürdő. Mo–So 6–22 Uhr, Eintritt (normal): Mo–So 4600, Sa–So 4900 Forint, Állatkerti körút 9–11. Erreichbar ist das Bad entweder mit dem Trolleybus 72 oder mit der Untergrundbahn 1 (Haltestelle Széchenyi fürdő), Tel. 061/363 32 10, szechenyi@spabudapest.hu oder www.szechenyibad.hu

cherzahl noch 200 000, gegen Ende des Jahrzehnts war die Zahl schon auf fast 900 000 gestiegen. Auch in den Kriegsjahren blieb das Bad in Betrieb, wenngleich es zu dieser Zeit kriegsbedingte Verluste einfuhr. In den 1920er-Jahren wurde der Komplex um einen Strand- und Schwimmbereich unter freiem Himmel erweitert. In seinem über 100-jährigen Bestehen fanden im Széchenyi-Bad immer wieder zeitgeistbedingte Erweiterungs- und Renovierungsarbeiten statt. Der gesamte Komplex umfasst heute drei Außen- sowie 15 Innenbecken sowie eine Tagesklinik, im Angebot sind zudem verschiedene Gesundheitsbehandlungen.

Wassergötter

Mit dem Entwurf für das Gebäude soll Architekt Győző Czigler ganze 20 Jahre verbracht haben. Nach seinem Tod 1905 leiteten seine Mitarbeiter Ede Dvorák und Kálmán Gerster den Bau. Während die auf das Stadtwäldchen ausgerichtete Fassade des Gebäudes im klassizistischen Stil erbaut wurde, sind die meisten anderen Elemente im Stil der Neorenaissance entstanden. Bei der äußeren wie inneren Ausschmückung des Bades dominieren Motive, die unmittelbar mit dem Wasser verknüpft sind. Auf den Kandelabern vor dem Gebäude finden sich Darstellungen von Wasserungeheuern, Muscheln, Fischen oder Meerjungfrauen. Dieselben Motive tauchen im Inneren des Bades ebenso wie auf den zur Zierde verwendeten Säulen, Ornamenten und Kacheln auf. Auch die Längsseiten der Außenbecken werden mit zahlreichen Statuen und einigen Springbrunnen verziert. Spätestens hier bekommt der Begriff »Badepalast« eine konkrete Bedeutung. Ein architektonisches Prachtstück ist die Kuppelhalle, an deren Decke ein Mosaik den Sonnengott Helios zeigt. Ausgeschmückt ist die Halle außerdem mit griechischen, römischen sowie ägyptischen Bademotiven.

Oben: Bis auf die Unterhose wird man beim Schachspielen nicht abgezogen. Schließlich ist man ja schon bei Spielbeginn in Badehose.
Unten: Die Wasserwesen haben immer gute Laune, kein Wunder bei dem Ambiente.

Infos und Adressen

SEHENSWÜRDIGKEITEN

Eiskunstbahn. In der Regel Mo–So 9–13 Uhr und 16–20 Uhr, Eintritt: 1500 Forint, Olof Palme Sétány 5, Tel. 061/363 26 73, www.mujegpalya.hu

Hauptstädtischer Großzirkus. Aufführungen in der Regel täglich, Eintritt: 1900–3900 Forint, Állatkerti körút 12/a, Tel. 061/322 44 16, www.fnc.hu

Haupstädtischer Tier- und Pflanzenpark. Mo bis So 9–16 Uhr, Eintritt: 2500 Forint, Kinder 1800 Forint, Állatkerti körút 6–12, Tel. 061/273 49 00, www.zoobudapest.com

Széchenyi fürdő. Állatkerti körút 9–11, Mo–So 6–22 Uhr, Eintritt (normal): Mo–So 4600, Sa–So 4900 Forint, Állatkerti körút 9–11, erreichbar ist das Bad entweder mit dem Trolleybus 72 oder mit der Untergrundbahn 1 (Haltestelle Széchenyi fürdő), Tel. 061/363 32 10, www.szechenyibad.hu

Ungarisches Landwirtschaftsmuseum. Di–So 10–16 Uhr, Sa–So 10–17 Uhr, Eintritt: 1100 Forint, Városliget/Vajdahunyadvár, Tel. 061/422 07 65, www.mezogazdasagimuzeum.hu

Im Schwimmbecken sollte man an die Badekappe denken.

Ungarisches Verkehrsmuseum. Di–Fr 10–16 Uhr (im Sommer bis 17 Uhr), Sa–So 10–17 Uhr, Eintritt: 1800 Forint, Városligeti körút 11, Tel. 061/273 38 40, www.mmkm.hu (mit dem Verzeichnis weiterer sehenswerter Verkehrsmuseen in Budapest und Umgebung).

ESSEN UND TRINKEN

Bagolyvár. Von Károly Gundel eröffnetes, jedoch eher familiäres Restaurant unter derselben Adresse wie das legendäre Stammhaus Gundel. Mo–So 12–23 Uhr, Károly út 4, Tel. 061/468 31 10, www.bagolyvar.com

Gundel. Legendäres ungarisches Restaurant mit heimischer und internationaler Küche. Mo–So 12–24 Uhr, Gundel Károly út 4, Tel. 061/889 81 00, www.gundel.hu

Pasta al Lago. Günstige Speisen für den kleinen Hunger. Mo–So 10–22 Uhr, Olof Palme Sétány 5, Tel. 0630/869 14 26, www.pastaallago.hu

Robinson. Gastronomie auf dem Burgteich. Mo bis So 11–17 Uhr (untere Ebene), 18–23 Uhr (obere Ebene), Városligeti tó, Tel. 061/422 02 22, www.robinsonrestaurant.hu

Szaft. Kneipe für den gemütlichen Abend in der Sommerzeit. Geöffnet nur während der Sommersaison, Olof Palme Sétány 5, 0630/984 57 22, www.szaftkocsma.hu

Tópárt Kávézó. Ebenfalls nur im Sommer geöffnet. Olof Palme Sétány 5, Tel. 0630/74 87 58, www.topartkavezo.hu

Városliget Café & Bár. Ungarische Küche, aber nicht ganz billig. Mo–So 10–22 Uhr, Olof Palme Sétány 5, Tel. 0630/869 14 26, www.varosligetcafe.hu

ÜBERNACHTEN

Hotel Benczúr. Auswahl reicht von Standardzimmer bis zur gehobenen Suite. Benczúr utca 35, Tel. 061/479 56 50, www.hotelbenczur.hu

ZWISCHEN BUDA UND PEST

Zentrales Rathaus
Városház
Gerlóczy u.
Vitkovics M. u.
Semmelweiss
Kamer. K. t.
Vármegye u.
Károly krt.
Astoria
Rákóczi út
Pázsti
City Hotel Pilvax
Városház u.
Kossuth Lajos u.
Szép
Augszt
Magyar
Múzeum krt.
Puskin
Szentkirályi

Jégbüfé
Buddha-Bar Hotel
Ferenciek tere
Ferenciek tere
Kárpátia
Duna u.
Curia
Károlyi
Reáltanoda
Ferenczy I.
Károlyikert
Trefort u.
Bródy Sándor u.

Siddharta Café
Big Ben Teaház
Irányi
Café Central
Literatur- museum
Henszlmann I. u.
Bródy Sándor u.
Ungarisches National- museum
Pollack Mihály tér

Mátyás Pince
Irányi u.
Czukor
Veres
Cukor u.
Hotel Erzsébet
Papnövelde u.
Egyetem tér
Magyar
Múzeum krt.
Múzeum
Otpacs u.

Kahwa el Salam
Nyáry
Paul's Bistro
Pálné
Szerb u.
Királyi Pál
Kecskeméti u.
Képíró u.
Kálvin tér
Baross u.
Szabó E. tér
Reviczky
Baross u.

Bambuszliget
Molnár
Fatál
Váci u.
Fejér Gy. u.
Kálvin tér
Üllői út
Ráday

Úrhajó
os Taverna
Sóház
Sára
Fregatt
Szerb u.
Bástya u.
Török Pál u.
Ráday

Trattoria Toscana
Residence Baron
Molnár
Boutique Hotel
Vámház krt.
Göncz Pál u.
Lónyay u.
Erkel u.
Erkel

Estilo Fashion Hotel
Bangkok
Só u.
Pampas
For Sale
Pipa
Fővám
Fakanál
Fővám tér
Zentrale Markthalle
Erkel u.
Imre u.
Mátyás u.
Ráday
Közlök

26
Sóház
tér
Csarnok tér
Fővám tér
Mátyás u.
Lónyay u.
Biblia u.

Szabadság híd
25
Közraktár u.
Czuczor u.

Donau

Valdemar és Nina Langlet rakpart
nt Gellért tér
Budafoki út
Miegyetem rakpart

Sehenswürdigkeit, Denkmal
Aktivität, Ausgehen, Theater
Museum, Galerie
Shopping
Restaurant, Bar, Café
Übernachtungsmöglichkeit
Kirche, Synagoge

0   100 m   N

20 Die Klotildenpaläste
Architektonisches Geschwister-paar

Die spiegelsymmetrisch errichteten Klotildenpaläste markieren das Tor zur Elisabethbrücke. Einst ein illustrer Ort, harrten die repräsentativen Gebäude aus der Zeit der Jahrhundertwende lange Zeit ihrer Auferstehung. Heute sind sie wieder mit Leben gefüllt. Während in den oberen Etagen Wohnungen und Büros eingerichtet wurden, haben sich im Erdgeschoss Kaffeehäuser, Geschäfte und Galerien angesiedelt.

Matild und Klotild sind die beiden wohl schönsten Schwestern Budapests. Die Geschichte der beiden Bauwerke, die allgemein als Klotildenpaläste bekannt sind, begann in Konstanz. Clotilde (1846 bis 1927), Prinzessin aus dem Hause Sachsen-Coburg-Gotha, war noch keine 18 und befand sich gerade auf einer Reise mit ihrer Familie, als der über zehn Jahre ältere Joseph Karl Ludwig von Österreich (1833–1905) am Bodensee in ihr Leben trat. Der Adlige aus dem ungarischen Zweig der Familie Habsburg-Lothringen warb erfolgreich um die junge Frau, die Hochzeit fand 1864 in Coburg statt. Ihren Lebensmittelpunkt hatte die bald wachsende Familie auf dem Schloss in Alcsút, 40 Kilometer westlich von Budapest.

Nur drei Jahre Bauzeit

Die Idee für die Bebauung des Platzes soll von Clotilde selbst gekommen sein. Für den geplanten Bau der Elisabethbrücke waren Ende des 19. Jahrhunderts die alten Gebäude rund um den Pester Brückenkopf abgetragen und die freien Flächen zum Verkauf ausgeschrieben worden. Clotilde

Seite 128/129: Blick von der Zitadelle
Mitte: Das nördliche Geschwisterteil wurde renoviert, die Schwester muss noch warten.
Unten: Im Café Central werden auch heute noch manch Einfälle niedergeschrieben.

132

Rund um die Klotildenpaläste

A Der **Ferenciek tere** ist ein guter Startpunkt, um die alte Innenstadt von Budapest zu erkunden, schließlich markierte er einst deren Zentrum. Bereits in der Mitte des 13. Jahrhunderts wurde hier eine Kirche errichtet. Die heutige Franziskanerkirche stammt aus der Mitte des 18. Jahrhunderts. Davor prangt der Brunnen der Nereiden, der seit 1835 alle Wandlungen des Platzes unbeschadet überstanden hat. In der Nummer 6 befindet sich die Bibliothek der ELTE-Universität. Der mächtige Bau auf der gegenüberliegenden Seite, einst Königlicher Mietpalast, ersetzte in der Zeit der Jahrhundertwende ein einstöckiges Gerichtsgebäude, heute ein Supermarkt.

B An den **Klotildenpalästen** vorbei und über die Elisabethbrücke geht es auf der Budaer Seite hinauf zum Gellértberg.

C Am Fuß des **Gellértberges** lässt das Rudas-Bad die Türkenzeit wieder auferstehen.

D Von der **Zitadelle** genießt man den Panoramablick über Budapest schlechthin.

E Der Rückweg führt vorbei an der **Höhlenkapelle** und dem Hotel Gellért und dann über die Freiheitsbrücke.

F An der **Markthalle** ist ein Zwischenstopp dringend zu empfehlen. Anschließend können sowohl der südliche Teil der Váci utca als auch die zahlreichen Seitengassen erkundet werden.

G, **H** Sehr schön ist der Universitätsplatz, wo sich ein Besuch im **Petőfi-Literaturmuseum** anbietet.

I Von hier sind es nur noch wenige Schritte zum **Café Central**, einem traditionsreichen Kaffeehaus.

AUTORENTIPP!

PARISER CHIC VON EINST

Nur getrennt von der schmalen Kígyó utca sind die Klotildenpaläste und das Brudern-Haus, besser bekannt unter dem Namen, dessen Schriftzug heute noch über einem der Eingänge prangt: *Párizsi udvar*. Das Wohn- und Geschäftshaus wurde zu Beginn des 20. Jahrhunderts als Stammsitz einer Sparkasse errichtet. Im Inneren befand sich im Erdgeschoss mit dem »Pariser Hof« eine exquisite Ein- kaufspassage. Sie gilt heute als ein- zig verbliebene ihrer Art in Budapest. Beeindruckend sind vor allem die Glaskuppel, sehenswert aber auch die Treppenaufgänge und histori- schen Fahrstühle. Leider herrscht sonst Leere. Die wenigen Geschäfte, die es in den letzten Jahren über- haupt noch gab, sind verschwunden. Zeit aber wäre es, dass der Hof wie- der aus seinem Dornröschenschlaf wachgeküsst wird.

Párizsi udvar. Ferenciek tere 10

erwarb die Grundstücke und schrieb einen Wett- bewerb aus, aus dem Flóris Korb und Kálmán Giergl als Gewinner hervorgingen und mit dem Bau beauftragt wurden. Der Prinzessin schwebte ein imposanter Platz vor, ein würdevolles Tor zur Elisabethbrücke, die zur selben Zeit entstand. Mit ihrem Engagement lag Clotilde ganz auf der fami- liären Linie. Ihr Schwiegervater, Joseph Anton Jo- hann von Österreich (1776–1847), war als Palatin, ungarisch *nádor*, Statthalter des Königs in Ungarn und Begründer des ungarischen Zweiges des Hau- ses Habsburg-Lothringen. Er engagierte sich wäh- rend seiner Amtszeit für die wirtschaftliche und kulturelle Entwicklung Budapests. Sein Denkmal steht heute in der Innenstadt von Budapest vor dem ungarischen Finanzministerium, auf dem nach ihm benannten József nádor-Platz.

Mit dem Bau der Zwillingsgebäude wurde keine Zeit verloren und erst recht nicht verschwendet. Im Gegensatz zu anderen repräsentativen Gebäu- den in Budapest, deren Fertigstellung mitunter Jahrzehnte in Anspruch nahm, verlief die Errich- tung der beiden Klotildenpaläste zügig. Bereits 1902 waren die Arbeiten beendet. Wie bei Zwillin- gen üblich, ist immer einer etwas älter als der andere: Der Bau der südlichen Matild begann etwas früher als der ihrer Schwester Klotild. Als eines der ersten Gebäude in Budapest verfügten die Klotildenpaläste im Inneren auch über einen Lift. Beliebter Einkehrort für Literaten war das »Belvárosi Kávéház« im Südturm.

In den Jahrzehnten des Kommunismus fristeten die Schwestern das Leben von sitzen gebliebenen Jungfern. Erst nach der Jahrtausendwende wurde zumindest die ältere Schwester Klotild umfang- reich aufgehübscht und ihr wieder neues Leben eingehaucht. In ihr ist nun ein Luxushotel unter- gebracht.

Infos und Adressen

ESSEN UND TRINKEN

Auguszt. Die Tradition der Konditorei reicht bis in die 1870er-Jahre zurück. Mo–Fr 9–19 Uhr, Sa 11–18 Uhr, Kossuth Lajos utca 14–16, Tel. 061/337 63 79, www.augusztcukraszda.hu

Buddha-Bar. Restaurant und Lounge auf zwei Etagen im renovierten Klotildenpalast. So–Mi 19–23 Uhr, Do–Sa 19–24 Uhr (Lounge So–Mi 19–2 Uhr, Do–Sa 19–3 Uhr), Váci utca 34, Tel. 061/799 73 02, www.buddhabarhotelbudapest.com/buddha_bar_restaurant

Café Central. Eines der legendären Kaffeehäuser der alten Zeit, das seinen Charme bewahren konnte. Mo–So 8–23 Uhr, Károlyi Mihály utca 9, Tel. 061/266 21 10, www.centralkavehaz.hu

Jégbüfé. Straßencafé aus den 50er-Jahren. Erst wird bestellt und gezahlt, dann bekommt man den Kuchen – ein empfehlenswertes Erlebnis. Mo–Di und Do–Sa 7–21.30 Uhr, Mi 7–20.30 Uhr, So 8 bis 21.30 Uhr, Tel. 061/318 62 05, www.jegbufe.hu

Ein Besuch im Auguszt ist ein Erlebnis für alle Sinne.

Siddharta Café. Wie die Buddha-Bar ebenfalls Teil des Luxushotels im Klotildenpalast, Mo–So 6–18 Uhr, Tel. 061/799 73 03, www.buddhabarhotelbudapest.com/siddharta_cafe

ÜBERNACHTEN

Buddha-Bar Hotel. Luxushotel im renovierten Klotildenpalast. Váci utca 34, Tel. 061/799 73 00, www.buddhabarhotelbudapest.com

Exklusiv nächtigt man im Buddha-Bar Hotel direkt im Klotildenpalast.

21 Die Elisabethbrücke
Schlanke Schönheit in Weiß

Die Frau, zu deren Ehre die Elisabethbrücke ihren Namen erhielt, sollte ihre Fertigstellung nicht mehr erleben. Kaiserin Elisabeth von Österreich, in der Populärkultur besser als »Sisi« bzw. »Sissi« bekannt, starb 1898 durch die Hand eines Anarchisten in Genf. Fünf Jahre später, 1903, wurde die nach ihr benannte Brücke eröffnet. Nachdem diese im Zweiten Weltkrieg zerstört wurde, erstand die Elisabethbrücke in den 1960er-Jahren mit nunmehr verändertem Antlitz neu.

Kaiserin Elisabeth versteckt sich am Fuß des Gellértberges und blickt der Vergangenheit nach. Tabán hieß diese Gegend einst, ein Stadtteil als

Unten: In Ungarn wird die Kaiserin Elisabeth noch heute mit zahlreichen Denkmälern und Statuen geehrt. »Sisi« selbst galt als große Freundin der Ungarn.

MAL EHRLICH

DER GUTE TON

Es kann auch aggressiv zugehen in Budapest. Wenn es an allen Ecken singt und klingt, mag das für die richtige Stimmung sorgen, aber auch Straßenmusiker haben mal einen schlechten Tag. Die Unterführung, die die beiden Teile der Váci utca verbindet und mit den historischen Fotografien von György Klösz geschmückt ist, ist ein gutes Beispiel. Leider ist es nicht immer möglich, sich die Bilder aus einer längst vergangenen Zeit in Ruhe anzusehen, da die Unterführung gern auch von Bettlern genutzt wird. Zudem sollte man sich nicht wundern, wenn die Straßenmusiker einmal ihre passive Rolle verlassen und offensiv um eine Gabe bitten. In so einem Fall muss man selbst entscheiden. Nur vergessen sollte man nicht: Der Ton macht die Musik. Auch in so einem Fall.

Die Elisabethbrücke

Relikt der Türkenzeit, hügelig, eng – und voller Poesie. Doch Tabán musste Anfang der 1930er-Jahre einem geplanten neuen Stadtviertel weichen, das nie gebaut wurde. Ein Museum, das noch an dieses verschwundene Viertel erinnerte, wurde unlängst geschlossen. Auch das Rác-Bad als letztes Überbleibsel ist wegen rechtlicher Gründe auf unbestimmte Zeit nicht zugänglich. Wo sich einst die Gassen den Berg entlangschlängelten, gibt es heute nur noch einiges Grün und noch mehr Asphalt.

Vor diesen Geistern der Vergangenheit sitzt die Kaiserin seit 1986 hier am Döbrentei-Platz, am Budaer Brückenkopf der Elisabethbrücke, und lässt den Autoverkehr über ihrem Kopf unbeeindruckt dahinrollen. Entstanden ist das Denkmal zu ihren Ehren bereits 1932 unter den Händen von György Zala, demselben Bildhauer, der auch die Statuen am Heldenplatz fertigte. Nachdem Elisabeth zunächst am anderen Flussufer auf dem Március 15. tér und nach dem Zweiten Weltkrieg auf überhaupt keinem öffentlichen Platz mehr stand, nahm sie 1986 ihren jetzigen Ort ein. Verbunden werden Döbrentei tér und Március 15. tér auf der gegenüberliegenden Seite seit den ersten Jahren des 20. Jahrhunderts von jener Brücke, die ihr erstes Leben nach fünfjähriger Bauzeit 1903 als Kettenbrücke begann.

Einst längste Kettenbrücke

Der Schriftsteller Franz Fühmann preist die Brücke in *22 Tage oder Die Häfte des Lebens* als »von unerhörter Schlankheit, kein Gramm Fett, völlige Funktion«. Zur Zeit der Entstehung galt sie mit beinahe 380 Metern als längste ihrer Bauart weltweit und blieb das ein knappes Vierteljahrhundert lang. Sage und schreibe 53 Architekten hatten sich für den Bau beworben, als Sieger ging ur-

sprünglich der Entwurf einer Hängebrücke hervor. Das Problem war nur, dass eine solche nicht realisiert werden konnte. Es mangelte damals schlicht und einfach an den notwendigen Kabeln in Ungarn. So entstand die nicht minder ästhetische Kettenbrücke, die 1945 von den Deutschen in der Donau versenkt wurde. Im Gegensatz zu den anderen Budapester Donaubrücken wurde sie nicht originalgetreu wieder aufgebaut, die Kosten hätten die für einen Neubau bei Weitem überstiegen.

Häuser weichen Brückenbau

Verwirklicht wurde stattdessen das Konzept einer Hängebrücke, für deren Bau über ein halbes Jahrhundert vorher noch die notwendigen Kabel gefehlt hatten. Man kann sich viel über Bauwerke echauffieren, die während des Sozialismus entstanden. Über diese zweite Elisabethbrücke, die 1964 für den Verkehr freigegeben wurde, mit Sicherheit nicht. Zwar breiter als ihre Vorgängerin, entbehrt sie aber nicht einer gewissen Anmut.

Die Elisabethbrücke überspannt die Donau an ihrer schmalsten Stelle. Auf der Pester Seite schrammt sie gerade so an der Innerstädtischen Pfarrkirche entlang, die bleiben durfte, während andere Häuser dem ursprünglichen Brückenbau weichen mussten. Auf der gegenüberliegenden Seite gab es dieses Problem nicht. Dort markiert der massive Gellértberg das Ende der Brücke.

Oben: Elegant spannt sich die Elisabethbrücke über die blaue Donau. Von ihrer Schlankheit schwärmten schon Schriftsteller.
Unten: Unterm großen Torbogen nahe der Brücke findet man bei Regen Unterschlupf – und kann gleichzeitig einen Kaffee genießen.

Infos und Adressen

ESSEN UND TRINKEN

100 éves étterem. Das kleine Barockgebäude existiert bereits seit 1831 als Gasthaus im Herzen der Innenstadt. Mo–So 12–24 Uhr, Piarista utca 2, Tel. 061/230 03 29, www.100evesetterem.hu

Big Ben Teaház. Teesorten aus allen Kontinenten. Mo–So 10–22 Uhr, Veres Palné utca 10, Tel. 061/317 89 82.

Kárpátia. Teuer und mit Service-Aufschlag. Mo bis So 11–23 Uhr, So 17–23 Uhr, Ferenciek tere 7–8, Tel. 061/317 35 96, www.karpatia.hu

Paul's Bistro. Einfache Gerichte frisch vom Markt. Mo–So 11–24 Uhr, Váci utca 49, Tel. 0670/387 08 17, www.paulsbistro.com

Sörforrás. In der »Bierquelle« findet man reichlich Angebote, um seinen Durst zu löschen. Mo–So 12–22 Uhr, Váci utca 15, Tel. 061/318 38 14, www.sorforrasetterem.hu

ÜBERNACHTEN

City Hotel Pilvax. Elegant und gemütlich im Herzen der Innenstadt. Pilvax köz 1–3, Tel. 061/266 76 60, www.cityhotel.hu

Die Umgebung des Ferenciek tere ist in den letzten Jahren zum Ausgehen attraktiv geworden.

Hotel Erzsébet. Gemütliches Hotel im Herzen der alten Innenstadt. Károly Mihály utca 11–15, Tel. (für deutschsprachige Gäste) 069/380 78 96 50, http://hotel-erzsebet-budapest.h-rez.com

Die Restaurants bieten den Besuchern eine breite Vielfalt an ungarischer und internationaler Küche.

22 Die Gellért-Statue
Von den Magyaren in die Tiefe gestoßen

König Stephan I. holte ihn aus Italien ins Land, um seinen Sohn zu erziehen und darüber hinaus die heidnischen Ungarn zu missionieren. Die »dankten« es ihm, indem sie ihn der Legende nach in ein Holzfass nagelten und von dem Berg, der heute seinen Namen trägt, in die Donau warfen. Heute ist der heilige Gellért Schutzpatron von Budapest und sein Todesort beschauliches Ausflugsziel.

Beim Spaziergang über die Elisabethbrücke ist der Heilige schon von Weitem sichtbar. Entschlossen reckt er die Hand mit dem Kreuz in die Höhe und blickt – zumindest ließe sich das hineininterpretieren – mit Schaudern auf die Hotelfassaden an der Pester Donaupromenade. Die steinerne, sieben Meter hohe Erinnerung an den Bischof Gellért schuf der Bildhauer Gyula Jankovics 1904. Ursprünglich vorgesehen war eine lediglich drei Meter hohe Statue von dem Mann, der 980 als Giorgio Sagredo in Venedig geboren wurde und am 24. September 1046 in Buda den Märtyrertod starb. Sagredo stammte aus einer Patrizierfamilie und trat in jungen Jahren einem Benediktinerorden bei. Mit seinem Pater Gellért begab er sich wohl in den Jahren nach 990 auf eine Pilgerfahrt nach Jerusalem, wobei Gellért von Arabern getötet wurde und der junge Giorgio daraufhin seinen Namen annahm. Das Heilige Land ließ Gellért jedoch nicht los. Auf einer weiteren Fahrt von Italien aus geriet sein Schiff in einen Sturm und landete an der kroatischen Küste. Hier traf Gellért den Abt des Benediktinerklosters Pannonhalma, der ihn überredete, nach Ungarn zu kommen.

Unten: Sein fester Glaube konnte den heiligen Gellért auch nicht vor den heidnischen Magyaren retten, die ihn in die Tiefe stürzten.

In Ungarn traf Gellért im August 1015 König Stephan I., der ihn mit der Erziehung seines Sohnes betraute und auf diplomatische Missionen schickte.

Der Wasserfall bietet im Sommer eine willkommene Erfrischung.

Vom König zum Bischof ernannt

Nachdem der Königssohn sein 16. Lebensjahr erreichte und Gellérts Pflicht damit erfüllt war, wollte er sich eigentlich in das Einsiedlerleben zurückziehen. Nur, Stephan hatte andere Pläne und ernannte Gellért 1030 zum Bischof von Csanád. Die Probleme begannen nach Stephans Tod. Als sich Gellért im September 1046 in Buda aufhielt, geriet er in die Hände von heidnischen Aufständischen, die ihn – manche sagen in einem Fass, andere auf einem Karren – vom heutigen Gellértberg in die Tiefe stießen – so will es die Legende. Der mutmaßliche Ort dieser schaurigen Ermordung ist heute ein Ort des Genießens. Wem es gelungen ist, die Straße zu überqueren, den empfangen zunächst zwei Pfeiler, auf denen der mythische Turul–Vogel thront. Der Wasserfall, der unter der Statue plätschert, sorgt im Sommer zudem für eine gewisse Abkühlung. Die Treppen führen beiderseitig direkt zur Statue des Heiligen, umrahmt von einer Kolonnade, die ein wenig an die des Heldenplatzes erinnert. Die Gellért-Statue ist ein passender Ort, um zu verschnaufen (wenn auch leider nicht immer besonders sauber), bevor der Weg weiter nach oben geht auf den Berg, auf dem Gellért einst das Schicksal ereilte.

Infos und Adressen

ESSEN UND TRINKEN

Capella. Einkehrort für die späten Stunden. Mi 22–4 Uhr, Fr–Sa 22–5 Uhr, Belgrád rakpart 23

Mátyás Pince. Ungarisches Restaurant am Rande der alten Innenstadt mit nicht ganz billigen Preisen. Mo–So 11–24 Uhr, Március 15. tér 7, Tel. 061/266 80 08, www.matyaspince.eu

Molnár's Kürtőskalács. Zielort für alle Freunde des ungarischen Baumkuchens. Mo–So 9–22 Uhr, Váci utca 31, Tel. 061/407 23 14, www.kurtoskalacs.com

ÜBERNACHTEN

Best Western Hotel Orion. Gute Lage unweit der Donau auf der Budaer Seite. Döbrentei utca 13, Tel. 061/356 85 83, www.bestwestern.com

City Hotel Mátyás. Dreisternehotel in unmittelbarer Donaunähe auf der Pester Seite. Március 15. tér 7–8, Tel. 061/338 47 11, www.cityhotel.hu

23 Die Zitadelle
Militärbau ohne Funktion

Auf dem Gellértberg thront mit der Zitadelle ein Teil des Budapester UNESCO-Weltkulturerbes. Der Blick von dort über die Stadt gehört zu einem Budapest-Besuch einfach dazu und bestätigt die Worte Klaus Manns, man müsse Budapest bei Nacht und von oben gesehen haben. Auf der Zitadelle befindet sich eines der Wahrzeichen der Stadt: die weithin sichtbare Freiheitsstatue.

Der Begriff Blocksberg wird heute in erster Linie mit dem Brocken im Harz in Verbindung gebracht. Allein der Blick auf alte deutschsprachige Postkarten der Jahrhundertwende reicht aus, um zu sehen, dass auch Budapest über seinen Blocksberg verfügte: den Gellértberg. 1756 fand in Ungarn die letzte Hexenverbrennung statt, und vor allem im 17. Jahrhundert galt der Gellértberg als Versammlungs- und Tanzort der heimischen Hexen. Diese dunklen Zeiten sind längst passé, und wer auf den 235 Meter hohen Gellértberg steigt, macht zwischenzeitlich vielleicht ein etwas angestrengtes Gesicht, wird dafür aber mit dem Postkartenausblick belohnt.

Zitadelle statt Sternwarte

Mitte: Den Aufstieg muss man erst mal hinter sich bringen. Doch die Mühen werden mit einer grandiosen Aussicht belohnt.
Unten: Im Philosophengarten auf dem Gellértberg lässt sich sehr schön den eigenen Gedanken nachhängen.

Auf dem Gipfel des Berges, der nach dem heiligen Gellért benannt wurde, thront die Zitadelle. Erbaut wurde sie nach der Revolution 1848/49 von den Habsburgern, um die Ungarn militärisch besser kontrollieren zu können. Ob ihr militärischer Nutzen ein so großer war, darf infrage gestellt werden. Vielmehr diente sie dazu, Präsenz zu zeigen und die revolutionären Ungarn daran zu erinnern, wer im Land (noch) das Sagen hatte.

Die strategische Lage hatte man schon in früheren Zeiten zu nutzen gewusst: Die Kelten siedelten hier, auch die Türken errichteten eine Palisadenfestung, bevor der österreichische General Julius Jacob von Haynau (1786–1853) Anfang der 1850er-Jahre die 220 Meter lange und bis zu 60 Meter breite Zitadelle errichten ließ. Dafür musste eine Sternwarte der Budapester Universität weichen.

Vor allem nach dem österreichisch-ungarischen Ausgleich von 1867 verlor die Zitadelle ihren militärischen Charakter, und noch bevor das Jahrhundert vorbei war, ging sie in das Eigentum der Stadt Budapest über. In den 20er-Jahren des 20. Jahrhunderts entwickelte sich der Gellértberg langsam zu einer Art Naherholungszentrum. Durch die Anlage von Spazierwegen erhielt er den parkänlichen Charakter, der noch heute den Berg prägt. Den Aufstieg, ob nun die steile oder die längere, dafür etwas flachere Variante, muss der Besucher nicht in einem Stück absolvieren, sondern kann immer wieder auf einer Parkbank verschnaufen. Wenn sie nicht gerade durch ein Liebespärchen besetzt ist, das den Ausblick auf die Stadt zu ihren Füßen genießt. Sehr schön ist auch der von Statuen gesäumte Philosophengarten.

Eine Statue musste weichen

Oben angekommen erhebt sich eines der Wahrzeichen Budapests, die Freiheitsstatue, gern auch als der »größte Flaschenöffner« der Welt bezeichnet. 14 Meter hoch ist die Statue selbst, zusammen mit dem Sockel reckt sie sich knapp 40 Meter in die Höhe. Erschaffen wurde sie vom Bildhauer Zsigmond Kisfaludi Strobl (1884–1975), der auch das Kossuth-Denkmal auf dem Platz vor dem Parlament schuf. Die Freiheitsstatue ist die größte Figur einer Gruppe, die 1947 ursprünglich zur

Oben: Die Freiheitsstatue gilt auch als »größter Flaschenöffner« der Welt.
Unten: Neben Gastronomie ist in der Zitadelle auch ein Museum eingerichtet.

Keine Bange, während des Aufstieges laden Bänke und Sitznischen zum Verschnaufen ein. In Ruhe lässt sich das Panorama noch viel schöner genießen.

AUTORENTIPP!

DER RICHTIGE MOMENT
Den richtigen Moment abzupassen, ist gar nicht so einfach. Denn viel Zeit bleibt nicht, um das Bild einzufangen: Die Sonne wartet nicht, sondern senkt sich relativ zügig hinter den Budaer Bergen. Für ein Foto im Dämmerlicht vor der Kulisse der Stadt mit Kettenbrücke und Parlament sollte man sich deshalb rechtzeitig aufmachen.

Der Weg nach oben dauert erfahrungsgemäß immer etwas länger, als man annimmt. Und nicht zu vergessen sind dann ja auch noch die anderen Besucher, die den Anblick Budapests bei Sonnenuntergang ebenfalls festhalten wollen.

Zitadelle. Gellérthegy, Citadella sétány 1, www.citadella.hu

Erinnerung an jene russischen Soldaten errichtet wurde, die für die Befreiung Ungarns im Zweiten Weltkrieg ihr Leben lassen mussten. Flankiert wird die Freiheitsstatue vom Drachentöter sowie der Flamme der Freiheit. Eine weitere Skulptur, die vier Meter hohe Darstellung eines Soldaten der Roten Armee, hat die Wende nicht überstanden und steht heute im Statuenpark außerhalb von Budapest (siehe Seite 258). In ihren Händen hält die Freiheitsstatue ein Palmenblatt. Es ist eine immer wieder gern erzählte urbane Legende, dass dies ursprünglich ein Flugzeugpropeller war, der an István Horthy erinnern sollte, den Sohn des Reichsverwesers Miklós Horthy. Dieser starb 1942 als Pilot bei einem Unfall an der Front.

Von der Freiheitsstatue sind es noch einige Schritte bis zur Ausblicksplattform mit dem Traumblick schlechthin. Vorbei geht es noch an den bis zu vier Meter dicken Mauern, an Geschützen aus dem Zweiten Weltkrieg, an der historischen Freiluftausstellung »Budapest anno 1845–1945« auf der einen und den Tourismusständen auf der anderen Seite, dann hat man auf der kreisförmigen Aussichtsfläche freien Blick auf das wohl berühmteste Fotomotiv Budapests: die Kettenbrücke und das dahinterliegende Parlament. Bei diesem Postkartenausblick ist es nicht überraschend, wenn die Terrasse zu jeder Jahreszeit von den Budapest-Besuchern bevölkert ist. In dem Fall ist einfach Geduld gefragt, bis man an der Reihe ist.

Infos und Adressen

SEHENSWÜRDIGKEITEN

Bunker-Panoptikum. Museum im Herzen der Zitadelle über die Ereignisse während des Zweiten Weltkriegs. Mai–Sept. 9–20 Uhr, Okt. bis April 9–17 Uhr, Eintritt: 1200 Forint, Citadella Sétány 1, Tel. 061/279 19 63, www.citadella.hu/muzeumok

ESSEN UND TRINKEN

Búsuló Juhász. Stilvolles Restaurant mit Preisen etwas über dem Durchschnitt. Kelenheygi út 58, Tel. 061/209 16 49, Mo–So 12–24 Uhr, www.busulojuhasz.hu

Citadella Lounge. Edler Entspannungsort, aber nur in den Sommermonaten geöffnet. Citadella sétány 1, Tel. 061/279 06 84, www.citadella.hu

Folklór. Die Einrichtung ist nicht jedermanns Geschmack, und auch die Preise sind nicht zu verachten. Mo–So 11–23 Uhr, Citadella sétány 1, Tel. 061/386 48 02, www.citadella.hu

Panorama. Stolze Preise, dafür toller Ausblick von der Zitadelle. Mo–So 12–24 Uhr, Citadella sétány 1, Tel. 061/209 06 98, www.citadellapanorama.hu

Für die Freunde von Militärtechnik wartet die Zitadelle mit einer Ausstellung unter freiem Himmel auf.

ÜBERNACHTEN

Gold Hotel. Kleines Hotel in der Nähe der Zitadelle auf der Budaer Seite. Hegyalja utca 14, Tel. 061/209 47 75, www.goldhotel.hu

Von der ursprünglichen Statuengruppe sind nur einige auf dem Gellértberg verblieben.

24 Das Gellért-Bad
Verführerische Wasserspiele

Schon im Mittelalter diente der Ort, an dem sich heute das Gellért-Bad befindet, der Gesundheit. Das Wasser soll, so ein Bericht aus der Türkenzeit, auch gegen die »französische Krankheit«, also die Syphilis hilfreich gewesen sein. Nach mehreren Eigentümer- und Namenswechseln wurde das Hotel Gellért zusammen mit dem Gellért-Bad zwischen 1912 und 1918 neu gebaut und ist seitdem nicht nur durch seine Fassade der hellste Fleck am Budaer Donau-Ufer.

Die »Minister in Unterhosen« sind dem Gellért-Bad zu verdanken. So nämlich nannte man die Foto-ausstellung, die man Sándor Pusztai zu verdanken hatte. Der war einst Bademeister des Gellért-Bades und hielt nahezu während der gesamten 1930er-Jahre die Besuche der Prominenz ungestellt mit

Unten: Neben dem Széchenyi-Bad ist das Gellért der wohl bekannteste Badeort der Hauptstadt – und das schon seit Generationen.

MAL EHRLICH

OFFIZIELLE TAXIS

Ob Gellért-Bad oder eine andere Sehenswürdigkeit: Wenn die Zeit drängt und der Sinn einem nicht nach einem Fußmarsch steht, kann man natürlich auf Taxen zurückgreifen. Man sollte eine gewisse Vorsicht und Skepsis aber bewahren. Und überlegen, ob man wirklich ein Taxi braucht. Busse, Straßenbahnen und Metros verkehren im Minutentakt und halten, wenn nicht direkt, so doch in unmittelbarer Nähe der wichtigsten Sehenswürdigkeiten. Nicht zuletzt ist Budapest eine Stadt zum Erlaufen. Also: Wenn schon Taxi, dann sind Firmenname, Kennzeichen und Preiszähler Pflicht.

der Kamera fest. In Badeanzügen und Badekappen könnten die führenden Politiker, Intellektuellen und Unterhaltungskünstler der Zeit nicht volksnäher daherkommen. Zu den berühmtesten Gästen des Bades zählten unter anderem auch Yehudi Menuhin oder Richard Nixon.

Baden in Jugendstil

Das Hotel Gellért mitsamt Gellért-Bad ist eines der Prachtbeispiele des ungarischen Jugendstils und diente als Inspiration in der englischen Tragikomödie *Grand Hotel Budapest*. Erbaut wurde es nach den Plänen von Artúr Sebestyén, Ármin Hegedűs und Izidor Sterk. Die Eröffnung erfolgte nach sechsjähriger Bauzeit 1918. 1927 wurde das Bad mit einem Wellenbad, 1934 mit einem Sprudelbad ausgestattet. Im Zuge der neuesten Modernisierungen wurden das Sitzbassin im Schwimmbad, das äußere Sitzbassin und das Kinderbecken renoviert und mit Wasserfiltern sowie Umwälzanlagen ausgestattet. Im Laufe seiner Geschichte war das Bad nur einmal geschlossen – wegen eines Rohrbruchs. Selbst im Krieg wurde der Badebetrieb aufrechterhalten, wenngleich die Frauenabteilung durch Beschuss nahezu komplett zerstört wurde, ebenso wie viele der kunstvollen Auskleidungen.

Der Haupteingang des Bades liegt an der Kelenföldi út. Die Figurengruppe beiderseits des geschwungenen Hauptportals stammt von József Róna und symbolisiert die Heilung. Von der mit Mosaiken geschmückten Vorhalle geht es direkt in die 74 Meter lange und elf Meter breite Haupthalle, die von einem farbigen Glasdach überwölbt wird. Die zehn Schmuckfenster wurden nach Vorlage des Malers Vince Hende in der Werkstatt des Glasmalers Miksa Róth angefertigt. Sie zeigen Motive aus einem Werk des Dichters János Arany. Am Ende der Halle hat die Venus von Adolf Huszár ihren Platz.

HEILIGE HÖHLE

Die Felsenkapelle am südlichen Ende des Gellértberges beim Gellért-Hotel ist schon aus einiger Entfernung durch ein weißes Kreuz auf einem Felsvorsprung zu erkennen. Bekannt ist sie auch unter dem Namen *Höhle des heiligen Ivan*, benannt nach einem Einsiedler, der einst in dem Höhlensystem gehaust haben soll. Fertiggestellt wurde diese Felsenkapelle des Paulinerordens 1931 von Károly Weichinger. Während des Zweiten Weltkriegs diente sie auch als deutsches Feldlazarett. Unter der kommunistischen Herrschaft wurde die Kapelle versiegelt, aber nach der Wende wiedereröffnet. Zu der Kapelle gehört ebenso das Kloster am Fuß des Berges, das 1934 im neoromanischen Stil erbaut wurde. Die Statue auf dem Platz vor der Kapelle zeigt den heiligen König Stephan.

Felsenkapelle. Messen Mo–Fr 8.30, 17, 20 Uhr, So 8.30, 11, 17, 20 Uhr, Szent Gellért rakpart 1, Tel. 061/385 15 29, www.sziklatemplom.hu

Oben: Auch der Außenbereich des Gellért-Bades ist sehenswert.
Mitte: Entspanntes Schwimmen im überdachten Hallenbad.
Unten: Schmuck und Zierde dürfen nicht fehlen.

Gefragter Ort für Preis-verleihungen

Ähnlich wie das Széchenyi- ist auch das Gellért-Bad spiegelgleich erbaut. Je einer der beiden Flügel mit seinen reich verzierten Thermalbecken stand Männern und Frauen zur Verfügung. Die mittlerweile aufgehobene Geschlechtertrennung thematisierte die polnische Künstlerin Katarzyna Kozyra 1999 unter dem Titel *Männerbad*, indem sie eine versteckte Kamera im Männerbereich installierte und das dortige Treiben festhielt.

Schlagzeilen machte das Bad auch, als eine deutsche Versicherung es vor einigen Jahren für eine Sex-Party mietete. Das Wasser wurde nach dieser zweifelhaften Episode ausgetauscht und das Management der Budapester Heilbetriebe ließ danach verlautbaren, man habe keine Kenntnis über den genauen Ablauf dieser »Veranstaltung« gehabt. Dass man auf eine solche Presse gut und gern verzichtet hätte, ist klar, denn das Hotel Gellért mit seinem Thermalbad gilt doch als »First Lady des ungarischen Tourismus«. Für die Hotelgäste ist die Nutzung des Bades inbegriffen.

Charakteristisch für das Viersternehotel Gellért, heute Teil der Danubius-Gruppe, sind seine kegelförmigen Türme, die geradezu orientalisch anmuten. Die Mosaiken, farbigen Fenster und Statuen in der Eingangshalle verströmen noch heute den Geist der Jugendstil-Vergangenheit des Gebäudes. Einen prachtvollen Anblick bietet auch die Fassade des Baus, besonders bei nächtlicher Beleuchtung. Besonders schön ist der vom anderen Donau-Ufer auf der Pester Seite. Auch als Ort von Preisverleihungen hat sich das Hotel einen Namen gemacht. Verliehen wird hier etwa alljährlich das *Bálint Balassi Erinnerungsschwert* für ungarische Dichter sowie Übersetzungen aus dem Ungarischen.

Infos und Adressen

SEHENSWÜRDIGKEITEN

Gellért Gyógyfürdő és Úszoda. Mo–So 6–20 Uhr,
Eintritt (normal): 4900 Forint, Kelenhegyi út 4,
Tel. 061/466 61 66, www.gellertbad.hu

ESSEN UND TRINKEN

Kis Borostyán. Restaurant und Pizzeria, täglich
gibt es ein mediterranes Menü im Angebot.
Mo–So 12–23 Uhr, Lágymányósi utca 13,
Tel. 061/209 44 06, www.kisborostyan.hu

Kis rabló. Die Einrichtung erinnert an ein mittelal-
terliches Schiff. Mo–So 11–2 Uhr, Zenta utca 3,
Tel. 061/209 15 88, www.kisrablopub.hu

Marcello. Kleines Restaurant mit italienischen
Gerichten. Mo–So 12–22 Uhr, Bartók Béla út 40,
Tel. 061/466 62 31, www.marcelloetterem.hu

Nevada Pub. Gemütlicher Ort mit anständigen
Preisen. Mo–Mi, So 11–24 Uhr, Do–Sa 11–1 Uhr,
Bartók Béla út 21, Tel. 061/209 06 49.

Szeged. Traditionelles Restaurant, das auch
Schiffstouren anbietet. Mo–So 12–23 Uhr,
Bartók Béla út 1, Tel. 061/209 16 68,
www.szegedvendeglo.hu

Ein Empfang durch Göttinnen, was möchte man
mehr?

ÜBERNACHTEN

Gellért-Hotel. Luxusunterkunft der Danubius-
Gruppe. Tel. 061/889 55 00, Szent Gellért tér 1,
www.danubiushotels.com

Von der Haupthalle geht es in die verschiedenen Bereiche des Gellért-Bades.

25 Die Freiheitsbrücke
Vom Kaiser eigenhändig vollendet

Die 333 Meter lange Freiheitsbrücke ist eines jener Bauwerke, die im Zweiten Weltkrieg zerstört und danach originalgetreu wieder aufgebaut wurden. Mit dem Gellért-Bad und der Großen Markthalle verbindet sie zwei der Hauptsehenswürdigkeiten der Stadt. Entstanden ist die Brücke im Zug der Millenniumsfeierlichkeiten am Ende des 19. Jahrhunderts.

Der eine war vor allem im hohen und höchsten Alter geachtet, die andere aber geliebt und zur Legende geworden: Kaiser Franz Joseph und seine Gemahlin Elisabeth waren als österreichisches Herrscherpaar auch die Herren über Ungarn. Und vor allem »Sisi« war für ihre Liebe zu Ungarn bekannt. Heute sind nach ihr Straßen und Brücken benannt, es wurden Statuen zu ihren Ehren errichtet. Der Kaiser selbst machte sich schon zu Lebzeiten keine Illusionen darüber, dass man ihm solche Ehren nach seinem Tod nicht erweisen sollte. Er behielt recht.

Der letzte Nagel

Südlich der nach der österreichischen Kaiserin benannten Elisabethbrücke trug die 1884 bis 1896 erbaute Freiheitsbrücke zunächst den Namen des Kaisers. Der ließ es sich auch nicht nehmen, an der Einweihung dieser dritten Budapester Donaubrücke persönlich teilzunehmen, die »unter Entfaltung außerordentlichen Pompes« und im Beisein von Hunderttausenden Zuschauern vor sich ging, wie es in der zeitgenössischen Presse hieß. Franz Joseph schlug damals höchstpersönlich den

Unten: Die Straßenbahn über die Freiheitsbrücke hält direkt an der Markthalle und fährt am Nationalmuseum vorbei direkt bis ins Stadtzentrum.

letzten Nagel ein, aber natürlich nicht eigenhändig. Von einem Zelt auf der Pester Seite betätigte er lediglich einen Knopf, der daraufhin einen 45 Tonnen schweren Hammer in Bewegung setzte.

Neuer Name nach dem Zweiten Weltkrieg

Da sich der Grad der Zerstörung in Grenzen hielt, konnte die Brücke mit der charakteristischen grünen Farbe bereits im August 1946 – nun unter dem Namen Freiheitsbrücke – wiedereröffnet werden. Mit ihren 333 Metern ist sie die kürzeste der Budapester Donaubrücken. Die Konstruktion der Brücke, die erst 2007/08 unter einer Komplettsperrung saniert wurde, zieht aber immer wieder Lebensmüde an. Durch ihre Gitterkonstruktion ist es nämlich ein Leichtes, auf eines der Brückentore zu klettern. Die Freiheitsbrücke, geplant und entworfen von János Feketeházy (1842–1927), zeigt die Freude an Schmuck und Zierde des Finde Siècle. Auf jedem Brückenpfeiler steht der mythische Vogel der Ungarn Turul auf einer Goldkugel, die Flügel zum Abflug gespreizt. Die Brückentore ziert eine Darstellung des historischen Wappens von Ungarn. Auf der Brücke verkehrt die Straßenbahn 47, die am Deák-Platz im Stadtzentrum startet, den kleinen Ring mit dem Nationalmuseum und der Markthalle passiert, am Hotel Gellért hält und weiter bis in den Budapester Vorort Budafok fährt.

Die Freiheitsbrücke ist die kürzeste Verbindung zwischen beiden Ufern.

Infos und Adressen

ESSEN UND TRINKEN

Fatál. Deftige ungarische Küche, die Portionen werden auf Holzplatten angerichtet. Mo–So 12–24 Uhr, Váci utca 67, Tel. 061/266 26 07, www.fatalrestaurant.com

Gepárd és űrhajó. Stilvolles Weinbistro mit vielseitiger Küche. Mo–So 12–24 Uhr, Belgrád rakpart 18, Tel. 0670/329 78 15, www.gepardesurhajo.com

Kahwa el Salam. Bistro nahe der internationalen Bootsanlegestelle. Mo–So 12–22 Uhr, Belgrád rakpart 19, Tel. 061/266 77 67, www.kahwa.hu

Trattoria Toscana. Empfehlenswerte italienische Küche. Mo–So 12–24 Uhr, Belgrád rakpart 13–15, Tel. 061/327 00 45, www.toscana.hu

ÜBERNACHTEN

Estilo Fashion Hotel. Vier-Sterne-Unterkunft in der alten Innenstadt. Váci utca 83, Tel. 061/799 71 70, www.estilohotelbudapest.com

26 Die Große Markthalle
Im Magen der Hauptstadt

Am Ende des 19. Jahrhunderts saß das Geld locker in Budapest. Eine öffentliche Ausschreibung folgte der anderen, ein Prachtbau dem nächsten. Auch der Bau der Großen Markthalle geht auf diese Zeit zurück. Doch nicht nur diese eine wurde errichtet: Es ging um insgesamt fünf überdachte Markthallen.

Wollte man die Große (oder offiziell »zentrale«) Markthalle in Budapest mit einem Tempel vergleichen, wäre das gar nicht so weit hergeholt, trägt sie doch allein durch ihre Architektur den Charakter einer Basilika. Die Markthalle liegt an der Grenze des V. und VII. Bezirks am Fővám-Platz. *Vám* heißt Steuer – und so ging es an diesem Hauptzollplatz schon in früheren Zeiten in erster Linie um Waren. Zunächst um Salz, wovon der Platz seinen Namen hatte und wonach heute auch noch eine am Platz verlaufende Seitenstraße benannt ist: die Só utca.

Mitte: Fleisch, Fisch, Obst und Gemüse – in der Zentralen Markthalle herrscht große Auswahl.
Unten: Charakteristikum der Markthalle ist das mächtige Eingangsportal.

MAL EHRLICH

AUFGEPASST BEIM EINKAUF

Die fremde Sprache und die ungewohnten Maße – in Ungarn misst man beim Fleischkauf mit Deka, nicht mit Gramm – können leicht verwirren. Da kann es leicht passieren, dass man übers Ohr gehauen wird – manchmal sogar ziemlich ordentlich. Mit einem waschechten Ungarn würde der Händler das nicht versuchen. Ansonsten entscheidet der Besucher selbst über Kauf oder Nicht-Kauf, sei es bei der Gänseleber oder bei den Folklore- und Souvenirangeboten auf der Galerie.

Die Große Markthalle

Charakteristisch fürs Stadtbild

Zwischen 1871 und 1874 baute Miklós Ybl im Stil der Neorenaissance das Hauptzollhaus, das seine Funktion bis zum Zweiten Weltkrieg beibehielt. Dieses Gebäude direkt neben der Markthalle an der Donau ist heute das Hauptgebäude der Corvinus-Wirtschaftsuniversität.

Ausgedacht hat sich die Konstruktion für die Markthalle mit seinen beiden Türmen Samu Pecz (1854–1922), ein ungarischer Architekt des Historismus, der die öffentliche Ausschreibung für einen Entwurf der Markthalle für sich entscheiden konnte. Neben dem Ungarischen Staatsarchiv, das erst nach seinem Tod fertiggestellt wurde, gilt die Große Markthalle als sein wichtigster Bau. Beide sind von bunten Ziegeln geprägt, ein Charakteristikum seiner Arbeiten und des Budapester Stadtbildes im Allgemeinen.

Nachdem man das neogotische Hauptportal der Großen Markthalle mit seinen Figuren und Skulpturen passiert hat, entfaltet sich unter der beeindruckenden Stahlkonstruktion auf etwa 10 000 Quadratmetern ein wahrer Kosmos von Waren. Im breiten Mittelgang richtet sich das Angebot in erster Linie an Touristen. Hier gibt es die typisch ungarischen Erzeugnisse, von Salami über Gänseleber bis hin zu Wein oder Pálinka.

Zudem finden regelmäßig Ländertage statt, bei denen jeweils passend zum Land Lebensmittelprodukte oder Handwerkserzeugnisse angeboten werden. In den Seitengängen der Markthalle geht es vor allem zu den Stoßzeiten am Vormittag ziemlich eng zu, jedoch sind die Waren hier in der Regel etwas billiger. Die Auswahl an frischem Obst und Gemüse ist riesig – und ein Souvenir findet sich sowieso.

AUTORENTIPP!

PLATZ ZUM DURCHATMEN

Der Nehru Part in unmittelbarer Nähe der Markthalle direkt an der Donau bietet Platz zum Durchatmen. Wenn man es sich auf der Wiese oder den Bänken gemütlich macht, grüßen von der anderen Uferseite das lang gezogene Gebäude der Technischen und Wirtschaftswissenschaftlichen Universität Budapest, das Gellért-Hotel und der Gellért-Berg mit der darauf thronenden Freiheitsstatue. Unter der Petőfi-Brücke entlang geht es auf einem Spazierweg an der Donau entlang direkt bis zum postmodernen Nationaltheater mit seinem märchenhaften und statuenreichen Garten und zum Palast der Künste. In diesem befindet sich unter anderem das Ludwig-Museum zeitgenössischer Kunst.

Nehru Part, IX. Bezirk, zwischen Donau, Közraktár út und Petőfi-Brücke

Angebot auf drei Etagen

Im Untergeschoss der Markthalle gibt es neben einem Supermarkt und verschiedenen kleinen Geschäften auch die Möglichkeit, frischen Fisch zu kaufen. Wobei der Anblick der in einem mächtigen Aquarium zusammengepferchten Fische nicht wirklich appetitanregend ist. Das Treiben in der Markthalle lässt sich am besten von der Galerie beobachten. Hier sind die Gänge noch enger (in den Hochphasen geht es hier in der Tat ziemlich gepresst zu), dafür gibt es neben Kunsthandwerk, Folklore-Artikeln und Touristensouvenirs auch deftige ungarische Hausmannskost.

Als die Markthalle im Februar 1897 ihrer Bestimmung übergeben wurde, galt das Gebäude als eines der modernsten in Europa. Das 60 Meter hohe und 150 Meter lange Innere war nicht einfach nur eine Halle, sondern das Herz eines ganzen Versorgungssystems in der Hauptstadt, zu dem vier weitere Markthallen gehörten. Mit Ausnahme jener am Klauzál-Platz und am Batthyány-Platz (in ihnen sind Supermärkte eingerichtet) dienen alle noch immer ihrer alten Funktion.

Die Markthalle ist ein Ort für Frühaufsteher. Geöffnet hat sie montags von 6 bis 17 Uhr, dienstags bis freitags von 6 bis 18 Uhr. Samstags ist von 6 bis 15 Uhr geöffnet. An Sonn- und Feiertagen ist die Markthalle geschlossen.

Oben: Süßes darf natürlich nicht fehlen.
Mitte: Einmal durch die Tür und hinein ins Marktparadies.
Unten: An Thementagen werden Produkte einer bestimmten Region angeboten.

Infos und Adressen

SEHENSWÜRDIGKEITEN

Zentrale Markthalle. Mo 6–17 Uhr, Di–Fr 6–18 Uhr, Sa 6–15 Uhr, Vámház körút 1–3, Tel. 061/366 33 00

ESSEN UND TRINKEN

Bangkok. Ausgezeichnetes Restaurant mit asiatischer Küche. Mo–So 12–23 Uhr, Só utca 3, Tel. 061/266 05 84, www.thaietterem.hu

Világjárók Restaurant. Mit preiswerten Tagesangeboten. Mo–So 11–23.00 Uhr, Czukor utca 3, Tel. 061/267 60 92, www.facebook.com/vilagjaroketterem

Fakanál. Ungarische Küche zum Sattwerden auf der Galerie in der Markthalle, Gerichte 2000–3000 Forint. Mo–Fr 10–17 Uhr, Sa 10–15 Uhr, Vámház körút 1–3, Tel. 061/217 78 60, www.fakanaletterem.hu

For Sale. Pub und Restaurant mit umfangreicher Speisekarte. Mo–So 12–3 Uhr, Vámház körút 2, Tel. 061/267 02 76, www.forsalepub.com

Fregatt. Pub mit regelmäßigen Musikveranstaltungen. Mo–Sa 17–4 Uhr, Molnár utca 26, Tel. 0630/612 45 88, www.fregatt.eu

Großes Angebot herrscht für Freunde von Deftigem.

Pampas. Argentinisches Steakhouse. Mo–So 12–24 Uhr, Vámház körút 6, 061/411 17 50, www.steak.hu

ÜBERNACHTEN

Boutique Hotel. Stilvolles, elegantes Viersternehotel. Só utca 6, Tel. 061/577 07 00, www.boutiquehotelbudapest.com

Residence Baron. 27 Zimmer auf Vier-Sterne-Niveau im restaurierten Gebäude. Só utca 4, Tel. 061/920 07 10, www.residencebaron.hu

An Cafés für den Kaffee zwischendurch herrscht kein Mangel.

ENTLANG DER RINGE

27 Die Franzstadt
Entdeckungen auf den zweiten Blick

Die Entwicklung vom eher schmuddeligen Viertel zu einem der Ausgehziele der Stadt geht manchmal ziemlich schnell. Einen solchen Wandel hat der Stadtteil Ferencváros (»Franzstadt«) nach der Wende erlebt. Die Ráday utca ist dafür das beste Beispiel. In der inoffiziellen Hauptstraße der Franzstadt haben sich zahlreiche Restaurants und Cafés angesiedelt. Aus dem Viertel stammt zudem einer der bedeutendsten Dichter des Landes.

Ferencváros, der IX. Bezirk von Budapest, ist kein Stadtteil, in dem sich die Sehenswürdigkeiten dicht an dicht reihen. In erster Linie ist es nach wie vor ein Wohnbezirk, Heimat für knapp 64 000 Einwohner. Einer davon erblickte am 11. April 1905

Seite 156/157: Glanz im Kaffeehaus New-York-Palast
Unten: Der Kálvin-Platz gehört zu den ältesten Plätzen in Pest und wurde unlängst generalüberholt.

MAL EHRLICH

LANGFINGER

Die Entwicklung der Ráday utca zur verkehrsberuhigten Restaurantmeile hat dem Stadtbild zweifellos gut getan. Doch es ist auch klar: Die vielen Gäste, nicht zuletzt Ausländer und am späteren Abend häufig nicht mehr nüchtern, sind für eine andere Gruppe interessant. Besonders nachts, wenn schon langsam die Bordsteine hochgeklappt werden, sollte man bei »zufälligen« Begegnungen vorsichtig sein. Ehe man sich versieht, ist die Brieftasche weg und ebenso die Dame mit den flinken Fingern. Auch wenn Budapest im europäischen Vergleich eine sehr sichere Stadt ist, gilt hier wie allerorts: Geld immer eng am Körper tragen!

in der Gát utca 3, einer dicht bebauten Seitenstraße der Haller utca, das Licht der Welt: Attila József. Vom Vater früh verlassen, wuchs József mit seinen beiden Geschwistern in bitterer Armut auf. 32 Jahre später warf er sich am Balaton vor einen Zug. Die Lyrik, die er in seinem kurzen Leben schuf, machte aus ihm dennoch einen der bedeutendsten Dichter Ungarns, der mit Kollegen und Geistesgrößen wie Thomas Mann korrespondierte, mit dem er bei dessen Budapest-Besuch auch zusammentraf. Heute wird seiner vielerorts gedacht, auch an seinem Geburtshaus erinnert eine Gedenktafel an den wohl berühmtesten Sohn des Viertels.

Straße um Straße renoviert

Die Franzstadt hat im Laufe ihrer Geschichte viele Wandlungen durchgemacht. Auf alten Stadtplänen lässt sich noch der Charakter einer Gartensiedlung erkennen. An diese Zeit erinnern noch die Straßennamen vor allem über die Ringstraße hinaus: Liliom (»Lilien«), Páva (»Pfau«) oder Bokréta (»Strauß«). In der zweiten Hälfte des 19. Jahrhunderts siedelte sich die Industrie an und machte Ferencváros zu einem Arbeiterviertel. Die Welt, in der Attila József aufwuchs, bildete den Gegensatz zu der repräsentativen Stadt von Weltrang, die sich innerhalb des Großen Rings entwickelte. Hier, im tiefen Ferencváros, befand sich die Maria-Valeria-Siedlung, ein Ort für die Armen und Bedürftigen, die sich oft nicht einmal die Straßenbahnkarte für die Fahrt in die Innenstadt leisten konnten, wo sie für ihre Handlanger- und Dienstbotenarbeiten ein kümmerliches Gehalt erhielten. Literarisch hat diese Welt János Székely in seinem autobiografisch angehauchten Roman *Verlockung* festgehalten. Später wurde die Maria-Valeria-Siedlung abgerissen, an ihrer statt werden sozialistische Plattenbauten errichtet und dem Ganzen der Name des berühmten Dichters gegeben.

AUTORENTIPP!

UNWIDERSTEHLICH

In Ungarn sind Bäckereien (*pékség*) und Konditoreien (*cukrászda*) oft noch jeweils eigenständige Geschäfte. Wer sich Zeit für etwas Süßes nehmen möchte, wählt also die cukrászda – solche wie »Nándori«. Ob Torten oder Strudel, cremig oder mit Schlagsahne, die Auswahl in der kleinen Konditorei, die 1957 eröffnet wurde, hält für jeden Geschmack etwas bereit. Viel Platz im Inneren ist nicht, daher lohnt es sich vor allem im Sommer, auf der Terrasse Platz zu nehmen.

Nándori cukrászda. Mo–Sa 7.30 bis 18 Uhr, Ráday utca 53, Tel. 061/215 87 76, nandoricukraszda@nandori.hu oder www.nandori.hu

Ráday utca als Musterbeispiel

In der Gegenwart ist von der ärmlichen Vergangenheit nicht mehr viel zu sehen. Straßenzug um Straßenzug wurde in den Jahren nach der Wende saniert. Paradebeispiel dafür ist die Ráday utca, die inoffizielle Hauptstraße des Viertels. Die Häuser wurden auf Vordermann gebracht, die Autos verbannt und die Straße zum Aushängeschild des Viertels. Wie an einer Schnur reihen sich hier Restaurants, Cafés und Galerien die schnurgerade Strecke zwischen dem Kálvin- und dem Boráros-Platz entlang. Am Ende der Straße, am Bakáts-Platz mit seiner schönen Pfarrkirche vorbei, hat auch das Goethe-Institut seinen Sitz, nachdem die Mieten am vorherigen Standort auf dem Andrássy-Boulevard nicht mehr tragbar waren. Im Erdgeschoss des Gebäudes hat sich mit dem »Jedermann« als Nachfolger des vorher existierenden Café Eckermann ein gemütliches Lokal eingerichtet, in dem auch regelmäßig kulturelle Veranstaltungen wie Lesungen und Konzerte stattfinden.

Moderne Kunst

Kulturell punktet Ferencváros mit dem Palast der Künste und dem Nationaltheater im Süden des Stadtteils, die vor allem bei nächtlicher Beleuch-

tung wahre Hingucker sind. Beide gehören zu den modernen Sehenswürdigkeiten der Hauptstadt. Der schönste Weg dorthin führt von der Petőfi-Brücke zur Rákóczi-Brücke entlang der Donau. Das Nationaltheater als Institution existiert bereits seit 1837, bekanntester Standort des Theaters war von 1908 bis zum Abriss 1966 der Blaha Lujza tér im Zentrum der Stadt. Der Neubau im Süden von Ferencváros wurde nach der Jahrtausendwende in einer Rekordzeit von 15 Monaten erbaut und am Nationalfeiertag, am 15. März 2002, durch den damaligen Ministerpräsidenten Viktor Orbán eröffnet. Die Statuen an der Fassade des Theaters wurden nach Entwürfen von Imre Schrammel erstellt. Péter Raab Párkányi gestaltete die Statuen der neun Musen am Eingang des Gebäudes, der Landschaftsarchitekt Péter Török die Außenanlagen mit Garten und Statuenpark. Die im Wasser »versenkte« Fassade soll an die früheren Heimstätten des Theaters erinnern.

Neben dem Nationaltheater wurde 2005 der Palast der Künste eröffnet. Er dient als Kultureinrichtung und auch als Museum. Zu den ständigen »Bewohnern« des postmodernen Baus gehören das Nationale Philharmonie-, Gesangs- und Notenorchester, das Nationale Tanztheater sowie vor allem das Ludwig-Museum. Dieses Museum zeitgenössischer Kunst hat einen konkreten Bezug zu Deutschland, entstand es doch aus einer Schenkung des Ehepaares Peter und Irene Ludwig. Sie

Oben: Der Palast der Künste ist besonders am Abend sehenswert.
Mitte: In direkter Nachbarschaft befindet sich das neue Nationaltheater.
Unten: Die Moderne dominiert auch im Inneren des Palastes der Künste.

spendeten 1989 dem ungarischen Staat 70 hoch-
karätige Kunstwerke und zudem 95 weitere als
Leihgabe. Damit erhielt Budapest in Bezug auf
moderne Kunst in den Ländern des ehemaligen
Ostblocks eine Vorreiterrolle. Die vom Ehepaar
Ludwig geschenkten bzw. geliehenen Objekte bildeten den Grundstock für das Ludwig-Museum.
Die erste Dauerausstellung des neuen Museums
eröffnete 1991 im Budaer Burgpalast. Im Laufe
der folgenden Jahre wurde die Sammlung um
zeitgenössische ungarische Kunst erweitert. 2005
zog das Ludwig-Museum in den neu eröffneten
Palast der Künste, wo sich die Qualität der ausge-
stellten Werke vor allem am stolzen Eintrittspreis
bemerkbar macht.

Erstes Foto von Pest

Demonstriert das Ensemble im Süden des Bezirks
das Moderne, steht der Kálvin-Platz noch für das
alte Gesicht von Budapest. Direkt an der kleinen
Ringstraße gelegen, gehört er zu einem der Verkehrsknotenpunkte der Stadt, nicht zuletzt als
Haltestelle der neuen Metrolinie 4. Mit der Üllői
út beginnt hier die längste Straße Budapests. Aber
auch historisch hat der Platz eine gewisse Bedeutung: Es heißt, dass das erste Foto überhaupt von
Pest in den 1850er-Jahren von diesem Platz gemacht worden ist. An der Stelle der repräsentativen Gebäude, die auf alten Postkarten noch zu
sehen sind, stehen heute gläserne Bürotürme.

Oben: Die verkehrsberuhigte Ráday
utca ist die inoffizielle Hauptstraße
des Viertels.
Unten: Zahlreiche Bars und Restaurants laden zum Besuch ein.

Infos und Adressen

SEHENSWÜRDIGKEITEN

Ludwig-Museum. Di–So 10–18 Uhr (Dauerausstellung), Di–So 10–20 Uhr (Sonderausstellungen), Eintritt: 8000 Forint, Komor Marcell utca 1, Tel. 061/555 34 44, www.ludwigmuseum.hu

Nationaltheater. Bajor Gizi park 1, Tel. 061/476 68 00, www.nemzetiszinhaz.hu

ESSEN UND TRINKEN

A38. Kultiges Restaurant- und Veranstaltungsschiff am Budaer Brückenkopf der Petőfi-Brücke. Mo–Sa 11–23 Uhr (Restaurant), Budai alsó rakpart, Tel. 061/464 39 46, www.a38.hu

Gotti. Italienische Speisen und mehr, Hauptgerichte 2000–3000 Forint. Mo–Do, So 12–24 Uhr, Fr–Sa 12–1 Uhr, Ráday utca 29, Tel. 061/783 44 03, www.gottirestaurant.hu

Jaffa. Verschiedene Hauptgerichte zu günstigen Preisen um die 1500 Forint. Mo–Sa 12–2 Uhr, So 12–1 Uhr, Ráday utca 39, Tel. 061/219 52 85, www.jaffakavehaz.hu

Manga Cowboy. Reichhaltiges Burger-Angebot. Mo–Fr 9–24 Uhr, Sa 11–24 Uhr, So 11–22 Uhr, Ráday utca 31, Tel. 061/215 80 79, www.mangacowboy.hu

Paris, Texas. Cocktail- und Getränkebar. Mo–So 12–3 Uhr, Ráday utca 22, Tel. 061/218 05 70, www.paristexaskavehaz.hu

Púder. Bar, Galerie und Theater. Mo–Do, So 12–1 Uhr, Fr–Sa 12–2 Uhr, Ráday utca 8, Tel. 061/210 71 68, http://puderbar.blogspot.hu

Shiraz. Persische Küche. Mo–So 12–24 Uhr, Ráday utca 21, Tel. 061/218 08 81, www.shirazetterem.hu

Soul Café. Hauptgerichte ab 2500 Forint. Mo–So 12–1 Uhr, Ráday utca 11–13, Tel. 061/217 69 86, www.soulcafe.hu

Vörös Postakocsi. Ungarische Küche. Mo–So 11–24 Uhr, Ráday utca 15, Tel. 061/217 67 56, www.vorospk.hu

ÜBERNACHTEN

Mercure Budapest Korono. Die Glasbrücke des Sternehotels symbolisiert das alte Stadttor. Kecskeméti utca 14, Tel. 061/486 88 00, www.accorhotels.com

An internationaler Küche herrscht in der Ráday utca kein Mangel.

28 Das Corvin-Viertel
Denkmal für die jungen Helden

Hinter jedem neuen Gesicht finden sich immer doch Spuren des alten. Deutlich wird das an solchen städtebaulichen Errungenschaften wie dem Corvin-Viertel. Auf einer Brachfläche entstanden hier moderne Wohnungen, Bürogebäude und eine Einkaufsstraße. Von der Vergangenheit zeugt ein altes Kino, dessen Geschichte vor allem mit dem Volksaufstand von 1956 verbunden ist.

Von Süden kommend, zu Fuß oder mit den Straßenbahnen 4 oder 6, fällt an der Haltestelle Corvin negyed rechter Hand ein ziemlich schmuckloses, lang gestrecktes Gebäude auf. Hierbei handelt es sich um die ehemalige Maria-Theresia–Kaserne, deren Blütezeit schon lange zurückliegt und die heute als Büro- und Lagergebäude genutzt wird,

Mitte: Das Corvin-Viertel wurde komplett neu aus dem Boden gestampft.
Unten: Historisch ist lediglich das Corvin-Kino.

MAL EHRLICH

HEISSE LUFT IM HOCHSOMMER

Die Sommer können heiß werden in Budapest. Für die Budapester Verkehrsbetriebe zog das vor einigen Jahren einen Skandal nach sich. Wie sich nämlich herausstellte, waren die neuen Straßenbahnen der Linien 4 und 6 aus Kostengründen nicht mit Klimaanlage ausgestattet worden, woraufhin die Passagiere im Hochsommer der Reihe nach umkippten. Das Problem ist mittlerweile behoben, eine volle Straßenbahn – und voll sind die Nummern 4 und 6 eigentlich immer – ist bei hochsommerlichen Temperaturen dennoch kein Vergnügen. Bevor es einem schummrig wird, lieber wieder an die frische Luft gehen und eine Station laufen.

zumindest ein Teil davon. Überquert man die Üllői út und setzt seinen Weg entlang des Großen Rings fort, ist das weitaus geschichtsträchtigere Gebäude fast zu übersehen, so versteckt liegt es zwischen den mehrstöckigen Wohnhäusern eingebettet.

Neues Viertel geschaffen

Dieses runde Gebäude mit der gelben Fassade vermittelt mit seinen Reliefs, Erinnerungstafeln und Statuen eher den Eindruck eines Denkmals als den eines Kinos. Auffallend ist vor allem die Statue eines Jugendlichen, das Gewehr entschlossen in der Hand haltend. Das 1996 von Lajos Győrfi geschaffene Werk erinnert an die »Pester Jungs«, jene Pester Jugendlichen aus den umliegenden Straßen, die 1956 gegen die sowjetischen Invasoren kämpften. Das Gebiet rund um das Corvin-Kino war damals eines der Hauptkampfgebiete in der Stadt, das letztendlich von den übermächtigen sowjetischen Panzern in Schutt und Asche gelegt wurde. Während in vielen Seitenstraßen Budapests die Fassaden noch immer die Einschusslöcher dieser dramatischen Tage und Wochen tragen, erinnern im Corvin-Viertel nur noch die Erinnerungstafeln an der Fassade des Kinos an den Volksaufstand. Das hinter dem Kino liegende Areal erfuhr in den vergangenen Jahren eine komplette Wandlung, die heruntergekommenen Häuser verschwanden, auf der Brachfläche entstand ein modernes Viertel, ein eigenes kleines Stadtzentrum – mit Einkaufszentrum, modernen Wohnungen, Bürogebäuden und einer Einkaufsstraße mit Restaurants, Kneipen, Cafés und Konditoreien.

Mekka für Volkskunst

An der Ecke von Ferenc körút und Üllői út ist das Kunstgewerbemuseum nicht zu übersehen. Es gilt

nach dem National Museum of Applied Arts in London und dem Museum für angewandte Kunst in Wien als drittältestes Museum für Kunsthandwerk in Europa. Das von Ödön Lechner und Gyula Pártos geplante Jugendstilgebäude besticht von außen vor allem durch seine Kuppel und sein Dach, beide mit Keramiken aus der Zsolnay-Porzellanmanufaktur geschmückt. Um die Kuppel herum befinden sich vier allegorische Figuren, die die Zweige des Kunstgewerbes symbolisieren. Um etwas zu sehen, muss man jedoch nicht erst auf die Kuppel klettern. Beeindruckend ist schon die Eingangshalle des zwischen 1893 und 1896 eröffneten Museums mit der Kuppelhalle, den geschwungenen Treppengängen oder den kunstvollen Deckenverzierungen. Ausgestellt sind alle Arten angewandter Kunst; besonders hervorzuheben ist die Sammlung von ungarischer Volkskunst. Zu sehen sind aber auch Ausstellungsstücke islamischer Herkunft.

Wo steht der Holocaust?

In unmittelbarer Nähe des Corvin-Viertels besticht ein weiteres Gebäude durch seine Architektur und wirft gleichzeitig eine heikle Frage auf: Wo wird in Ungarn des Holocausts gedacht? Am Rande der Gesellschaft, möchte man meinen, wenn man sich den Standort des Holocaust-Zentrums vergegenwärtigt. Die Páva utca ist eine kleine Seitenstraße ohne Parkmöglichkeiten, die man als Ortskundiger leicht verfehlen kann. Es mag auch daran liegen, dass die Besucherzahlen überschaubar sind. Dabei ist das Museum durchaus sehenswert. Die gesamte Architektur des Gebäudes – eine ehemalige Synagoge samt Neubau – erinnert mit den schrägen und »einstürzenden« Wänden stark an das Holocaust-Museum in Berlin, der hellbeige Sandstein weckt gewollt Bilder von Jerusalem und der Gedenkstätte Yad Vashem.

Oben: Unübersehbar ist das farbenfrohe Dach des Kunstgewerbemuseums.
Mitte: Nicht leicht zu finden ist das Holocaust-Zentrum in der Páva utca.
Unten: Die alte Synagoge ist heute Teil des Museums.

Infos und Adressen

SEHENSWÜRDIGKEITEN

Holokauszt-Emlékközpont. Di–So 10–18 Uhr,
Eintritt: 1400 Forint, Páva utca 39,
Tel. 061/455 33 33, www.hdke.hu

Kunstgewerbemuseum. Di–So 10–18 Uhr, Eintritt:
2000 Forint, Üllői út 33–37, Tel. 061/456 51 07,
www.imm.hu

ESSEN UND TRINKEN

10 Minutes. Für den Kaffee und kleinen Snack
zwischendurch. Mo–So 8–17 Uhr, Futó utca 47,
Tel. 061/799 19 60, www.tenminutes.hu

500 szempár. Leichte Speisen für wenig Geld.
Mo–So 11–15 Uhr, Bakáts tér 12,
Tel. 0670/242 41 88, www.500szempar.hu

Élesztő. Ruinenkneipe nahe am Corvin-Viertel.
Mo–So 15–3 Uhr, Tűzoltó utca 22,
Tel. 0670/233 50 52.

Einkaufszentrum im Corvin-Viertel

Jedermann. Café mit regelmäßigen Konzerten
und Lesungen im Gebäude des Goethe-Instituts.
Mo–So 8–1 Uhr, Ráday utca 58,
Tel. 0630/406 36 17, www.jedermann.hu

Kaltenberg. Bierhaus und Restaurant, die Zigeu-
nerkapelle ist nicht jedermanns Sache, dafür sind
die Preise in Ordnung. Mo–So 11.30–23 Uhr, Kiniszi
utca 30–36, Tel. 061/215 97 92, www.kaltenberg.hu

Mezcál. Mexikanisches Restaurant, das einen
Besuch lohnt. Mo–Mi 12–24 Uhr, Do–Sa 12–1 Uhr,
So 12–23 Uhr, Tompa utca 14, Tel. 0620/428 28 72,
www.mezcal.hu

Mirage. Preiswertes Restaurant und Café. Mo–So
11–23 Uhr, Nap utca 23, Tel. 061/797 91 08,
www.mirageetterem.hu

Time Out Corner. Pub und Restaurant zum Verschnaufen. Mo–So 11.30–23 Uhr, Tűzoltó utca 11,
Tel. 061/218 14 64, www.timeoutcorner.hu

Trattoria Venezia. Klassische Pizzen zu guten
Preisen. Mo–So 11.30–24 Uhr, József körút 85,
Tel. 061/235 09 55, www.trattoriavenezia.hu

ÜBERNACHTEN

City Inn. Moderne gehobene Mittelklasse direkt
am Corvin-Viertel. Futó utca 55, Tel. 061/323 13 30,
www.cityinn.hu

Prater Residence. Moderne Apartments inmitten
des Corvin-Viertels. Práter utca 24,
Tel. 061/789 96 08, www.prater-residence.com

Kunstvolles am Eingang des Kunstgewerbemuseums.

29 Die Josefstadt
Stadtteil voller Kontraste

Budapests VIII. Bezirk lässt sich nicht auf einen Nenner bringen. Auf seinem Gebiet befinden sich Prachtbauten und Abbruchhäuser, Künstlerkolonien, ein Pantheon unter freiem Himmel und ein ungarisches Chinatown. Gleichzeitig ist die Józsefváros einer der ältesten Stadtteile von Pest, dessen Geschichte bis an den Anfang des 18. Jahrhunderts zurückreicht.

Den ersten Eindruck von Budapest erhalten Reisende am Keleti pályaudvar, zumindest wenn sie mit dem Zug reisen. Am Budapester Ostbahnhof verkehren die meisten internationalen Züge, und an diesem Bahnhof kommen bereits die unterschiedlichsten Eindrücke zusammen. Je nach Standort fühlt man sich wie zu prächtigsten K.u. k-Zeiten oder wie im tiefsten Balkan. Budapests wichtigster Bahnhof, von 1881 bis 1884 im Auftrag der Ungarischen Staatseisenbahn von Gyula

Mitte: Für die meisten Zugreisenden beginnt am Ostbahnhof das Abenteuer Budapest.
Unten: Die Lotz-Halle steht einem Museum in nichts nach.

MAL EHRLICH

GUTER TAUSCH

Geld wechseln am Ostbahnhof ist, gelinde gesagt, keine gescheite Idee. Neben den meist gnadenlos schlechten Kursen laden die finsteren Gestalten vor der Wechselstube mit ihren gerollten Geldscheinen in der Hand auch nicht dazu ein, hier länger als nötig rumzustehen. In Budapest gilt wie überall: Kein Geldwechsel auf der Straße! Wechselstuben gibt es genug, vor allem in der Váci útca (wobei man hier gut auf »commission« und »no commission« achten sollte). Gute Kurse gibt es auf der Erzsébet körút am Blaha Lujza tér.

Die Josefstadt

Rochlitz (1825–1886) erbaut, galt bei seiner Eröffnung als einer der modernsten Europas, da er
unter anderem bereits über elektrisches Licht
verfügte. Wirklich sehenswert ist noch heute die
vor einigen Jahren renovierte Lotz-Halle, ausgeschmückt mit den Fresken des Historienmalers
Károlyi Lotz (1833–1904). Auf der 43 Meter hohen
und weithin sichtbaren Hauptfassade sind die
Erfinder der Dampfmaschine und der Dampflock,
James Watt und George Stephenson, verewigt. Die
allegorische Figurengruppe im Zentrum symbolisiert den Bergbau, die Leichtindustrie, die Landwirtschaft und den Handel.

Als der Ostbahnhof eröffnet wurde, war die Josefstadt von einer Ansammlung weniger Gehöfte
schon zu einer Kleinstadt angewachsen. Den ursprünglichen Namen Lerchenfeld ersetzte 1777
der Name des späteren habsburgischen Kaisers
Joseph II. Über einen wirklich guten Ruf verfügt
der 85 000 Einwohner zählende VIII. Bezirk nicht,
nicht zuletzt durch seinen hohen Roma-Anteil.
Doch schon hier werden die Kontraste deutlich.
Zum VIII. Bezirk gehört nämlich auch der Bereich
zwischen dem Kleinen und dem Großen Ring, in
dem sich nicht nur das Nationalmuseum (s. S. 178)
befindet, sondern über 30 Stadtpaläste aus der
zweiten Hälfte des 19. Jahrhunderts. Und selbst
über die Große Ringstraße hinaus hat sich der
VIII. Bezirk mit dem Corvin-Viertel (s. S. 166) ein
neues Aushängeschild zugelegt. Viele Häuser des
Viertels zwischen dem Großen Ring und der Fiumei
út, zwischen Rákóczi und Üllői út befinden sich
in einem traurigen Zustand. Aufgebrochen werden
die Straßenschluchten in diesem Bereich nur selten.
Jedoch lockert sich der Bezirk in seiner weiteren
Ausdehnung zunehmend auf. Beim Orczy-Garten
an der Metrohaltestelle Nagyvárad tér zeigt die
Józsefváros schon ein völlig anderes Gesicht.

FILM AB!
Das Urania-Kino in der Rákóczi út 21
darf sich mit dem Titel »Nationales
Filmtheater« schmücken. Das Bauwerk aus der Mitte der 1890er-Jahre
ist wohl das schönste Kino der
Hauptstadt. Leider sieht es mit der
ungarischen Filmwirtschaft nicht
ganz so prächtig aus. Es gab schon
Jahre, in denen kein einziger Film
gedreht wurde. So laufen viele ausländische Filme in den Kinos meist
nur im Original mit ungarischen Untertiteln.

Uránia Nemzeti Filmház. Rákóczi
út 21, Tel. 061/486 34 00,
www.urania-nf.hu

Lohnend ist z. B. auch ein Besuch in
den »Kunstkinos«:

Művész. Teréz körút 30,
Tel. 061/332 67 26,
www.muveszmozi.hu

Puskin. Kossuth Lajos utca 18,
Tel. 061/429 60 80,
www.puskinmozi.hu

Natur in Hülle und Fülle

Baron Lőrinc Orczy (1718–1789) kaufte das nahe der Stadt gelegene Gelände 1783 und nutzte es als Jagdgebiet. Sein Sohn László sorgte schließlich für die Umwandlung zum damals größten und schönsten Englischen Garten von Pest. Der Park wurde vor einigen Jahren komplett auf Vordermann gebracht und ist vor allem für die Menschen der unmittelbaren Umgebung ein beliebter Naherholungsort mit Joggingstrecken, Fußball- und Basketballplätzen, Spazierwegen und See. Zudem gibt es für die kleinen Besucher einen Abenteuerpark. Mit dem Fűvész-Garten schließt sich eine weitere Grünfläche in kleinerem Maßstab direkt an den Orczy-Garten an. Der Fűvészkert ist der Botanische Garten der Eötvös-Loránd-Universität (ELTE). Als Institution existierte er bereits seit 1771 und gelangte nach mehreren Umzügen 1847 an seinen jetzigen Standort an der Illés utca 25. Der Name Fűvész bedeutet »Kräuterkenner« und lehnt sich an den Roman von Ferenc Molnár *Die Jungs von der Paulstraße* an. Im Buch dient das alte Palmenhaus als Versteck für die jungen Protagonisten. Größte Sehenswürdigkeit des Botanischen Gartens ist das Viktoria-Haus mit dem Wasserbecken voller tropischer Lotosblumen. Zum Stolz des Gartens gehören außerdem über 150 Jahre alte Ginkgobäume sowie eine umfangreiche Orchideen- und Kakteensammlung.

Die Natur steht im Naturwissenschaftlichen Museum zwischen Orczy- und Fűvész-Garten ebenfalls im Mittelpunkt. Das 1802 gegründete Museum ist Europas drittältestes naturhistorisches Museum und gilt mit seinen rund 10 Millionen Exponaten auch als eines der größten seiner Art. Vor allem punktet es mit Kinderfreundlichkeit. Die fünf wissenschaftlichen Abteilungen des Museums sind interaktiv aufgebaut. In der Ludovika-Akademie, einer ehemaligen Militärakademie, befinden

Oben: Der Orczy-Garten ist eine Oase der Ruhe in der hektischen Josefstadt.
Mitte: Der Fűvészkert fasziniert mit einer Vielzahl von Pflanzen.
Unten: Inmitten von Grün lässt sich prächtig entspannen.

Rundgang Kerepesi-Friedhof

Bedeutsam sind auf dem Kerepesi-Friedhof vor allem drei Mausoleen, in denen drei bedeutende Staatsmänner ihre letzte Ruhe gefunden haben.

🅐 Ferenc Deáks (1803–1876) Grabmal liegt im Zentrum des Friedhofs. Er war maßgeblich am österreichisch-ungarischen Ausgleich 1867 beteiligt.

🅑 Nordöstlich liegt der große Freiheitsheld der Revolution 1848/49 Lajos Kossuth (1802–1894) begraben.

🅒 Dieses Dreigestirn komplett macht das Mausoleum von Lajos Batthyány (1807–1849), Ministerpräsident der ungarischen Revolutionsregierung, der nach der Niederschlagung der Revolution im Kugelhagel eines habsburgischen Erschießungskommandos starb.

Auf dem Kerepesi-Friedhof ruhen zahlreiche berühmte Persönlichkeiten.

173

sich die Abteilungen für Anthropologie, Geologie, Paläontologie, Mineralogie und Petrologie. Die Vielfalt des Museums macht es jedoch kaum möglich, sich allen Ausstellungsbereichen mit dem gleichen Interesse zu widmen.

Älteste Künstlerkolonie Ungarns

In der Százados út, südlich der Metrohaltestelle Puskás-Ferenc-Stadion, hielten zu Beginn des 20. Jahrhunderts die Künstler Einzug. Nach der Anregung zur Gründung einer Künstlerkolonie 1909 und deren Genehmigung 1910 zogen im November 1911 die ersten kunstschaffenden Bewohner in die Százados út ein. An dieser Peripherie Budapests entstanden eingeschossige Häuser und Ateliers für die neuen Siedler, zu deren bekanntesten wohl Zsigmond Kisfludi Strobl (1884–1975) gehörte. Er schuf die Kossuth-Statue vor dem Parlament (s. S. 86) sowie die Freiheitsstatue auf dem Gellértberg (s. S. 140). Laut Überlieferung sollte die Künstlerkolonie in der Százados út nur eine Übergangslösung sein, der endgültige Standort tief in Buda in Zugliget liegen. Doch durchkreuzte der Erste Weltkrieg diese Pläne. Die Künstlerkolonie besteht bis zum heutigen Tag fort, ihre Bewohner arbeiten auf den verschiedensten Gebieten der bildenden Künste und des Kunstgewerbes. Ein 1997 gegründeter Verein organisiert regelmäßig Ausstellungen mit den Werken der hier lebenden Künstler.

Chinatown in Budapest

Der vielschichtige Charakter der Josefstadt gewinnt mit seinem hohen Anteil an chinesischen Bewohnern eine weitere Nuance hinzu. 1994 entstand auf dem circa 26 Hektar großen Gelände der ungarischen Eisenbahngesellschaft MÁV der größte Asien-Markt Budapests, der »Vier-Tiger-

Auch das Naturwissenschaftliche Museum ist eine Entdeckung wert.

Markt«. Nach Ablauf der Betriebserlaubnis hat die Bezirksverwaltung den Markt jedoch dichtgemacht. Man sah ihn als Gefahr für die öffentliche Sicherheit an. Damit verlor die Josefstadt einen ihrer buntesten Plätze. Inmitten dieses Chaos aus Wellblechhütten und Containerblöcken, die sich schier endlos auf dem Gelände verteilten, verschwommen die Grenzen zwischen den Kulturen. Araber handelten mit Vietnamesen, Rumänen mit Koreanern und die Chinesen mit jedem, der Geld brachte. Und gehandelt wurde mit allem, was Gewinn versprach: DVDs, Kleider, Parfüm, Jeans, Socken, Schuhe oder T-Shirts. Unvorstellbar viel Kitsch war auch dabei, grell und glitzernd. Für die besonderen Bedürfnisse gab es Abiturzeugnisse, Sprachdiplome, gefälschte Steuererklärungen und Pässe, sogar Handfeuerwaffen. Nichts war unmöglich auf dem Tigermarkt.

Anfang der 1990er ließen sich hier in der Józsefváros Tausende Chinesen nieder, die nach 1988 ins Land geströmt waren, nicht zuletzt aufgrund der politischen Unsicherheit in ihrem Heimatland nach dem Massaker auf dem Platz des himmlischen Friedens. Die seit Januar 1989 bestehende Visumsfreiheit wurde 1992 wieder abgeschafft, die Zahl der Chinesen nahm wieder ab. Heute leben offiziell 9000 bis 10000 von ihnen in Ungarn, nach Polizeischätzungen aber wohl eher 30000. »Bananen« nennen die Chinesen diejenigen unter sich, die in Ungarn geboren wurden oder als kleine Kinder hierherkamen: außen gelb, innen weiß. Sie gehen in ungarische Kindergärten und Schulen, haben ungarische Partner und Freunde. Zwischen ihnen und der Generation der Eltern existiert eine große Kluft. Für die ältere Generation gibt es chinesische Friseure, Videotheken, Spielplätze, Lebensmittelläden manche empfangen über Kabel auch chinesisches Fernsehen.

FRIEDHOF DER BERÜHMT-HEITEN

Der Kerepesi-Friedhof ist ein Walhalla unter freiem Himmel, auf dem die Großen der ungarischen Geschichte begraben sind – Staatsmänner, Dichter, Künstler, Architekten. Jeder Friedhof gibt auch einen Eindruck davon, wie Nationen mit ihren großen Toten umgehen, wie sie sich erinnern, wie sie ihnen ein geistiges Denkmal errichten. Da Ungarn nie vom Kriegsglück gesegnet gewesen ist, wurden anstatt Siegesparaden Beisetzungen und Jubiläen genutzt, um die jeweilige nationale Einstellung zu bekunden. So konnte es durchaus sein, dass die gefährlichste Person bei einer Beerdigung diejenige im Sarg war. Zu den berühmtesten Politikern, die auf dem Kerepesi-Friedhof beerdigt wurden, gehören der Revolutionsheld Lajos Kossuth, der Vater des Ausgleichs 1867, Ferenc Deák und auch Lajos Batthyány, Ministerpräsident der Revolution 1848/49. Zu den berühmtesten Literaten zählen Attila József oder Dezső Kosztolányi.

Kerepesi temető. Fiumei út 16, Tel. 061/3235231, www.nemzetisirkert.hu

Infos und Adressen

SEHENSWÜRDIGKEITEN

Botanischer Garten der ELTE. Mo–So 9–17 Uhr, Eintritt: Erwachsene 850, Familienticket 2000 Forint, Illés utca 25, Tel. 061/210 10 74, www.fuveszkert.org

Ungarisches Naturwissenschaftliches Museum. Mi–Mo 10–18 Uhr, Erwachsene 1600, Kinder und Jugendliche (6–26 Jahre) 800 Forint, Ludovika tér 2–6, Tel. 061/210 10 85, www.nhmus.hu

Farbenprächtige Exponate im Naturwissenschaftlichen Museum.

Andrássy-Universität. Im ehemaligen Stadtpalast der Familie Festetics ist heute die Andrássy Deutschsprachige Universität untergebracht. Pollack Mihály tér 3, Tel. 061/266 31 01, www.festeticspalota.hu (für das Gebäude), www.andrassyuni.eu (Universität)

Brody House. Ein Ort der Innovation, Kultur und Kreativität in einem früheren Stadtpalast. Es werden auch Übernachtungsmöglichkeiten angeboten. Bródy Sándor utca 10, Tel. 061/266 12 11, www.brodyhouse.com

Ervin Szabó-Bibliothek. In den Räumen der heutigen Bibliothek residierte einst die Familie Wenckheim. Szabó Ervin tér 1, Tel. 061/411 50 00, www.fszek.hu

Italienisches Kulturinstitut. Italienisches Pendant des Goethe-Institus im Gebäude, in dem einst das Parlament seine Sitzungen abhielt. Bródy Sándor utca 8, Tel. 061/483 20 40, www.iicbudapest.esteri.it

ESSEN UND TRINKEN

Amman. Schnellrestaurant und Café. Mo–Sa 9–24 Uhr, So 10–23 Uhr, Rákóczi út 29, Tel. 061/338 24 29, www.amman.hu

Andersen. Pub, Bar und Café im Palastviertel nahe der Ringstraße. Mo–Sa 12–2 Uhr, Krúdy Gyula utca 17, Tel. 061/781 55 51, www.andersenpub.hu

Bécsiszelet. Für Freunde des Wiener Schnitzels. Mo–So 12–22 Uhr, József körút 63, Tel. 061/318 57 51, www.becsiszeletvendeglo.hu

Corvin tető. Getränke und Musik auf dem Dach. Mi–Sa 20–6 Uhr, Blaha Lujza tér 1–2, Tel. 0620/772 29 84, www.corvinteto.hu

Fülemüle. Zu den Spezialitäten gehören jüdische Eintöpfe. So–Do 12–22 Uhr, Fr–Sa 12–23 Uhr, Kőfaragó utca 5, Tel. 061/266 79 47, www.fulemule.hu

Das Uránia ist das wohl schönste Kino der Stadt.

Auf architektonische Überraschungen stößt man immer wieder.

Huszár. Ungarische Speisen nach traditionellen Rezepten. Mo–So 12–22 Uhr, Köztársaság tér 22, Tel. 061/303 99 40, www.huszaretterem.hu

Jelen. Bistro mit einfachen, aber leckeren Speisen und Getränken. Mo–So 8–1 Uhr, Blaha Lujza tér 1, Tel. 0620/344 31 55, www.mostjelen.hu

Kékpöttyös Kürtöskalács. Café mit ungarischem Baumkuchen. Mo–Fr 7–21 Uhr, Sa–So 9–18 Uhr, Kisfaludy utca 31–35, Tel. 0620/282 54 43, www.kekpottyoskurtoskalacs.hu

Kínai Negyed. Chinesisches Restaurant im China-Viertel. Mo–So 11–24 Uhr, Népszínház utca 15, Tel. 061/313 32 20, www.kinaietterem.hu

Oleo Pazzo. Mediterranes Bistro. Mo–So 6.30–22 Uhr, József körút 5, Tel. 061/327 51 00, www.oleopazzo-budapest.hu

Rákóczi. Restaurant und Garküche. Mo–Fr 10–21 Uhr, Sa 10–16 Uhr, So 11–17 Uhr, Rákóczi tér 9, Tel. 061/782 28 99, www.rakoczietterem.hu

Stex. Altehrwürdiges ungarisches Steakhaus direkt an der Ringstraße. Mo–Sa 8–4 Uhr, So 9–2 Uhr, József körút 55–57, Tel. 061/318 57 16, www.stexhaz.hu

Super 8. Ruinenkneipe, in der sich auch Familien wohlfühlen können. Di 16–2 Uhr, Mi–Sa 16–4 Uhr, Kőfaragó utca 8, Tel. 0620/452 44 45.

ÜBERNACHTEN

Courtyard Budapest City Center. Hinter der erhaltenen Fassade wurde dieses höherklassige Hotel eingerichtet. József körút 5, Tel. 061/327 51 00, www.marriott.com

Hotel Elit. Dreisternehotel direkt am Ostbahnhof. Rákóczi út 67, Tel. 061/785 80 95, www.elithotel.hu

Hotel Nemzeti Budapest. 80 Zimmer, ab 55 Euro pro Nacht. József körút 4, 061/477 45 00, www.accorhotels.com

Novotel Centrum. Zentrumsnahe Unterkunft für Geschäftsreisende und Wochenendurlauber. Rákóczi út 43–45, Tel. 061/477 53 00, www.novotel.com

Budapests Reiz offenbart sich aus verschiedenen Perspektiven.

30 Das Nationalmuseum
Erinnerungsort der Revolution

Das Ungarische Nationalmuseum hat in der kollektiven Erinnerung Ungarns einen besonderen Platz. Im Revolutionsjahr 1848 nahm es eine entscheidende Rolle ein, als hier die Forderungen des Volkes verkündet wurden und der Nationaldichter Sándor Petőfi sein Nationallied deklamierte. Die Ausstellung selbst umfasst die Römische Frühzeit bis zur Gegenwart.

Was die ungarische Nation wünscht – unter diesem Titel wurden die 12 Forderungen aufgelistet, die das ungarische Volk den herrschenden Habsburgern abtrotzen wollte, darunter Pressefreiheit, die Entlassung politischer Gefangener oder gleiche Bürgerrechte für alle. Doch nicht nur diese 12 Punkte wurden an diesem 15. März 1848 verkündet. Der Legende nach trug Sándor Petőfi auf dem Podest

Mitte: Pannonia wacht über die Schätze des Museums.
Unten: Von der Eingangshalle aus lässt sich die ungarische Geschichte im Museum erkunden.

MAL EHRLICH

DERBES VOKABULAR

Die ungarische Sprache ist reich an Schimpfwörtern, die gern und häufig verwendet werden. Was im Deutschen das »Scheiße«, ist im Ungarischen die *kurva*. *Kurva anyád* (anyád = deine Mutter) ist einerseits eine ziemlich derbe Beleidigung, aber auch eine alltägliche Äußerung, wenn etwas ganz und gar nicht gut gelaufen ist. Es soll aber des Ungarischen kundige Zeitgenossen gegeben haben, die ihren unkundigen Gästen einen Streich gespielt und sie mit Wörtern auf den Weg geschickt haben, die alles andere als »danke« und »auf Wiedersehen« bedeuteten. Entgeisterte Blicke waren die Folge. Deswegen: »Danke« heißt *köszönöm*, »auf Wiedersehen *viszontlátásra«*.

neben der Eingangstreppe sein *Nationallied* mit dem berühmten Satz »Talpra Magyar« (»Auf, Ungar…«) vor. Verfasst hatte er das Gedicht, das zu seinem berühmtesten werden sollte, zwei Tage vorher. Ob die Szene vor dem Nationalmuseum tatsächlich so stattgefunden hat oder erst von der Nachwelt hinzugedichtet wurde, ist unklar. Erstmals vorgetragen haben soll er seine Verse am 15. März im Kaffeehaus Pilvax. Das Gedicht jedenfalls hat die Zeiten überdauert: Der Satz »Itt az idő« (»Hier/Jetzt ist die Zeit«) wird heute noch politisch genutzt. Das Nationalmuseum ist aber nicht nur Symbol für den letztendlich erfolglosen Freiheitskampf der Ungarn, sondern beherbergt auch die bedeutendste historische Sammlung des Landes.

Prunkstück Krönungsmantel

Historisch setzt das Museum in der Römerzeit ein und schreitet dann durch die Geschichte in Richtung Gegenwart, deckt die Geschichte Ungarns von der Staatsgründung bis 1990 ab und widmet sich zudem jenen ungarischen Wissenschaftlern, »die das 20. Jahrhundert erschaffen« haben. Zu ihnen zählen unter anderen der Nobelpreisträger Albert Szent-Györgyi und John von Neumann.

Der Krönungsmantel des Heiligen Stephan gehört sicherlich zu den historisch bedeutsamsten Ausstellungsstücken. Ursprünglich befand sich auch die berühmte Stephanskrone mit dem schiefen Kreuz im Nationalmuseum, wurde jedoch in der ersten Regierungszeit von Viktor Orbán (1998 bis 2002) unter großem Pomp in das Parlament überführt, wo sie heute unter der Kuppel zu sehen ist.

Die Gründung des Museums fiel in eine Zeit, in der sich die ungarische Nation ihrer selbst bewusst wurde. Ausdruck fand dies beispielsweise in der Gründung der Nationalbibliothek und eben auch

Oben: Im Palastviertel befindet sich auch die deutschsprachige Andrássy-Universität.
Mitte: Im Park des Museums kann man von der Kultur verschnaufen.
Unten: Im Italienischen Kulturinstitut geht es auch musikalisch zu.

des Nationalmuseums. Beide Institutionen sind mit dem Namen Ferenc Széchenyi (1754–1820) verbunden, dessen private Sammlungen den Grundstock für beide Einrichtungen bildeten. Dazu gehörten Drucke, Handschriften, Kupferstiche sowie verschiedene antike Objekte. Ferenc Széchenyis Sohn István sollte später eine maßgebliche Rolle beim Bau der Kettenbrücke (s. S. 50) und der Gründung der Akademie der Wissenschaften (s. S. 42) spielen.

Wichtige Persönlichkeiten

Die Geburtsstunde des Nationalmuseums erfolgte mit der Schenkung der Széchenyi-Sammlung bereits 1802. Nach den Plänen von Mihály Pollack (1773–1855) wurde das eigenständige Gebäude des Nationalmuseums jedoch erst zwischen 1837 und 1847 errichtet. Der Haupteingang des klassizistischen Bauwerks ist an das Athener Erechteion angelehnt. Über dem Portal, das von acht Säulen getragen wird, thront eine Figurengruppe, deren Mittelpunkt Pannonia bildet. An ihre Seite gesellen sich die Allegorien der Wissenschaft und der Kunst, der Geschichte und des Ruhmes. Eingerahmt wird die Gruppe von der allegorischen Darstellung der Donau und der Drau.
Die Ornamente im Inneren des Museums wurden von Mór Than und Károly Lotz ausgearbeitet, zwei Meistern ihres Fachs. Den Garten des Museums schmücken die Büsten wichtiger Persönlichkeiten der Literatur und der Geschichte, nicht zuletzt die von Gründungsvater Ferenc Széchenyi. Das markante Denkmal vor dem Museum ist dem Dichter János Arany gewidmet.

Ein Spaziergang rund um das Nationalmuseum führt durch das sogenannte Palastviertel. Reiche ungarische Adelsfamilien residierten hier zwischen den beiden Ringstraßen in ihren Stadtpalais.

Infos und Adressen

SEHENSWÜRDIGKEITEN

Ungarisches Nationalmuseum. Di–So 10–18 Uhr, Eintritt: 1600 Forint, Múzeum körút 14–16, Tel. 061/338 21 22, www.hnm.hu

ESSSEN UND TRINKEN

Costes. Wer sich Zeit lassen möchte beim Essen: Es gibt Vier- bis Sieben-Gänge-Menüs. Mo–Sa 12–24 Uhr, Ráday utca 4, Tel. 061/219 06 96, www.costes.hu

Darshan udvar. Für kleinen Hunger und kleinen Geldbeutel, Pizzas ab 850 Forint. Mo–So 11–24 Uhr, Krúdy Gyula utca 7, Tel. 061/266 55 41, www.darshan.hu

Don Leone. Typische italienische Küche ab 1590 Forint. Mo–Fr 10–24 Uhr, Sa–So 12–24 Uhr, Krúdy Gyula utca 2, Tel. 061/950 67 01, www.donleone.hu

Építész Pince. Im »Architektenkeller« gibt es Tagesmenüs ab 940 Forint. Mo–Do 11–22 Uhr, Fr–Sa 11–24 Uhr, Ötpacsirta utca 2, Tel. 061/266 47 99, www.epiteszpince.hu

Hinter dem Nationalmuseum schließt sich das Palastviertel an.

Im traditionsreichen Múzeum gibt es auch genug für das leibliche Wohl.

Klub M2. Retro-Bar und Restaurant. Mo–So 10–4 Uhr, Mikszáth Kálmán tér 2, Tel. 061/782 17 66, www.klubm2.hu

Múzeum. Traditionsreiches Kaffeehaus und Restaurant, Hauptgerichte ab 3100 Forint. Mo–Sa 18–24 Uhr, Múzeum körút 12, Tel. 061/267 03 75, www.muzeumkavehaz.hu

Zappa Bisztro. Kleine Gerichte ab 890 Forint in Begleitung von Frank Zappa. Mo–Do 11–24 Uhr, Fr 11–2 Uhr, Sa 12–2 Uhr, So 12–24 Uhr, Mikszáth Kálmán tér 2, Tel. 0620/972 17 11, www.zappacaffe.hu

ÜBERNACHTEN

Hotel Ibis Centrum Budapest. Gehobene Unterkunft direkt am Kálvin tér. Ráday utca 6, Tel. 061/456 41 00, www.accorhotels.com

Merkur Hotel Museum. Mittelklassehotel der Accor-Gruppe. Trefort utca 2, Tel. 061/485 10 80, www.accorhotels.com

31 Der Károlyi-Garten
Grüne Idylle im Universitätsviertel

Im Green City Index der europäischen Hauptstädte ist Budapest nur Durchschnitt: Platz 17 von 30. Eine verbaute Betonwüste ist Ungarns Hauptstadt aber auch nicht, auch wenn der erste Eindruck so ausfallen könnte. Man muss nur wissen, wo man nach den grünen Flecken suchen muss. Einer der schönsten davon und gleichzeitig eine geheime Sehenswürdigkeit ist der Károlyi-Garten.

Die Szene ist fast so kitschig, dass berechtigte Zweifel bestehen, ob sie je stattgefunden hat. Es passierte im Károlyi kert, jener grünen Insel im Budapester Universitätsviertel. Ich saß auf einer Bank und las, als mich ein älterer Herr, Typ Grandseigneur, ansprach. Mit meinem Ungarischen war es damals noch nicht so weit her, also kramte er seine wenigen Worte Deutsch hervor. Wir tauschten ein paar Sätze, nichts Besonderes, Smalltalk eben, aber dann, als er ging, sagte er diesen Satz, den ich nie vergessen habe, der nicht wirklich in diese Szene passte und der tatsächlich aus jedem Kitschroman stammen könnte. Unvermittelt sprach er: »Wann immer man ein schönes Mädchen sieht, ist es Magie.« Dann lächelte er und winkte mir zum Abschied.

Privatpark einer Adelsfamilie

In der Gegend um den Károlyi kert sieht man viele schöne Mädchen. Das war schon früher so. In der angrenzenden Magyar utca, in dem Gebäude mit der Hausnummer 34, das heute Schauspielschülern als Wohnheim dient, befand sich über Jahrzehnte

Mitte: Einst war der Károlyi-Garten ein privater Jagdgrund, heute steht er allen offen.
Unten: Bei der Gastronomie am Park lässt es sich aushalten.

bis in die 1920er-Jahre hinein mit der «Maison Frida« das wohl berühmteste und luxuriöseste Bordell Ungarns. An die Ursprünge des Schauspielerkollegiums erinnern mehrere Gedenktafeln an der Fassade, an die Bordellgeschichte natürlich nichts. Das Freudenhaus verschwand, durch die gleich um die Ecke gelegene Universität blieben aber andere schöne Mädchen.

Der Károlyi-Garten blieb sowieso. Eigentlich war er schon immer da. Zu Zeiten des Renaissance-Königs Mátyás diente er als Jagdgarten, bis 1928 blieb er, geschützt von einer Steinmauer, der Eigentümerfamilie Károlyi als Privatpark vorbehalten. Danach folgte die Umwandlung zu einem Garten nach englischer Art, in dem sich fortan auch die Stadtbewohner von Sonnenauf- bis Sonnenuntergang verlustieren konnten.

Gartensiedlung für Arbeiter

Auf Stadtplänen des ausgehenden 19. Jahrhunderts wird deutlich, wie grün es dort war, wo heute alles dicht an dicht bebaut ist. Davon zeugen unter anderem im VII. Bezirk noch Straßennamen wie Akácfa utca (»Akazienstraße«), Nagy Diófa utca (»Große Nussbaumstraße«), Kis Diófa utca (»Kleine Nussbaumstraße«) oder Kertész utca (»Gärtnerstraße«). Auch im Stadtteil Ferencváros strotzt es auf den alten Plänen vor Grünflächen. Größter öffentlicher Park in Budapest ist der Népliget (»Volkswäldchen«), bekannt und frequentiert vor allem durch die gleichnamige Busstation. Erreichbar ist die Haltestelle Népliget mit der Metrolinie 3. Fährt man mit dieser noch einige Haltestellen weiter bis zur Határ út, glaubt man, sich auf der Suche nach einer Sehenswürdigkeit gehörig verfahren zu haben. Tatsächlich liegt hier aber die Wekerle-Siedlung, eine planmäßig erbaute Gartenstadt, benannt nach dem ungarischen Ministerpräsiden-

Bücherwürmer werden in den zahlreichen Antiquariaten auf der Museumsmeile fündig.

ten Sándor Wekerle (1848-1921). Die Siedlung wirkt wie ein Dorf, das von der Stadt verschluckt wurde. Sie wurde Anfang des 20. Jahrhunderts gebaut, um die teilweise katastrophalen Wohnverhältnisse in Budapest zu verbessern. Rund 20 000 Arbeiter erhielten außerhalb der damaligen Stadtgrenze in Kispest geradezu ländlich anmutende Häuser, über 900 an der Zahl. Zu den populärsten städtischen Grünflächen gehören natürlich das Stadtwäldchen (s. S. 118) und die Margareteninsel (s. S. 198).

Büchermeile der Stadt

Im Vergleich zu den großen Grünflächen der Hauptstadt ist der Károlyi-Garten ein kleines, überschaubares Idyll: Kinder toben auf dem Spielplatz, Rentner erholen sich auf einer Bank, junge Budapester schnaufen hier in der Mittagspause durch, nur rauchen dürfen sie dort nicht mehr, Studenten schmökern in ihren Büchern. Der Bedarf eines jeden Bücherverliebten kann gleich um die Ecke gestillt werden. Einmal durch den an der Magyar utca gelegenen Innenhof, dem »Bücherhof« (*Könyv udvar*), und schon steht man auf der kleinen Ringstraße, die in diesem Abschnitt den Namen Múzeum körút trägt.

Hier befindet sich die intellektuelle Meile der Stadt, in der sich über ein Dutzend Buchhandlungen und Antiquariate bis zum Kálvin-Platz aneinanderreihen, die auch ein breites Sortiment an deutsch- und fremdsprachigen Büchern führen. Größtes und traditionsreichstes Antiquariat ist das »Központi Antikvárium«, durch die große Eule über dem Eingang nicht zu übersehen. Neben Büchern führt das Antiquarium unter anderem auch historische Landkarten und veranstaltet regelmäßig Auktionen. Neben wahren Schnäppchen kann man mit etwas Glück auch wahre Sammlerstücke ergattern.

Oben: Besonders Familien und Kinder wissen den Károlyi-Garten zu schätzen.
Mitte: Das Angebot in den Bücherantiquariaten schwankt.
Unten: Den Rasen zu betreten ist im Károlyi-Garten eigentlich verboten.

Infos und Adressen

SEHENSWÜRDIGKEITEN

Petőfi-Literaturmuseum. Zahlreiche Originalartefakte aus dem Leben von Ungarns Nationaldichter. Mo–Sa 10–18 Uhr, Eintritt: 600 Forint, Károlyi Mihály utca 16, Tel. 061/317 36 11, www.pim.hu

ESSEN UND TRINKEN

Alföldi. Ungarische Speisen mit guten Preisen. Mo–So 11–23 Uhr, Kecskeméti utca 4, Tel. 061/267 02 24, www.alfoldivendeglo.hu

Café Alibi. Sympathischer Ort mit ausgezeichneter Küche direkt an der Universität. Mo–So 8–23 Uhr, Egyetem tér 4, Tel. 061/317 42 09, www.cafealibi.hu

Favorit. Ungarische und internationale Spezialitäten. Mo–So 10–23 Uhr, Reáltanoda utca 16, Tel. 061/318 35 53, www.favoritrestaurant.hu

Károlyi Étterem. Ruhiger Ort im ehemaligen Stadtpalast der Familie Károlyi mit noch vertretbaren Preisen. Mo–So 12–23.30 Uhr, Károlyi Mihály utca 16, Tel. 061/328 02 40, www.karolyietterem.hu

Die Trattoria La Coppola ist bekannt für ihre gute Küche.

Kis Csendes. Sympathische Kneipe mit einfacher Küche. Ferenczy István utca 5, Tel. 0630/328 04 92, www.kiscsendes.hu

Ruben. Sympathisches Restaurant mit sympathischen Preisen. Mittagsmenüs ab 890 Forint. Mo–So 12–24 Uhr, Magyar utca 12–14, Tel. 061/266 36 49, www.rubenrestaurant.hu

Trattoria La Coppola. Sizilianische Küche mit gutem Ruf. Mo–So 11–23 Uhr, Károlyi Mihály utca 19, Tel. 061/235 04 25, www.lacoppola.hu

Véndiák. Solide Küche mit annehmbaren Preisen direkt am Universitätsplatz. Mo–Sa 10–24 Uhr, So 12–24 Uhr, Egyetem tér 5, Tel. 061/267 02 26, www.vendiaketterem.hu

ÜBERNACHTEN

Astoria. Traditionsreiches Hotel, das heute zur Danubius-Gruppe gehört. Spezialangebot: 141 Euro für 3 Nächte. Kossuth Lajos utca 19–21, Tel. 061/889 60 00, www.danubiushotels.com

Der Universitätsplatz lockt mit vielen gemütlichen Cafés.

32 Der New York-Palast
Legendäres Kaffeehaus

Weltstadt trifft europäische Metropole: Die New York Life Insurance Company ließ am Ende des 19. Jahrhunderts an der heutigen Adresse Erzsébet körút 9–11 im VII. Budapester Bezirk ein repräsentatives Firmengebäude errichten. Das Café im Erdgeschoss sollte zu einer Legende unter den Budapester Kaffeehäusern werden und einige der namhaftesten Literaten seiner Zeit anziehen. Noch heute zehrt es von seinem vergangenen Ruhm.

Um 1900 wimmelte es in Budapest von etwa 600 Kaffeehäusern. Das Kaffeehaus war ein Gemisch aus privatem und öffentlichem Raum, wo Abgrenzung und kollektives Leben zugleich möglich waren. An das 1887 gegründete Café Central in der heutigen Károlyi Mihály utca etwa erinnerte sich der Schriftsteller Emil Kolozsvári Grandpiere als »einzigartige Institution, etwas wie eine Universität, aber auch mehr, da es viel fruchtbarer war«. Die Zeitschriften *A hét* (*Die Woche*) und *Nyugat* (*Westen*) hatten hier ihre zweite Redaktion, der Schriftsteller Frigyes Karinthy nahm hier die ersten Anzeichen seines Hirntumors wahr, später thematischer Gegenstand seines Buches *Reise um meinen Schädel*.

Treffpunkt der geistigen Elite

Zu den legendärsten Kaffeehäusern der damaligen Zeit gehört das »Café New York«. Von seiner Historie zehrt es noch heute. »Einen Espresso im »New York« zu trinken, bedeutet bald eine Zeitreise, wer hier weilt, weilt eine Zeit in der Vergangenheit, kann seinen Kaffee in der Gesellschaft großer

Unten: Die New York Life Insurance schenkte Budapest ein Gebäude, das in die Kulturgeschichte einging.

Geister umrühren, und über die Großartigkeit alter Zeiten nachdenken, als eine Art später Zeitgenosse«, heißt es in der Selbstdarstellung des Cafés, das sich auch gern als »schönstes Café der Welt« bezeichnet. Dass bei Preisen von umgerechnet über 3 Euro für einen Espresso die traditionell klammen Künstler hier einkehren wie zu früheren Zeiten, ist aber eher zweifelhaft.

Das Café wurde 1894 im vierstöckigen Gebäude der New York Life Insurance Company gegründet, das von Alajos Hauszmann (1847–1926) zusammen mit seinen Kollegen Flóris Korb (1860–1930) und Kálmán Giegl (1863–1954) im selben Jahr fertiggestellt wurde. Alle drei gehörten zur ersten Riege ihres Fachs. Hauszmann baute in Budapest mehrere Stadtpaläste, arbeitete am Umbau des Budaer Burgpalastes und schuf auch das Justizgebäude am Kossuth-Platz, heute Sitz des Ethnografischen Museums. Höhepunkt des Schaffens von Korb und Giegl sind die beiden Klotildenpaläste (s. S. 132). Geschmückt ist das Gebäude mit mehr als einem Dutzend Faunfiguren neben den Fenstern des Cafés sowie verschiedenen Ornamenten an der Hauptfassade.

Das Café New York wurde bald zu einer führenden Adresse des hauptstädtischen Kaffeehauslebens, zog die Redaktion des *Nyugat* vom Café Central ab und einen Haufen weiterer Intellektueller und Literaten wie Gyula Krúdy, Móricz Zsigmond,

Oben: Schmuck und Zierde entsprechen dem historischen Aussehen des Kaffeehauses.
Unten: Wer im edlen »New York« einkehrt, sollte an die entsprechende Garderobe denken.

Frigyes Karinthy und Dezső Kosztolányi an. Einer
Anekdote zufolge warf der Schriftsteller Ferenc
Molnár zur Eröffnung die Schlüssel des Cafés in
die Donau, damit es Tag und Nacht geöffnet bleiben möge. Legendär wurde neben den illustren
Gästen auch der Hauptkellner Gyula Reisz, der
seinen schreibenden Stammgästen »Hundezungen«
brachte, längliche Notizzettel, mit denen der spon-
tane Musenkuss festgehalten werden konnte.

Neugeburt als Luxushotel

Geöffnet blieb das Kaffeehaus lange, selbst nach
den Weltkriegen. In den Zeiten des Kommunismus trug die mittlerweile verstaatlichte Einrichtung den Namen »Hungária«. Nach der Wende
und einer längeren Phase der Ungewissheit wurde das Gebäude im Februar 2001 von der italienischen Hotelgruppe Boscolo übernommen und
bis 2006 zum Luxushotel umgestaltet. Im Zusammenhang mit der Schaffung des »New York Palace Boscolo« wurde 2006 auch das Café wieder
reaktiviert. Beim ersten Betreten kann es durchaus einschüchternd wirken. Das Innere strotzt
von Gold, Spiegeln, schweren Kronleuchtern und
gewundenen Säulen. Und das wiederauferstan-
dene Café New York trifft auch nicht jedermanns
Geschmack. Der Schriftsteller Viktor Íro kennt
zwei Arten des Niedergangs: einen durch Verfall
und einen durch Wiederaufbau. Dabei bezog er
sich explizit auf das Café New York. Es muss
dem Besucher selbst überlassen bleiben, mit welchen Empfindungen er diese wiederauferstande-
ne Stätte des ungarischen Geisteslebens wahr-
nimmt. Zudem soll es schon vorgekommen sein,
dass man scheel angesehen wurde, wenn man
nicht in entsprechender Garderobe einkehrte.
Beim Bezahlen ist darauf zu achten, dass der
Rechnung automatisch 12 Prozent für Service
aufgeschlagen werden.

Nach der Wende begann eine neue
Zeitrechnung im New York-Palast.

Infos und Adressen

SEHENSWÜRDIGKEITEN

Café New York. Mo–So 9–24 Uhr, Erzsébet körút 9–11, Tel. 061/886 61 67, www.newyorkcafe.hu

ESSEN UND TRINKEN

Maharaja. Indische Gerichte. Mo–So 12–23 Uhr, Csengery utca 24, Tel. 061/351 12 89, www.maharaja.hu

Montenegrói Gurman. Balkan-Küche. Mo–So 0–24 Uhr, Rákóczi út 54, Tel. 061/782 08 06, www.mnggurman.com

Piszkos Fred. Pub und Restaurant mit Empfehlungen vom Kapitän »Schmutziger Fred«. Mo–Do 11–24 Uhr, Fr–Sa 11–2 Uhr, So 11–24 Uhr, Osvát utca 9, Tel. 0670/703 70 70, www.piszkosfred.eu

Tacos Locos. Mexikanische Speisen und Getränke. Mo–So 12–23 Uhr, Erzsébet körút 37–39, Tel. 061/787 86 15, www.tacoslocos.hu

ÜBERNACHTEN

Boscolo Budapest. Luxushotel im New York-Palast. Erzsébet körút 9–11, Tel. 061/886 61 11, http://budapest.boscolohotels.com

Corinthia Grand Hotel. Fünfsternehotel mit fernöstlichem Restaurant. Erzsébet körút 43–49, Tel. 061/479 40 00, www.corinthia.com

Mercure Budapest Metropol. 130 Zimmer mit Sonderangeboten ab 39 Euro pro Nacht. Rákóczi út 58, Tel. 061/462 81 00, www.mercure.com

Novotel Centrum. Nobles Hotel im Zentrum mit ausgezeichneter Verkehrsanbindung. Rákóczi út 43-45, Tel. 061/477 53 00, www.novotel.com

Bei Tag ist das »New York« einfach nur schön, bei Nacht nur noch beeindruckend.

33 Der Westbahnhof
McDonald's im Kaffeehaus

Am Budapester Westbahnhof, dem Nyugati pályaudvar begann am 15. Juli 1846 das Zeitalter der ungarischen Eisenbahn, als der erste dampfgetriebene Zug Ungarns in das 35 Kilometer nördlich gelegene Vác fuhr. In der zweiten Hälfte des 19. Jahrhunderts wuchs das Streckennetz schnell. Allein in den Jahren 1890 bis 1914 entstanden über 11 000 Kilometer Gleisanlagen. Viele Bahnhofsgebäude besaßen spezielle Wartesäle für königliche Besuche. Am Westbahnhof gibt es den heute noch.

Vor dem Eiffelturm in Paris kam der Westbahnhof in Budapest. Erbaut wurde das heutige Bahnhofsgebäude in den Jahren 1874 bis 1877 nämlich vom Architekturbüro Gustave Eiffel, das die Ausschreibung für den Bau für sich entscheiden konnte. Der alte Bahnhof mit dem schlichten Namen Indóház, an dem die ungarische Eisenbahngeschichte ihren Anfang genommen hatte, war den Erfordernissen des wachsenden Schienenverkehrs längst nicht mehr gewachsen.

Teil der Stadtentwicklung

Als das neue Bahnhofsgebäude mit seiner Stahlkonstruktion, der Glasfassade und den drei ausladenden Eingangsportalen in die Höhe wuchs, befand sich die Stadt in einem Umbruch. 1867 schlossen sich Österreich und Ungarn im sogenannten »Ausgleich« zur Doppelmonarchie zusammen. Der nächste Zusammenschluss folgte 1873. Aus Buda, Óbuda und Pest wurde die neue Metropole Budapest. In dieser Gründerzeit wurde seit 1872 die über vier Kilometer lange große Ring-

Unten: Die Züge sind nicht die schnellsten und modernsten, führen aber verlässlich ans Ziel.

Der Westbahnhof

straße zwischen der Petőfi- und der Margareten-brücke angelegt. Wer diesen Weg zu Fuß bezwingt, wird kaum merken, dass am Westbahnhof die Straße mit 106 Metern über dem Meeresspiegel ihren höchsten Punkt erreicht. Schneller geht es mit der Straßenbahnlinie 4 oder 6, mit 200 000 Passagieren täglich eine der meistbefahrenen Straßenbahnlinien Europas. Auch in dieser Hinsicht spielt der Westbahnhof eine historische Rolle. Von hier bis zur Király utca verkehrte die erste Straßenbahnlinie der Hauptstadt.

Der Name des Bahnhofs führt ein wenig in die Irre, denn weder liegt er im Westen der Stadt, noch fahren seine Züge ausschließlich nach Westen. Vielmehr handelt es sich wohl um den Namen der damaligen Finanzierungsgesellschaft. Erhalten geblieben ist aus der damaligen Zeit nicht nur der Name, sondern auch der königliche Wartesaal, geziert vom Wahlspruch des Kaisers Franz Joseph: *Viribis unitis* (»Mit vereinten Kräften«). Der Saal wird heute noch regelmäßig für festliche Veranstaltungen genutzt. Interessant auch für Eisenbahnfreunde: Die ungarische Eisenbahngesellschaft MÁV bietet im Frühjahr und Sommer verschiedene Nostalgiefahrten in historischen ungarischen Zügen an.

Modernes Umfeld

Bei der Erhaltung und Sanierung des Bahnhofs kam es auch zu ungewöhnlichen Formen der Zusammenarbeit. Als Ende der 1980er-Jahre die Spuren des Alters an der Bausubstanz nagten, suchte die Stadt, da es ihr an eigenen Mitteln fehlte, einen Investor für das ehemalige Bahnhofsrestaurant und fand ihn in McDonald's. Interessanterweise gelang es, den Charme des alten Kaffeehauses auch nach dem Umbau zu einem modernen Schnellrestaurant zu bewahren.

Oben: Mit Verspätungen muss man immer rechnen. Einfach locker nehmen.
Unten: Am Eiffel-Platz lässt sich die Zeit wunderbar vertreiben.

AUTORENTIPP!

BUDAPEST INTIM

In den großen Buchhandlungen wie der Alexandra-Buchhandlung am Nyugati tér lohnt es sich, einen Blick auf den Bereich zu werfen, in denen die Magazine ausliegen. Worauf man aber achten sollte, ist ein unscheinbares Magazin mit dem schlichten Titel *Budapest*. Hierbei handelt es sich, wie es der Untertitel auch besagt, um die »Monatszeitschrift der Stadtbewohner« mit intimen und kenntnisreichen Einblicken in die Stadt, ihre Geschichte und ihre Bewohner (www.budapestfolyoirat.hu). Die Zeitschrift erscheint zwar auf Ungarisch, jedoch halten die Autoren – ein loser Zirkel von Budapest-Experten, Autoren oder Journalisten – einen regelmäßigen Stammtisch ab, zu dem auch Gäste willkommen sind. Die meisten der Teilnehmer sprechen auch Englisch.

Treffpunkt ist jeden 1. Dienstag im Monat um 18 Uhr im Café Spinoza, Dob utca 15. Bei Fragen kann man sich gern an András Török wenden: andras.torok@summa-artium.hu

Ausdruck der Moderne ist die Umgebung des Westbahnhofs. Mit dem WestEnd City Center öffnete 1999 auf 50 000 Quadratmetern und über 350 Geschäften die damals wohl größte Shopping Mall Osteuropas, nur um bald darauf von anderen Einkaufstempeln an Größe noch übertroffen zu werden, etwa vom Arena Plaza, ebenfalls in Budapest. Superlativen musste auch die Coffeeshop-Kette Costa Coffee bieten, die am Westbahnhof vor einigen Jahren laut eigener Aussage den größten Coffeeshop der Welt bauen ließ. Gemütlich ist die Freifläche zwischen dem Coffeeshop und dem Bahnhofsgebäude. Am Eiffel tér lässt sich im Sommer gemütlich verschnaufen, im Winter wird der Platz zur Eisbahn umfunktioniert.

Modern, architektonisch aber höchst bizarr ist die unweit vom Westbahnhof gelegene Markthalle am Lehel tér. Sie wurde 2002 am Standort eines früheren Freiluftmarktes eröffnet. Man weiß nicht so recht, was sie darstellen soll, ob man sie auffällig oder nur auffällig hässlich nennen soll. Ihr Spitzname *kofahajó*, was ungefähr so viel heißt wie »Marktfrauenschiff«, ist nicht weniger bizarr. So nannte man die Boote, auf denen einst die Marktfrauen auf der Donau vom Süden nach Budapest kamen. Dem Architekten László Rajk jr. sei zunächst gar nicht bewusst gewesen, dass er einen schiffsähnlichen Bau plante, bis ihn seine Kollegen darauf hinwiesen.

Infos und Adressen

SEHENSWÜRDIGKEITEN

Eiffel tér. Eislaufangebot im Winter, Entspannung im Sommer. Teréz körút 55–57, Tel. 0630/644 66 96, www.eiffeljegpalya.hu

MÁV Nosztalgia. Nostalgiefahrten in alten Zügen. Mo–Do 10–18 Uhr, Fr 10–16 Uhr, Teréz körút 55 (Westbahnhof, neben Gleis 10), Tel. 061/269 52 42, www.mavnosztalgia.hu (nur Ungarisch)

ESSEN UND TRINKEN

McDonald's. Schnellrestaurant im Kaffeehaus-Ambiente. Mo–Do 5–24 Uhr, Fr 5–2 Uhr, Sa 6–2 Uhr, So 6–24 Uhr, Teréz körút 55, Tel. 06/332 59 70, www.mcdonalds.hu

Sir Lancelot. Mittelalter-Restaurant mit deftigen und reichhaltigen Speisen. Mo–So 12–1 Uhr, Podmaniczky utca 14, Tel. 061/302 44 56, www.sirlancelot.hu

Teenagertraum und Elternhorror: das WestEnd City Center.

Thai Buddha. Sandwich-Bar und Café. Mo–So 11–23 Uhr, Teréz körút 46, Tel. 061/373 08 81, www.buddhaoriginal.hu

Wasabi. Sushi- und Wok-Gerichte. Mo–So 11–23 Uhr, Podmaniczky utca 21, Tel. 061/374 00 08, www.wasabi.hu

ÜBERNACHTEN

Hilton Budapest Westend. Aufenthalte ab 73 Euro pro Nacht. Váci út 1–3, Tel. 061/288 55 00, www.hilton.de

Star Inn Hotel. Schönes Dreisternehotel für Familien und Geschäftsreisende. Dessewffy utca 36, Tel. 061/472 20 20, www.starinnhotels.com

Typisch für den Westbahnhof ist seine Stahldach-konstruktion.

34 Das Lustspieltheater
Unterhaltung fürs Volk

Als Gegenstück zum konservativen Nationaltheater erblickte das Lustspieltheater Ende des 19. Jahrhunderts innerhalb eines Jahres das Licht der Welt. Schnell entwickelte sich das Vígszínház zu einer Pioniereinrichtung für das zeitgenössische ungarische Drama. Zu seinem Ruhm trugen Schriftsteller wie Ferenc Molnár, Jenő Heltai, Ernő Szép oder Zsigmond Móricz entscheidend bei.

In der István körút, wie dieser Abschnitt der Großen Ringstraße heißt, dominiert eine strenge Linie von Mietshäusern den Straßenverlauf. Aufgelockert wird diese Reihe in Richtung Margaretenbrücke auf der rechten Straßenseite von einem Neobarockbau, erbaut von einem Architektenpaar, das in Theaterbauten seine Passion gefunden hat. Ferdinand Fellner der Jüngere (1847–1916) und Hermann Hellmer (1849–1919) schufen in ganz Europa fast 50 Theaterbauten. 1895 hieß ihre Station Budapest. Und mit dem Vígszínház trugen sie ihren Teil zum Millenniumsjahr bei, das 1896 begangen wurde. Auf dem Gebiet hinter dem Theater entfaltete sich damals noch ein schlammiges Territorium, Ort der Diebe und des Gesindels. Der neue bürgerliche Stadtteil Lipótváros sollte erst noch entstehen.

Mitte: Das Vígszínház bricht eine eher langweilige Häuserfront auf. **Unten:** Die Eingangshalle haben schon viele bedeutende Literaten durchschritten.

Zeitgenössische Dramen

Der Theaterbau besteht aus drei Teilen, der Bühne, dem 1700 Personen fassenden Zuschauersaal und der reichhaltig verzierten und vergoldeten Eingangshalle. Von dort führen mehrere Treppen zum Publikumssaal im ersten Stock. Auf diesen Weg

Das Lustspieltheater

begaben sich auch die Zuschauer am 7. Dezember 1909, als ein Stück von Ferenc Molnár uraufgeführt wurde. *Liliom* sollte sein berühmtestes Theaterstück werden, das von Alfred Polgar für die deutsche Bühne adaptiert wurde. In diesen frühen Jahren fußte das Repertoire des Theaters auf drei Säulen: den Klassikern, zeitgenössischen literarischen Stücken und französischen Lustspielen. Bei der Übersetzung dieser Stücke, so zumindest die Legende, sollen Ferenc Molnár und Jenő Heltai selbst die Kunst des Dramaschreibens erlernt haben.

Als sich die Hauptstadt Ende des Zweiten Weltkriegs in einen Kriegsschauplatz verwandelte, wurde das Vígszínház zu einem seiner Opfer. Das Gebäude brannte aus, die Kuppel stürzte ein. Der Autor Béla Illés verarbeitete die Ereignisse 1950 in seinem Buch *Schlacht am Lustspieltheater*. Nach der Zerstörung erlebte das Theater eine Wiederauferstehung unter veränderten Vorzeichen: Auf der Kuppel thronte fortan ein roter Stern, und das Gebäude trug nun den Namen *Theater der Ungarischen Volksarmee*. Seinen ursprünglichen Namen erlangte es 1960 zurück. In der Folgezeit wurde es erneut zum Zentrum des zeitgenössischen ungarischen Dramas mit Aufführungen von Gábor Thurzó, Gyula Illyés und István Örkény oder solchen Klassikern wie Arthur Miller und Friedrich Dürrenmatt.

Mit dem Stück *Képzelt riport egy amerikai popfesztiválról* (»Erfundener Bericht über ein amerikanisches Popfestival«) hielt Anfang der 1970er-Jahre das Musical Einzug im Lustspieltheater. Bereits 1969 eröffnete mit dem Pesti Színház in der Váci utca das Kammertheater des Lustspieltheaters mit 560 Plätzen. Die Beliebtheit des Vígszínház unter den Budapestern ist ungebrochen. Pro Saison zieht das Haus bis zu 350 000 begeisterte Besucher an.

Bis zu 1700 Personen finden im Zuschauerraum des Lustspieltheaters Platz.

Straße der Antiquitäten

Etwas nördlich des Lustspieltheaters auf der anderen Straßenseite beginnt mit der Falk Miksa utca die Galerien- und Antiquitätenmeile der Stadt mit über 20 Geschäften. Sie führt im weiteren Verlauf am Verteidigungsministerium vorbei direkt zum Kossuth-Platz und dem Parlament. Namensgeber Max Falk (1828–1908), so die deutsche Version seines Namens, war fast 40 Jahre lang Chefredakteur der deutschsprachigen Zeitung *Pester Lloyd*. Zugleich war er Vertrauter und Ungarisch-Lehrer der Kaiserin Elisabeth. Max Falk gilt gemeinhin als Urgroßvater, nach anderen Quellen als Großvater des Columbo-Darstellers Peter Falk. Über die Herkunft seiner Eltern machen die Quellen jedoch unterschiedliche Angaben und führen Polen, Russland oder Ungarn an. Ein quellengestützter Beweis, dass eine Verwandtschaft zwischen dem berühmten Journalisten und dem berühmten Schauspieler besteht, existiert nicht. Dessen ungeachtet ist der bekannte Schauspieler präsent, seit Kurzem sogar sehr bildlich. Als Statue in typischer Columbo-Pose begrüßt er die Spaziergänger.

Oben: Eine Statue des Schauspielers Peter Falk schmückt seit Kurzem die Falk Miksa utca.
Unten: Berühmt ist die Straße vor allem durch ihre Kunstgalerien.

Infos und Adressen

SEHENSWÜRDIGKEITEN

Vígszínház. Szent István körút 14,
Tel. 061/329 23 40, www.vigszinhaz.hu

ESSEN UND TRINKEN

Európa kávéház. Sympathisches Kaffeehaus mit
annehmbaren Preisen. Mo–So 8.30–20 Uhr (Konditorei wochentags ab 7 Uhr), Szent István körút
7–9, Tel. 061/312 23 62, www.europakavehaz.hu

Mosselen. Belgische Bierstube. Mo–So 12–24 Uhr,
Pannónia utca 14, Tel. 061/452 05 35,
www.mosselen.hu

Thai Buddha. Preisgünstige asiatische Gerichte.
Mo–So 11–23 Uhr, Szent István körút 11,
Tel. 061/789 48 97,
www.buddhaoriginal.hu

Szerb vendéglő. Gaststätte mit serbischem Speise-
angebot. Mo–Do 12–21 Uhr, Fr–Sa 12–22 Uhr,
So 12–16 Uhr, Nagy Ignác utca 16,
Tel. 061/784 19 69, www.szerbvendeglo.com

ÜBERNACHTEN

Fortuna. Hotel auf dem Wasser ab 50 Euro für
zwei Personen. Szent István Park,
Tel. 061/288 81 00 36, www.fortunahajo.hu

Hotel City Ring. Dreisternehotel an der Ringstraße.
Szent István körút 22, Tel. 061/340 54 50,
www.cityhotel.hu

NH Budapest City. Gehobene Unterkunft in unmittelbarer Nähe zu Donau und Margaretenbrücke.
Vígszínház utca 3, Tel. 061/814 00 00,
www.nh-hotels.com

Die leckeren Torten tragen ihren Teil zur Beliebtheit des Cafés Európa bei.

35 Die Margareteninsel
Grüne Lunge der Stadt

Erst spät war es der gemeinen Bevölkerung erlaubt, auf der Margareteninsel Ruhe und Zerstreuung zu suchen – und selbst dafür mussten die Menschen noch eine ganze Weile Eintritt zahlen. Vorher war die Insel den hohen Herrschaften vorbehalten, die sich die Zeit mit Jagden vertrieben. Mit zahlreichen Freizeit- und Sportmöglichkeiten gehört die 2,5 Kilometer lange Insel heute zu den wichtigsten Naherholungsgebieten der Hauptstadt.

Dass der Sport auf der Margareteninsel eine große Rolle spielt, zeigt sich nicht nur an den Joggern, die ihre Kreise auf der um die Insel führenden schmalen Tartanbahn drehen. Gleich am Eingang

Unten: Bei der Beliebtheit der Laufstrecke kann es manchmal eng werden.

MAL EHRLICH

NICHT IN DIE BÜSCHE

Auf einem so weitläufigen Parkgelände wie der Margareteninsel lässt sich schnell mal in die Büsche verschwinden, wenn die Blase drückt. Eine andere Möglichkeit hat man auch nicht, denn mit öffentlichen Toiletten auf der Insel sieht es nicht besonders gut aus. Im Sinne der Sauberkeit aber ist es dennoch angebracht, die Notdurft in den dafür vorgesehenen Örtlichkeiten zu verrichten. Die nächsten öffentlichen Toiletten befinden sich am Budaer Brückenkopf in der Margit körút 1 sowie auf der Pester Seite in der Balassy Bálint utca. Die meisten öffentlichen Toiletten in Budapest erkennt man an ihrer grünen Farbe. Sie sind kostenpflichtig (in der Regel 150 Forint). Eine Übersicht über öffentliche WCs gibt es auf www.nyilvanoswc.eu

---

Die Margareteninsel

der Insel befindet sich am Zugangsweg linker Hand das Leichtathletik-Zentrum, benannt nach dem ungarischen Leichtathleten Sándor Iharos, der in den 1950er-Jahren als Mittel- und Langstreckenläufer mehrere, wenn auch nur kurzlebige Weltrekorde aufstellte.

Die ersten Schritte auf der Margareteninsel gehören jedoch Alfréd Hajós. Als er 1955 im Alter von 77 Jahren starb, war er schon eine Legende. Bei den ersten Olympischen Spielen der Neuzeit 1896 in Athen gewann der Schwimmer die erste Goldmedaille für sein Land. Nach seiner aktiven Laufbahn machte sich Hajós einen Namen als Architekt. Seinen Namen trägt der Spazierweg, der einmal rund um die Insel führt, sowie das von ihm entworfene Sportbad auf dem südlichen Teil der Margareteninsel. Für diesen Entwurf gewann er 1924 in Paris beim Kunstwettbewerb der Olympischen Spiele die Silbermedaille. Er ist damit einer von lediglich zwei Personen, die sowohl in einer Sportdisziplin als auch in einem Kunstwettbewerb bei Olympia erfolgreich waren.

Klassik und Rock'n'Roll

Markantester Punkt im Süden der Margareteninsel ist das Zentenariumsdenkmal von István Kiss, das an die Vereinigung der drei Stadtteile Buda, Óbuda und Pest 1873 erinnert. Besonders bei Kindern beliebt ist der »musikalische Springbrunnen«, mit 36 Metern Durchmesser der größte seiner Art in Ungarn, der jedes Jahr im Frühling seinen Betrieb aufnimmt. Dann wird das Wasser bis zu 25 Meter in die Höhe geschossen. Zum Repertoire des Brunnens gehören Verdi, Brahms oder auch die Rolling Stones. Ein zweiter Musikbrunnen befindet sich im Norden der Insel nahe des Zugangs zur Árpádbrücke. Dieser Neptunbrunnen ist vor allem ein beliebter Treffpunkt von Musikern.

Das Zentrum der Insel wird von weiten Parkflächen dominiert, die im englischen Stil angelegt sind. Von der Ruhe und Entspannung, vom Spazierengehen unter lauschigen Bäumen oder von den zwitschernden Vögeln konnte die gemeine Budapester Bevölkerung lange nur träumen. Zu Habsburgerzeiten vertrieb sich auf der Insel der Adel mit Jagden die Zeit. Erst seit 1908 war es dem gemeinen Volk erlaubt, hier Ruhe und Erholung zu suchen und zu finden (wenn auch für einige Jahrzehnte nur gegen Eintrittsgeld). Bewohnt wurde die Margareteninsel ursprünglich vor allem von Hasen. Daher rührte auch ihr ursprünglicher Name. Margarete kam erst später. Margarete, auf Ungarisch Margit, war die Tochter des mittelalterlichen Königs Béla IV. Im Falle einer Befreiung von den Mongolen, die damals über Europa einherfielen, versprach er, seine Tochter als Nonne in das dortige Dominikanerinnenkloster zu schicken, dessen Ruinen sich im Ostteil der Insel befinden. Das geschah dann auch, und dort starb sie der Überlieferung nach bereits 1270, keine 30 Jahre alt. Ihr Grab findet sich dort noch heute. In der Nähe des Klosters befindet sich außerdem die St. Michaeliskapelle aus dem 12. Jahrhundert.

Oben: Der Brunnen ist nicht nur erfrischend, sondern hat auch musikalisches Talent.
Unten: Liegen, sich sonnen, entspannen. Hier ist es möglich.

Rundgang Margareteninsel

Ⓐ Leichtathletikzentrum. Hier können Hobbysportler und Profis ihrer Energie freien Lauf lassen und ihren Körper auf Touren bringen.

Ⓑ Zentenariumsdenkmal. 10 Meter erhebt sich das Denkmal, das an ein besonderes Ereignis in der Geschichte Budapests erinnert. Errichtet wurde es zum 100-jährigen Jahrestag der Vereinigung der drei Stadtteile Buda, Óbuda und Pest 1873.

Ⓒ Musikbrunnen. Es ist ein netter Zeitvertreib zu versuchen, das Repertoire dieses »singenden« Brunnens zu erraten. Im Hochsommer sorgt er zudem noch für die passende Erfrischung.

Ⓓ Alfréd-Hajós-Sportbad. Im Wassersport sind die Ungarn Spitzenklasse. Man muss aber nicht gleich für Olympia trainieren, um hier seine Runden drehen zu können.

Ⓔ Laufstrecke um die Insel. Es gibt kaum eine bessere Möglichkeit, den Kopf freizukriegen, als auf der Margareteninsel seine Runden zu drehen. Nachteil: Man ist selten der Einzige.

Ⓕ Palatinus-Strandbad. Badevergnügen auf der Margareteninsel mit Blick auf das Budaer Ufer: Eintauchen, abschalten, Spaß haben.

Ⓖ Klosterruinen. Die Überreste des ehemaligen Klosters führen zurück in die Zeit der heiligen Margarete, die der Insel ihren Namen verdankt.

Ⓗ Freilichtbühne. Kultur und eine frische Brise von der Donau: Eine Kombination, die sich lohnt.

Ⓘ Wasserturm. Funktional ist er nicht, aber ein schönes Bauwerk noch immer. Und davon abgesehen hilft er sehr gut bei der Orientierung.

Ⓙ Grand Hotel und Danubius Health Spa Resort. Zwei Spitzen-Hotels nebeneinander. Wohnt man nicht darin, so lohnt sich doch auch ein Blick von außen, um die mondäne Atmosphäre aufzuschnappen.

Ⓚ Musikbrunnen. Wie sein Pendant am südlichen Ende spuckt er mehr als nur Wasser.

URBANE ABENTEUER
Städtetouren durch Budapest gibt
es in den verschiedensten Formen.
Wer die ungarische Hauptstadt mit
den Augen der Einheimischen entdecken will, ist bei »Urban Adventures«
richtig. Die Touren mit den lokalen
Experten führen zu den mehr und
weniger bekannten Sehenswürdigkeiten, zu Markthallen und Märkten
und können auch – je nach Wunsch
des Besuchers – individuell gestaltet
werden. Ergebnis ist in jedem Fall
eine Budapest-Entdeckung der per-
sönlichen Art, die von drei Stunden
bis zum ganzen Tag dauern kann.

Urban Adventures.
Tel. 0630/992 60 49,
www.urbanadventures.com

In ihr hängt die wahrscheinlich älteste Kirchen-
glocke Ungarns aus dem 15. Jahrhundert. Noch
heute finden hier Gottesdienste statt.

Wasserturm als Wahrzeichen

Durch die Insel zieht sich vom Süden bis zum Zentrum der Művész sétány, der von Büsten bekannter
Literaten, Architekten und Maler gesäumte Spazierweg der Künstler. Irgendwo hier muss einst auch
der Dichter János Arany (1817–1882) gesessen
haben. Er hielt seine Gefühle und Empfindungen
inmitten des lauschigen Parks fern vom Lärm der
Stadt in dem Gedicht *Unter den Eichen* fest.
»Hier waren wir Kinder, hier sind wir alt geworden«
würdigt auch der Schriftstellerkollege Antal Szerb
(1901–1945) in seinem launischen Stadtführer
Budapest für Marsbewohner die grüne Insel. Bis
heute hat sich an der Idylle nichts geändert. Der
Großstadtlärm ist zwar noch hörbar, verstummt
jedoch immer mehr, je tiefer man in die Insel
vordringt. An Abwechslung fehlt es aber nicht.

Im Zentrum der Margareteninsel, am westlichen
Ufer, lädt das 1919 eröffnete Palatinus-Strandbad
an heißen Tagen zur Abkühlung ein. Spätestens
von hier ist auch schon der Wasserturm erkennbar,
der sich in seiner weißen Gestalt als Wahrzeichen
der Insel zwischen den Bäumen abzeichnet. Der
1911 von Szilárd Zielinski (1860–1924) erbaute
Turm streckt sich 57 Meter in die Höhe. Von seiner
Kuppel eröffnet sich ein grandioser Blick über die
Insel und die Stadt. Seine ursprüngliche Funktion
hat der aus Stahlbeton errichtete Wasserturm
schon 1962 eingebüßt und war daraufhin für gut
zwei Jahrzehnte ungenutzt. Bereits 1938 wurde
neben dem Turm ein Freilufttheater errichtet,
heute ein Schauplatz des alljährlichen Budapester
Sommerfestivals. Im Norden der Insel geht es
mondän zu. Hier befindet sich das Grand Hotel,

Die Klosterruinen sind stumme
Zeugen der Vergangenheit.

das nach Plänen von Miklós Ybl 1873 errichtet wurde. Gleich nebenan liegt das Danubius Thermal Hotel Margitsziget, das auf den Grundmauern des früheren Margaretenbades erbaut wurde. Den Abschluss der Insel im Norden bildet der Japanische Garten von 1936.

Tragödie zur Mittagszeit

Der Zugang zur Margareteninsel erfolgt entweder über die Árpádbrücke im Norden oder über die Margaretenbrücke am südlichen Zipfel der Insel. Auf der Pester Seite des Brückenkopfes am Ende der großen Ringstraße fällt auf der linken Seite zunächst einmal ein mächtiges weißes Gebäude auf, an dessen Fassade das ungarische Wappen prangt. In diesem »weißen Haus« haben die Parlamentsabgeordneten ihre Büros. Zu besichtigen ist das Gebäude jedoch nicht. Es gäbe auch nichts Interessantes zu sehen.

Die Margaretenbrücke war bei ihrer Übergabe 1876 nach vierjähriger Bauzeit die zweite ständige Verbindung zwischen den beiden Stadthälften Buda und Pest. Charakteristisch ist ihr 150-Grad-

Oben: Im Japanischen Garten hat Hektik keinen Platz.
Unten: Noch aus dem Mittelalter stammt die Michaeliskapelle.

Knick. Allein der Ausblick nach Süden ist ein Erlebnis: Links das Parlament, rechts der Burgberg, in der Ferne der Gellértberg mit der Freiheitsstatue und dazwischen die majestätisch dahinfließende Donau. Bereits ein Jahr nach Fertigstellung wurde die Margaretenbrücke Teil der ungarischen Literaturgeschichte. János Arany, der bereits der Margareteninsel mit seinen Versen ein Denkmal gesetzt hatte, ließ 1877 in seinem Gedicht *Brückenweihe* einen Querschnitt der ungarischen Gesellschaft vor lauter Ausweglosigkeit und Lebensmüdigkeit von der gerade erst feierlich eingeweihten Brücke ins Wasser springen.

Eine Tragödie ganz anderer Art spielte sich in der Endphase des Zweiten Weltkriegs ab, dem wie die anderen Budapester Donaubrücken auch die Margaretenbrücke zum Opfer fiel. Bereits am 4. November zur Hauptverkehrszeit waren die von den Deutschen angebrachten Sprengsätze wohl aus Versehen detoniert, 600 Menschen starben, 1948 wurde die Brücke wiedereröffnet, nach umfassender Sanierung 2009–2011 strahlt sie nun so schön wie nie zuvor.

Oben: Typisch für die frisch renovierte Margaretenbrücke ist ihr Knick.
Unten: Büsten bekannter ungarischer Künstler zieren den Künstlerweg auf der Insel.

Infos und Adressen

SEHENSWÜRDIGKEITENEN

Hajós Alfréd Sportuszoda. Sportbad. Mo–Fr 6 bis 15.50 Uhr, Sa–So 6–17.50 Uhr, Erwachsene: 1800 Forint, Jugendliche und Rentner: 1100 Forint, Tel. 061/450 42 00, www.mnsk.hu

Iharos Sándor Atlétikai Centrum. Sport-Zentrum. April bis Oktober: Mo–So 6–22 Uhr, Nov–März Mo–Fr 7–21 Uhr, Sa–So 7–20 Uhr, Eintritt: 1100 Forint (berechtigt zur Nutzung von Umkleidekabine, Sporthalle, Laufbahn oder Tennisplatz), Tel. 061/329 27 88, www.margitsziget.com

Palatinus Strandfürdő. Strandbad. Mo–So 9–20 Uhr (Juni–August), Tel. 061/236 00 40, Eintritt: 2600 Forint (Sa–So 3000 Forint), www.palatinusstrand.hu

ESSEN UND TRINKEN

Champs Sziget. Biergarten auf der Margareteninsel mit einfachen Speisen. Tel. 0620/471 00 29, www.champssziget.hu

ÜBERNACHTEN

Danubius Health Spa Resort Margitsziget. Eine der beiden Nobelherbergen auf der Margareteninsel. Margitsziget, Tel. 061/889 47 00, www.danubiushotels.com

Danubius Grand Hotel Margitsziget. Das Gebäude verströmt mondäne Atmosphäre, Angebote ab 43 Euro pro Nacht. Margitsziget, Tel. 061/889 47 00, www.danubiushotels.com

Das Grand Hotel erinnert an mondäne Zeiten.

36 Der Rosenhügel
Wohnort mit Prestige

Wer auf dem Rosenhügel wohnt, hat es geschafft. Die Villengegend gehört zu den exklusivsten und prestigeträchtigsten von ganz Budapest, bewohnt von zahlreichen Prominenten. Der Normalbürger muss trotzdem keine Scheu haben, einen Blick in die hügeligen Straßen zu werfen. Dabei wandelt er zwangsläufig auf den Spuren der türkischen Vergangenheit. Hier nämlich liegt Gül Baba begraben, der »Vater der Rosen«. Seine Grabstätte ist wohl der nördlichste islamische Pilgerort.

Die über 150-jährige Türkenherrschaft hat Ungarn viel Zerstörung gebracht, doch sie hinterließ auch im Positiven ihre Spuren. Die Türken brachten den Kaffee, sie brachten Paprika und sie hinterließen Bäder, die heute aus Budapest nicht mehr wegzudenken sind. Auch der Rosenhügel ist eng mit den Türken verbunden. Der Legende nach züchteten sie hier Rosen, worauf der Name des Stadtteils zurückzuführen ist. Von der türkischen Präsenz zeugen heute noch Straßennamen wie Mecsét (»Moschee«), Török (»Türke«) oder Turbán (»Turban«). Untrennbar verbunden ist der Rosenhügel mit dem Namen Gül Baba, einem 1541, im Jahre des Falls von Buda, gestorbenen Derwisch. Es heißt, dass Suleyman I., »der Prächtige«, persönlich zu den Sargträgern gehörte. Seine Grabstätte, die Türbe des Gül Baba, ist heute wohl eine der nördlichsten islamischen Pilgerstätten.

Mitte: Auf dem Rosenhügel stößt man immer wieder auf versteckte Schönheiten.
Unten: Die Gül Baba utca ist äußerst romantisch, aber auch ziemlich steil.

Bau aus der Türkenzeit

Der Weg zu Gül Baba führt von der Margaretenbrücke kommend auf der Mecsét utca zunächst steil bergauf. Linker Hand zieht sich der Margaretengarten den Hang hinauf, geschmückt von einer in Stein gehauenen Schönheit. Am Türbe tér entlang geht es direkt zur Grabstätte mitsamt Rosengarten, wo eine Statue des Rosenvaters bereits den Besucher erwartet. Der Bau der achteckigen Türbe erfolgte zwischen 1543 und 1548. Bei der Rückeroberung von Buda durch die Habsburger 1686 blieb die Grabstätte unbeschädigt, wurde aber bald in eine römisch-katholische Kapelle umgewandelt. In diesem Sinne unterschieden sich die Religionen nicht viel. Nach der türkischen Eroberung hatten die Osmanen nämlich auch keine Zeit verloren, aus den Kirchen Moscheen zu machen. Der Erzählung nach soll Gül Baba bei einer Zeremonie in der gerade erst zur Moschee umgestalteten Matthiaskirche gestorben sein.

Romantik am frühen Abend

Der Reiz dieses Ortes besteht auch in seiner Ruhe. Touristen verirren sich nur selten hierher. Besonders schön ist ein Besuch am frühen Abend, wenn sich die Sonne langsam über Budapest senkt. Die abendlich erleuchtete Gül Baba utca verwandelt sich dann in pure Romantik. Jedoch sollte man in der engen und steil abfallenden Straße den Boden im Auge behalten.

In der Umgebung der Türbe gibt es außerdem weitere Kleinode, an denen man schnell vorbeiläuft. Von der Grabstätte führt sowohl die Turbán utca als auch die Apostol utca zu einem kleinen romantischen Park. Wenn man Glück hat, ist die Parkbank auch gerade nicht von einem Pärchen in Beschlag genommen. Der Ausblick von hier auf die Donau und das Parlament muss sich vor dem Panorama von der Zitadelle nicht verstecken. Und es gibt einen weiteren Vorteil: Meist ist man hier ziemlich für sich.

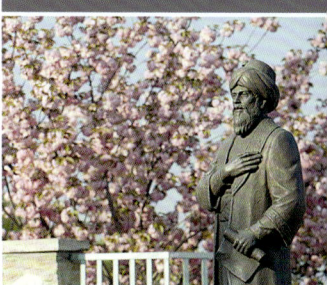

Der Vater der Rosen, Gül Baba, wacht noch heute an seinem Grab.

Statue mit trauriger Geschichte

Hinter dem Denkmal eines nackten, von Betonwänden »eingemauerten« Jungen verbirgt sich eine traurige Geschichte. Das Denkmal erinnert an Péter Mansfeld (1941–1959), nach dem der Park benannt ist. Péter Mansfeld war einer jener »Pester Jungs«, die am Volksaufstand 1956 teilgenommen hatten. Er verbüßte zunächst eine Gefängnisstrafe und wurde wenige Tage nach seinem 18. Geburtstag gehängt. Damit war er das wohl jüngste Opfer unter den Aufständischen. Er liegt heute auf dem Új köztemető außerhalb des Zentrums im X. Bezirk begraben.

Dort verscharrte man die verurteilen Aufständischen in einem Gemeinschaftsgrab in Parzelle 301, darunter auch den Ministerpräsidenten der Revolution Imre Nagy. Posthum aber siegte die Gerechtigkeit. 1989 wurden Imre Nagy und seine Mitstreiter von der ungarischen Regierung rehabilitiert und in neu gestaltete Grabstätten umgebettet. Auf Wunsch der Familie blieb lediglich Nagy in seinem ursprünglichen Grab.

Oben: Der Mansfeld-Park erinnert an die traurige Geschichte eines Jugendlichen während des Volksaufstandes.
Unten: Das Grab des Gül Baba ist eine der weniger bekannten Sehenswürdigkeiten.

Infos und Adressen

SEHENSWÜRDIGKEITEN

Lukács Gyógyfürdő. Thermal- und Schwimmbad. Mo–So 6–21 Uhr, Eintritt (normal): 3000 Forint, Frankel Leó utca 25–29, Tel. 061/326 16 95, www.lukacsfurdo.hu

ESSEN UND TRINKEN

Almásy. Familiäres Restaurant mit günstigen Preisen. Mi–Sa 11.30–22.30 Uhr, So–Di 11.30–16 Uhr, Rómer Flóris utca 12, Tel. 061/315 13 38, www.almasyvendeglo.hu

Mamma Rosa. Günstige Pizzeria in schöner Lage. Mo–So 11–22 Uhr, Ostrom utca 31, Tel. 061/201 34 56, www.mammarosapizzeria.hu

Margitkert. Portemonnaie-freundliche Gerichte ab 1250 Forint. Mo–So 12–24 Uhr, Margit utca 15, Tel. 061/326 08 62, www.margitkert.hu

Menta Terasz. Tagesmenü (3 Gänge) ab 990 Forint. Mo–Do 12–22 Uhr, Fr–Sa 12–2 Uhr, Margit körút 14, Tel. 061/336 12 50, www.mentaterasz.hu

Auf dem Rosenhügel findet man oft gute einheimische Küche.

Négy Szürke. Preiswertes Restaurant mit täglichen Angeboten. So–Mo 12–22 Uhr, Di–Do 12–24 Uhr, Fr–Sa 12–2 Uhr, Tel. 061/212 37 88, www.negyszurke.hu

Troféa Grill. Einmal zahlen und so viel essen, wie man möchte. Mo–Fr 12–24 Uhr, Sa–So 11.30–24 Uhr, Margit körút 2, Tel. 061/438 90 90, www.trofeagrill.eu

Városfal. Günstige Auswahl an Zwei- und Drei-Gänge-Menüs. Mo–So 11–23 Uhr, Bakfark Bálint utca 2, Tel. 0670/311 30 00, www.varosfal.hu

ÜBERNACHTEN

Hotel Papillon. Dreisternehotel auf dem Rosenhügel mit Sonderangeboten ab 39 Euro. Rózsahegy utca 3/B, Tel. 061/212 47 50, www.hotelpapillon.hu

Der Ausblick auf die Stadt steht dem von der Zitadelle in nicht viel nach.

JÜDISCHES VIERTEL

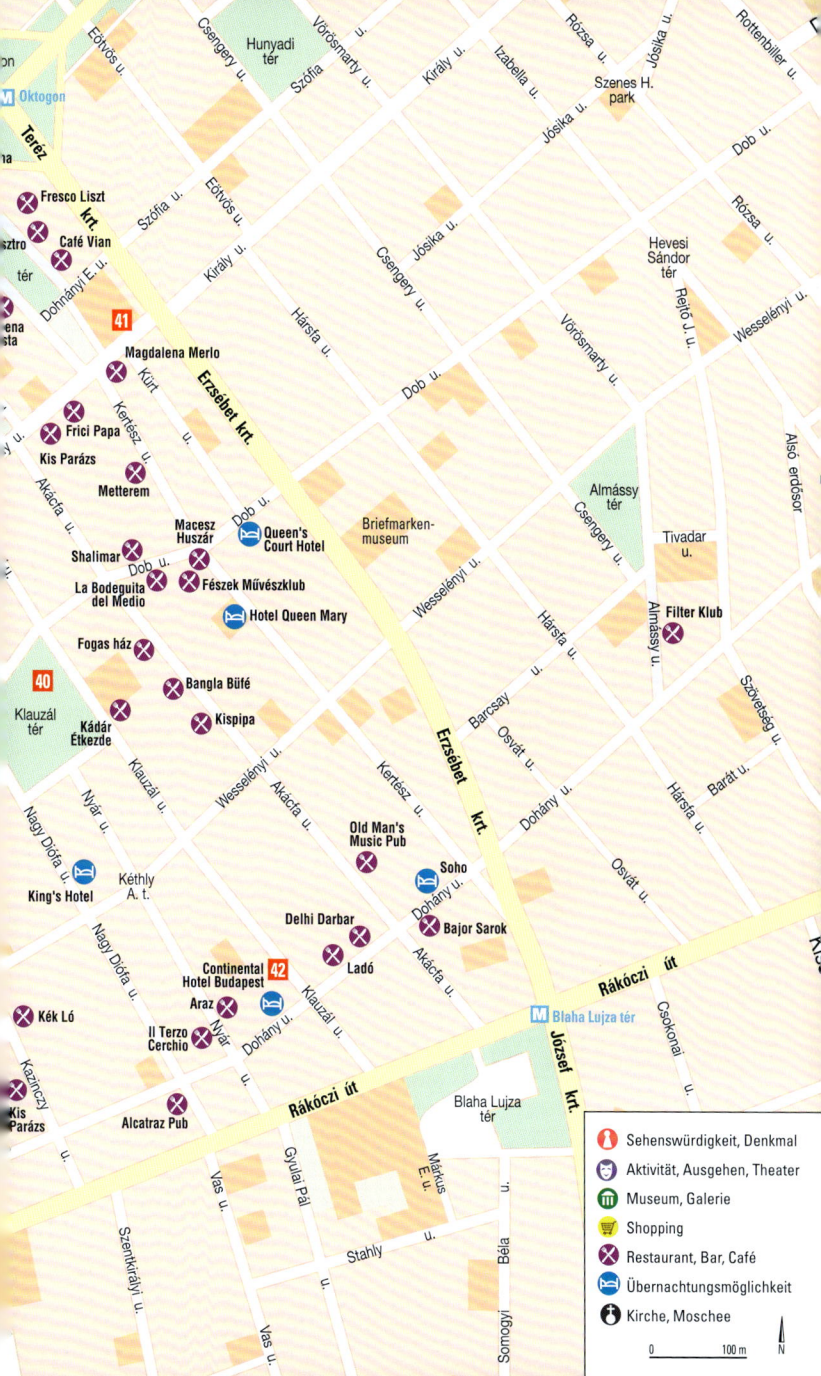

37 Die Große Synagoge
Sehenswertes Mahnmal

Der antisemitische Wiener Bürgermeister Karl Lueger sprach von der ungarischen Hauptstadt zur Jahrhundertwende abfällig als »Judapest«. Architektonischer Zeuge der Rolle der jüdischen Gemeinde ist die Große Synagoge in der Dohány utca. Das 1859 eingeweihte Bauwerk gilt mit seinen 3000 Sitzplätzen als eines der größten seiner Art in Europa. Die Restaurierung der Synagoge ist auch einem Hollywood-Star zu verdanken.

Die Kleinstadt Mátészalka liegt im Nordosten, im äußersten Zipfel des Landes. Am Anfang des 20. Jahrhunderts kehrten die Eheleute Schwartz dem Ort den Rücken und begannen in Amerika ein neues Leben. Ihr Sohn, bereits in New York geboren, sollte später mehrmals an den Ursprungsort seiner Familie zurückkehren. Mit seiner finan-

Seite 210/211: Der Erzsébet-Platz gehört in den warmen Monaten zu den beliebtesten Treffpunkten der Budapester Jugend.
Unten: Etwa 3000 Menschen finden in der Großen Synagoge in der Dohány utca Platz.

MAL EHRLICH

ANTISEMITISMUS

Ein Gespräch mit Ungarn kann durchaus in eine unangenehme Richtung führen, wenn das Thema auf Juden kommt. Ungarn als antisemitisches Land zu bezeichnen, ginge eindeutig zu weit, jedoch mangelt es nicht an Ressentiments. Dazu braucht es nicht einmal die rechtsextreme Jobbik-Partei, die bei den Wahlen 2010 drittstärkste Kraft wurde und seitdem u.a. vorschlug, jüdische Abgeordnete sollten in Listen erfasst werden. Schon in den 1990er-Jahren wurde die mittlerweile aufgelöste liberale SZDSZ, eine bedeutende Partei zur Wendezeit, als »Judenpartei« verschrien.

ziellen Hilfe wurde nach der Wende auch die
Große Synagoge in Budapest saniert. Sein Name:
Tony Curtis. 44 Meter schrauben sich die maurischen Türme mit ihren Zwiebelkuppeln in die Höhe.
Besonders bei abendlicher Beleuchtung entfaltet
sie ihren Reiz. Ein strahlender Punkt in diesem Teil
der Stadt ist sie nicht zuletzt wieder dank der von
dem 2010 verstorbenen Hollywood-Star unterstütz-
en Sanierung in den fünf Jahren 1991 bis 1996.

Neues jüdisches Selbst-
bewusstsein

Die jüdische Gemeinde in Ungarn zählt heute etwa
80 000 Mitglieder, der Großteil davon lebt in Budapest. Ihre Geschichte reicht bis ins Mittelalter zurück. Wie überall in Europa erlebte das jüdische
Leben auch in Ungarn Höhen und Tiefen. Vor allem
im Verlauf des 19. Jahrhunderts aber trugen
jüdische Unternehmer maßgeblich zur wirtschaftlichen Entwicklung Ungarns bei. Die Große Synagoge in der Dohány-Straße ist 53 Meter lang und
26 Meter breit. Allein ihre Größe spiegelt die Bedeutung der jüdischen Bevölkerung zu dieser Zeit

Oben: Die Blätter des Lebensbau-
mes tragen die Namen von Holo-
caust-Opfern.
Unten: Der Heldentempel gedenkt
der gefallenen jüdischen Soldaten.

AUTORENTIPP!

GANG DES LEBENS

In jedem Jahr wird in Ungarn im April mit dem Élet menete, dem Gang des Lebens, der Opfer des Holocaust gedacht. Die Teilnehmer dieses stillen und würdevollen Marsches starten in der Regel mit Fackeln an der Großen Synagoge und laufen bis zu dem Denkmal *Schuhe am Donauufer*, wo Reden gehalten und Blumen niedergelegt werden. Der Marsch steht für Werte wie Demokratie und Mitmenschlichkeit und wendet sich u. a. gegen Antisemitismus. Organisiert wird er von der Élet menete-Stiftung, die auch verschiedene Konzerte in der Großen Synagoge veranstaltet.

Élet menete-Stiftung. Síp utca 12, Tel. 061/413 55 60, www.eletmenete.hu

wider, sowohl wirtschaftlich als auch kulturell. Fünf Jahre dauerte es, sie zur Mitte des 19. Jahrhunderts zu errichten. Eine Ausschreibung konnte der deutsche Architekt Ludwig Förster (1797–1863) für sich entscheiden. Die Innengestaltung übernahm Frigyes Feszl, Erbauer des Pester Vigadó, der großen Konzerthalle an der Donaupromenade (s. S. 36). Die Einweihung erfolgte am 6. September 1856.

In der Synagoge finden sich byzantinische ebenso wie maurische Motive, die ihr eine orientalische Atmosphäre verleihen. Charakteristisch ist zudem die reiche Keramikverzierung. Der alten Regel folgend, ist die Fassade der Synagoge nach Osten, nach Jerusalem, ausgerichtet. Aus diesem Grund weicht die Ausrichtung des Gebäudes vom Straßenverlauf ab. Integraler Bestandteil des Gebäudes ist der Heldentempel, der Platz für 186 Personen bietet und 1931 errichtet wurde. Er erinnert an die 10 000 ungarischen Juden, die im Ersten Weltkrieg für Ungarn als Soldaten ihr Leben ließen. Den Eingang ziert ein monumentaler Davidstern, aus Bibelversen geformt, der den Tod der Helden in der Schlacht betrauert: »Ech noflu giborim …«

Erinnerung an den Holocaust

Neben Tony Curtis ist ein weiterer prominenter Name mit der Budapester Synagoge verbunden: Theodor (*Tivadar*) Herzl (1860–1904), der Begründer des Zionismus. An der Stelle seines Geburtshauses, an das eine Gedenktafel erinnert, befindet sich heute innerhalb des Gebäudekomplexes das Jüdische Museum. Erste Ideen zu einer solchen Einrichtung gehen bereits auf die Zeit der Millenniumsfeierlichkeiten 1896 zurück. Anfang der 1930er-Jahre wurde das Vorhaben schließlich realisiert. Geplant wurde das Museumsgebäude, das sich an die Synagoge anschmiegt, von den Architekten László Vágó und Ferenc Faragó. Die ständi-

Jüdisches Viertel

Ⓐ Große Synagoge (1851–1856), größtes jüdisches Gotteshaus in Europa mit 3000 Plätzen.

Ⓑ Rumbach Synagoge (1869–1872), ehemalige Synagoge der konservativen Status-quo-ante-Gemeinde. Im Zweiten Weltkrieg Unterkunft für jüdische Flüchtlinge und Teil des Ghettos, derzeit ist das unter Denkmalschutz stehende Gebäude nur teilsaniert und ungenutzt.

Ⓒ In der **Király utca Nr. 15** kann im Innenhof ein Teil der ehemaligen Ghettomauer besichtigt werden. Hier wird auch der krasse Unterschied zwischen Alt- und Neubauten im Viertel deutlich.

Ⓓ Der **Liszt-Platz** befindet sich vor der Franz-Liszt-Musikakademie (1907), einem der renommiertesten Institute seiner Art in Europa. Der Platz davor zwischen Király utca und Andrássy út wird dominiert von lauschigen Cafés.

Ⓔ Der **Klauzál-Platz** ist das grüne Zentrum des jüdischen Viertels. In der Ende des 19. Jahrhunderts entstandenen Markthalle ist heute ein Supermarkt untergebracht.

Ⓕ Die **orthodoxe Synagoge** in der Kazinczy-Straße 29–31 (1911–1913) ist das dritte jüdische Gotteshaus im Viertel. Die Mikve wurde 2004 erneuert.

Ⓖ Mit dem **Szimpla kert** begann nach der Jahrtausendwende der Siegeszug der Ruinenkneipen im alten jüdischen Viertel von Budapest. Sowohl bei Einheimischen als auch bei Touristen ist die Kneipe Kult.

In der Synagoge lohnt sich auch ein Blick nach oben.

Schon von Weitem erkennbar sind die beiden Zwiebeltürme.

AUTORENTIPP!

UNBEKANNTE HELDEN

Man nehme ruhig einmal auf einer Bank vor der Synagoge Platz und lasse das Gebäude wirken – und mit ihm die Geschichten, mit dem es verbunden ist. Ähnlich hat es der ungarische Schriftsteller Iván Sándor getan. In seinem Werk *Spurensuche* begibt er sich zurück in die Zeit des Zweiten Weltkriegs, den er selbst als Jugendlicher überlebte. In dem autobiografisch angelegten Roman forscht er dem Schweizer Diplomaten Carl Lutz nach, der durch die Ausstellung von Schutzpässen Tausenden Juden das Leben rettete. Neben der Geschichte des Diplomaten führt die Geschichte an all jene Orte, an denen sich der Terror gegen die jüdische Bevölkerung manifestierte.

Iván Sándor. *Spurensuche*, 340 Seiten, dtv 2009.

Im Hof der Synagoge befindet sich auch ein Friedhof.

ge Ausstellung im Museum besteht aus zwei Teilen. Einerseits stehen jüdischer Glaube und das religiöse Leben im Mittelpunkt. Der zweite Teil der Dauerausstellung widmet sich der Zeit zwischen 1938 und 1945, also dem Zeitraum von den Judengesetzen über den Holocaust bis zum Ende des Krieges. Antijüdische Gesetze gab es jedoch schon vorher: Mit dem Numerus clausus, der für Juden den Zugang zur Hochschule einschränkte, verabschiedete Ungarn schon 1920 ein erstes solches Gesetz.

Friedhof im Synagogengarten

Über 500 000 ungarische Juden (von über 800 000) kamen im Holocaust um. So ist die Synagoge gleichzeitig ein Mahnmal. Von besonderer Bedeutung ist in diesem Zusammenhang der Friedhof im Hof. Dem jüdischen Glauben gemäß werden Verstorbene nicht neben einer Synagoge begraben. Nach der Errichtung des Ghettos im November 1944 starben jedoch Tausende innerhalb seiner Mauern und konnten nicht auf den Friedhöfen außerhalb des Ghettos beerdigt werden. Nach der Befreiung durch die Rote Armee im Januar 1945 wurden mehr als tausend sowohl identifizierte als auch unbekannte Tote im Hof der Synagoge begraben. Die Budapester Synagoge ist damit wahrscheinlich die einzige ihrer Art weltweit, deren Garten gleichzeitig als Friedhof dient.

Neben dem Garten erinnert der Lebensbaum an die Opfer des Holocaust. Auf den herunterhängenden Blättern sind deren Namen verewigt. Geschaffen wurde das Werk vom ungarischen Bildhauer Imre Varga Anfang der 1990er-Jahre. In der jüngeren Vergangenheit wurde der Friedhof zudem um einen kleinen Park erweitert, in dem Denkmäler an Judenretter wie Per Anger, Giorgio Perlasca oder Raoul Wallenberg erinnern.

Infos und Adressen

SEHENSWÜRDIGKEITEN

Große Synagoge. So–Do 10–16 Uhr, Fr 10–14 Uhr, Dohány utca 2, Tel. 061/462 04 77, Eintritt: 2250 Forint, www.dohanyutcaizsinagoga.hu

Jüdisches Museum. So–Do 10–18 Uhr, Fr 10–16 Uhr (März–Okt.); So–Do 10–16 Uhr, Fr 10–14 Uhr (Nov.–Feb.) Eintritt: 2250 Forint, Dohány utca 2, Tel. 061/462 04 77, www.zsidomuzeum.hu

ESSEN UND TRINKEN

Café Kamara. Gemütliches Café direkt gegenüber der Synagoge. Mo–Fr 8–24 Uhr, Sa–So 10–24 Uhr, Dohány utca 1/b

Fausto's. Gehobene italienische Küche. Mo–Fr 12–15 u. 19–23 Uhr, Sa 18–23 Uhr, Dohány utca 3, Tel. 0630/589 18 13, www.fausto.hu

Ikon. Bistro mit einfachen und preisgünstigen Gerichten. Mo, Di, So 11–24 Uhr, Mi–Fr 11–1 Uhr, Sa 11–3 Uhr, Dohány utca 12, Tel. 0670/949 52 19, www.ikonbisztro.hu

Das jüdische Leben in Budapest hat sich nach der Wende wieder stark entwickelt.

Kék Rózsa Étterem. Preiswertes Restaurant mit ungarischer Küche. Mo–So 11–22 Uhr, Wesselényi utca 9, Tel. 061/342 89 81, www.kekrozsaetterem.hu

Walhalla. Gastronomie mit Billiard, Bowling und Darts. Di–Sa 17–1 Uhr, Dohány utca 1/A, Tel. 061/266 79 66, www.walhalla.hu

ÜBERNACHTEN

Panorama Hotel. Hotel auf der dritten Etage in sehr zentraler Lage. Károlyi körút 10, Tel. 061/328 08 70, www.budapestpanorama.net

Durch einen lauschigen Gang geht es zum Friedhof und Lebensbaum.

38 Die Király-Straße
Ehemalige Hauptstraße erfindet sich neu

Was heute die Banken sind, waren früher die Versicherungen. Zumindest, was die Pracht und den Protz ihrer Gebäude angeht. Der Anker-Palast ist so eine Wuchtbrumme. 1908 wurde er aus dem Boden gestampft. Von der Pracht zeugt heute nur noch seine Masse. Die Renovierung würde ein Vermögen verschlingen. Der Anker-Palast markiert den Eingang zur Király utca und ist Zeuge jener Zeit, als die Straße noch ein wahres Mekka war, voll von Getümmel, ein Viertel der kleinen Händler und des mondänen Nachtlebens.

Mitte: Die zahlreichen Renovierungsarbeiten gingen am Anker-Palast bislang vorbei.
Unten: In der Anker-Gasse kann man unter anderem im Flohmarkt stöbern.

Die zweieinalb Kilometer lange Király utca zwischen dem Deák Ferenc tér und dem Lövölde tér schon jenseits des Großen Ringes ist ein Grenzgänger. Sie markiert den Übergang zwischen dem VI. (»Theresenstadt«) und dem VII. Bezirk (»Elisabethstadt«). Einst war sie die Hauptstraße des Bezirks, war aber in der zweiten Hälfte des 19. Jahrhunderts dem steigenden Verkehrsaufkommen nicht mehr gewachsen. Sie musste ihre Rolle an die parallel verlaufende Andrássy út abgeben. Die vielleicht typischste Straße von Pest hat im Laufe ihrer Geschichte einiges durchgemacht, zahlreiche Namensänderungen inklusive. Zur wahrhaft königlichen Straße (*király* = König) wurde sie erst nach und nach. Ab den 1780er-Jahren taucht der Name »Englischer-König-Gasse« auf, nach 1820 wurde daraus die »Drei-König-Gasse«, die nach 1836 wieder zur »König-Gasse« schrumpfte. 1874 war es dann mit der deutschen Version vorbei und die Straße wurde bis heute – mit Ausnahme der Jahre 1950 bis 1990, als man ihr den Namen Majakowski

Die Király-Straße

(nach dem russischen Dichter) überstülpte – die Király utca.

Neuerfindung als Design-Straße

Das Leben in der Király utca spielt sich in erster Linie in dem Abschnitt zwischen Deák-Platz und Ringstraße ab, der von klassizistischen Gebäuden geprägt wird. Manche von ihnen spielten auch historisch eine Rolle. In der Nummer 27 befand sich einst das »Velence«, ein Kaffeehaus, in dem in den 1890er-Jahren frühe Stummfilme gezeigt wurden. Einige Gebäude sind allein durch ihre Verkleidungen wert, nicht achtlos an ihnen vorbeizugehen, etwa das Haus Nummer 11 mit seinen kunstvollen Verzierungen. Sehr schön ist auch das Pekáry-Haus aus den Jahren 1848/49 an der Ecke zur Csányi utca. Durch die Lage der Király utca mittem im Jüdischen Viertel ist die Geschichte nie fern. Im Innenhof der Hausnummer 15 steht ein Teil der Ghettomauer, in der über 50 000 Budapester Juden nach der deutschen Besatzung Ungarns eingepfercht wurden. Das Eingangstor zum Innenhof ist in der Regel nicht verschlossen.

Derzeit ist die Straße dabei, sich als Design-Straße neu zu erfinden. Neben Schmuck- und Modegeschäften haben sich in der Király utca auch zahlreiche Einrichtungsläden angesiedelt. Ein Királyutca-Designutca-Cluster, in dem sich etwa 20 kleine und mittelständische Unternehmen zusammengeschlossen haben, wurde 2010 ins Leben gerufen. Ziel ist es, die einzelnen Gewerbetreibenden enger zu verknüpfen, zusammen zu vermarkten und gemeinsame Veranstaltungen zu organisieren. Ein eigenes Logo an den Schaufenstern weist die Mitglieder aus. An die Hotels des Viertels werden für die Touristen zweisprachige Clubkarten verschenkt, auf denen die Designutca-Mitglieder verzeichnet sind. Für die Karteninhaber gibt es

Ein Ausstellungsstück im Design Terminál

in Geschäften und Restaurants fünf Prozent Rabatt sowie die Möglichkeit, eine Stunde umsonst zu parken.

Fußgängerstraße als Fernziel

Zwar hat die Straße an Grün gewonnen, aber an Blumenbeete ist nicht zu denken. Wenn schöne Pflanzen hier eingelassen werden, werden sie sofort geklaut. Auch die Graffiti sind noch ein Problem. Geld zum Entfernen ist nicht da. Was möglich ist, zeigt die Feuerwand an der Ecke zur Kazinczy utca. Seit 2011 ziert ein Landschaftsgemälde die 800 Quadratmeter große Feuerwand. Der Schandfleck wurde so zum Hingucker. Dieses Beispiel macht Schule. Ein riesiges Wandgemälde in der Rumbach utca lässt den phänomenalen 6:3-Sieg der Ungarn 1953 im Wembley-Stadion wieder lebendig werden. Die Vielseitigkeit der Straße und des Viertels wird dadurch deutlich, dass vom gehobenen Etablissement bis zur Ruinenkneipe eine breite Unterhaltungspalette existiert. Binnen fünf Jahren soll der Durchgangsverkehr verbannt und die Király utca zur verkehrsberuhigten Fußgängerstraße werden.

Oben: Die Király utca gilt als die typischste Straße von Pest.
Unten: Das Riesenrad wird seit zwei Jahren in den Sommermonaten auf dem Erzsébet-Platz aufgestellt.

Infos und Adressen

ESSEN UND TRINKEN

Arioso. Blumen, Einrichtung – und Kaffee.
Mo–Fr 10–19 Uhr, Sa 10–16 Uhr, Király utca 9,
Tel. 061/266 35 55, www.arioso.hu

Frici Papa. Sehr günstige ungarische Hausmannskost. Mo–Sa 11–23 Uhr, Király utca 55,
Tel. 061/351 01 97, www.fricipapa.hu

Gödör Klub. Regelmäßige Konzerte.
Mo–Mi 18–2 Uhr, Do–Sa 18–4 Uhr, Király utca 8–10,
Tel. 0620/201 38 68, www.godorklub.hu

Hummus Bar. Vegane Küche. Mo–Fr 10–20 Uhr,
Sa–So 12–22 Uhr, Síp utca 16, Tel. 061/797 12 20,
www.hummusbar.hu

Kis Parázs. Suppen und Wok-Gerichte. Mo–So
12–23 Uhr, Király utca 53,
Tel. 0630/716 99 19, www.parazspresszo.com

Kuplung. Ehemalige Werkstatt, die zur Kneipe umfunktioniert wurde. Mo–Mi 15–3 Uhr, Do 15–4 Uhr,
Fr 15–5 Uhr, Sa 16–5 Uhr, So 18–0 Uhr, Király utca
46, Tel. 0630/755 35 27, Facebook: kuplung

Magdalena Merlo. Italienische Küche, nicht ganz
billig. Mo–So 10–24 Uhr, Király utca 59/b,
Tel. 061/322 32 78, www.magdalenamerlo.hu

In der Király utca haben sich zahlreiche Designer-
läden angesiedelt.

Metterem. Überschaubare Speisekarte, dafür
umso leckerer. Di–So 18–24 Uhr, Kertész utca 48,
Tel. 061/322 31 08, www.metterem.hu

Noir et Lor. Feine Speisen im netten Ambiente.
Mo–So 12–24 Uhr, Király utca 17,
Tel. 061/413 02 36, www.noiretlor.hu

ÜBERNACHTEN

Carat Boutique Hotel. 50 Zimmer nur wenige
Gehminuten vom Zentrum entfernt. Király utca 6,
Tel. 061/235 46 00, www.caratboutiquehotel.de

Ein Blümchen für die Holde findet man in der Straße ohne Probleme.

39 Der Gozsdu-Hof
Historisches Ensemble luxus-saniert

Es lief ziemlich schleppend an. Zwar waren die historischen Häuser im Gozsdu-Hof schick herausgeputzt, aber neues Leben wollte noch nicht in ihnen einkehren. Es war dummerweise gerade die Zeit der Wirtschafts- und Finanzkrise, und die Leute hatten eher im Sinn, ihre Wohnungen zu verkaufen, als neue Luxus-Appartements zu erwerben. Doch es geht aufwärts. Statt das Dasein einer hübschen Leiche zu fristen, wird der Gozsdu-Hof zunehmend mit Leben erfüllt.

Manó Gozsdu oder nach seiner rumänischen Herkunft auch Emanoil Gojdu (1802–1870) hatte es im Leben zu etwas gebracht. Der Sohn eines reichen Rinderhändlers aus Großwardein schlug die juristische Laufbahn ein und gelangte in Pest als Rechtsanwalt bei Strafprozessen nicht nur zu einer gewissen Berühmtheit, sondern auch zu einem ansehnlichen Vermögen. Das erlaubte ihm, in den 1850er-Jahren eine größere Grundstücksfläche an der Király utca zu erwerben, auf der er Lagerhäuser errichten ließ. Auf diesem Gelände entstand später der nach ihm benannte Gozsdu-Hof.

Stiftung als Letzter Wille

Am Ende seines erfolgreichen Lebens (Gozsdu war auch Parlamentsabgeordneter, Mitglied des Obersten Gerichts und stand in gutem Kontakt zu führenden Politikern der Zeit) legte er in seinem Letzten Willen fest, dass sein Vermögen »der rumänischen Nation in Ungarn und Siebenbürgen sowie den Praktizierenden des griechisch-ortho-

Unten: Auf den Gozsdu-Hof gelangt man auf vielen Wegen. Die Haupteingänge befinden sich an der Dob utca und der Király utca.

Der Gozsdu-Hof

doxen Glaubens« zugute kommen soll. Mit dem Vermögen wurde die Gozsdu-Stiftung ins Leben gerufen, die 1901 schließlich den Gozsdu-Hof errichten ließ. Der Gozsdu-Hof ist ein Ensemble aus mehreren Hausreihen und Innenhöfen, die auf einer Fläche von 60 000 Quadratmetern zwischen der Király utca und der Dob utca errichtet wurden. Der gerade Weg zwischen den beiden Straßen durch die Höfe beträgt etwa 200 Meter. Errichtet wurden die Gebäude nach den Plänen von Győző Czigler, dem Budapest auch das Széchenyi-Bad zu verdanken hat.

Alle Gebäude sind mit römischen Zahlen von I bis VII gekennzeichnet, die Höfe mit den Buchstaben A bis F. In die Höfe zu gelangen, ist nicht schwer. Zugänge, bei denen allein schon die schmiedeisernen Tore sehenswert sind, gibt es über die Dob utca 16 und die Király utca 11. Dort erinnert auch eine Gedenktafel an den Ursprung der Gebäude. Auch von der Károly körút führt der Weg durch einen mächtigen Hausbogen über die stets unvollendet gebliebene Madách-Promenade direkt in die Höfe. Die Herausforderung liegt darin, nicht den Überblick zu verlieren und wieder herauszufinden. Wenn man einige Innenhöfe passiert hat und zurückblickt, sieht man oft nicht mehr, woher man eigentlich gekommen ist. Dasselbe gilt fürs Verlassen der Höfe: Wo man rauskommt, ist für den Ortsunkundigen schlecht planbar.

Langsam mit Leben erfüllt

Der Gozsdu-Hof war ein Ort der kleinen Läden und Werkstätten und während des Zweiten Weltkriegs auch Teil des hier eingerichteten Ghettos. Anfang der 1950er-Jahre wurde das Ensemble verstaatlicht und ging 1999 in die Hände eines Privatinvestors über. Die Sanierungsarbeiten zogen sich über Jahre hin. Die Presse begleitete die Arbeiten

INDIVIDUELLE MITBRINGSEL

Der Gozsdu-udvar-Basar, kurz »Gouba«, war in den letzten Jahren, als die meisten Geschäftsflächen noch leer standen, eine jener Veranstaltungen, bei dem es in den sechs Höfen zwischen Király utca und Dob utca von Menschen wimmelte. Abgesehen von den Wintermonaten findet jeden Sonntag zwischen Frühling und Herbst von 10 bis 19 Uhr dieser sympathische Markt statt, auf dem Kunsthandwerker, Designer oder Händler ihre Erzeugnisse anbieten. Die Palette umfasst Schmuck, Taschen, aber auch selbst hergestellte Lebensmittel. Ein kleines individuelles Geschenk findet sich hier allemal. Informationen über die teilnehmenden Händler, ihre Produkte und die Öffnungszeiten: www.gouba.hu

Gouba. So 10–18 Uhr (Apr.–Okt.), Király utca 13/Dob utca 16, www.gouba.hu

Je mehr Kneipen, umso mehr muss auf die Anwohner Rücksicht genommen werden.

kritisch und bemängelte, dass es hier nicht in erster Linie um die Rekonstruktion eines historischen Baudenkmals ginge, sondern vielmehr um die Errichtung eines gewöhnlichen Wohnparks für betuchte Kundschaft. Entstanden sind letztlich über 200 Luxus-Appartements, von denen der Großteil wohl noch immer auf einen Mieter oder Käufer wartet. Aber zumindest im Erdgeschoss ist es mittlerweile lebhafter geworden.

Der Gozsdu-Hof bietet ca. 12 000 Quadratmeter Fläche für den Handel. Auch hier dauerte es einige Zeit, bis sich Cafés, Restaurants, Galerien und Geschäfte angesiedelt haben. Zum Ambiente passend handelt es sich hier jedoch nicht gerade um Billigläden. Die Investition in die Sanierung des Komplexes hat sich jedoch gelohnt. Am Vormittag sind es nur vereinzelte Passanten, die durch den Hof spazieren, zur Mittagszeit wird es deutlich voller und gegen Abend geht es dann richtig los. Das hat wiederum für die Anwohner der näheren Umgebung einige Nebenwirkungen. Denn je später der Abend, umso besser die Stimmung, und nicht immer wird der freundlichen Bitte Folge geleistet, zu späterer Stunde den Geräuschpegel niedrig zu halten.

Oben: Das Leben ist zurückkehrt, wenngleich bei den Wohnungen noch einiger Leerstand herrscht.
Unten: In den Sommermonaten wird der Hof sonntags zum Kunsthandwerkmarkt.

Infos und Adressen

ESSEN UND TRINKEN

Carmel-Glatt. Koscheres Restaurant. So–Do 12–23 Uhr, Fr 10–24 Uhr, Sa 12–14 Uhr, Kazinczy utca 31, Tel. 061/322 18 34, www.carmel.hu

Frőhlich Kóser Cukrászda. Die Konditorei Frőhlich gilt als die einzige koschere Budapests und feierte 2013 ihr 60-jähriges Bestehen. Mo–Do 9–18 Uhr, Fr 9–14 Uhr, So 10–18 Uhr, Dob utca 22, Tel. 061/266 17 33, www.frohlich.hu

Kazimir. Bistro und Veranstaltungsort. Mo–Fr 8–4 Uhr, Sa-So 10–4 Uhr, Kazinczy utca 34, Tel. 061/798 57 47, bistro.kazimir.hu

Kőleves. Bekannt und beliebt inmitten des Viertels. Mo–Fr 8–1 Uhr, Sa 9–1 Uhr, So 12–24 Uhr, Kazinczy utca 41, Tel. 0620/213 59 99, www.kolevesvendeglo.hu

Macesz Huszár. Jüdisches Bistro mit jahrzehntelanger Tradition. So–Di 12–23.30 Uhr, Mi–Sa 12 bis 0.30 Uhr, Dob utca 26, Tel. 061/787 61 64, www.maceszhuszar.hu

Spinoza. Ein wahrer Tipp: Tolles, sympathisches Restaurant mit guten und preiswerten Gerichten. Freitags gibt es Klezmer-Musik. Mo–So 8–23 Uhr, Dob utca 15, Tel. 061/413 74 89, www.spinozahaz.hu

ÜBERNACHTEN

Gozsdu Court Appartements. Unterkunft im historischen, sanierten Gebäudekomplex ab 30 Euro pro Nacht. Tel. 0420/32 89 47 13, Király utca 13, www.gozsducourt.com

Beliebt und immer gut besucht ist im Gozsdu udvar das »Spíler«.

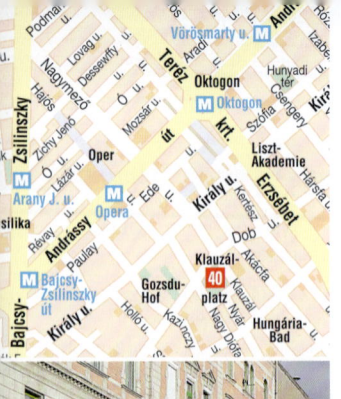

40 Der Klauzál-Platz
Spuren der Vergangenheit

Er wurde in der Literatur verewigt und in Pop-Songs besungen. Als größter Platz der Umgebung nahm er eine wichtige Funktion im gesellschaftlichen Leben des jüdischen Viertels ein. Während der Zeit der deutschen Besatzung war der Platz Zentrum des jüdischen Ghettos. Gleich mehrere Häuser, die den Klauzál-Platz begrenzen, stehen unter Denkmalschutz.

»Schatten überlagern das Licht, in den dunklen Zimmern weben die Spinnen schlechte Netze, in den tiefen Höfen wachsen nur die Akazienbäume, in den Treppenhäusern sind die Steine abgenutzt. Doch es ist auch ein Ort, an dem jedes Pfeifen vertraut ist und sich in gepflegten Gärten der Sommer niederlegt.« Mit diesen Worten besingt die ungarische Rockband Locomotiv GT in ihrem Lied *Miénk itt a tér* (»Hier ist unser Platz«) den Klauzál-Platz. Er besitzt, zugegeben, auf den ersten

Mitte: Zahlreiche Gebäude am Klauzál-Platz stehen unter Denkmalschutz.
Unten: Für den schnellen Einkauf ist die Markthalle gleich um die Ecke.

MAL EHRLICH

HUNDEKOT

Mit der Disziplin ist es in Budapest nicht immer weit her. Zwar finden sich vielerorts Behälter, die ausschließlich für die Hinterlassenschaften der Budapester Vierbeiner vorgesehen und auch eindeutig so gekennzeichnet sind, aber oft werden diese Behälter als gewöhnliche Mülleimer benutzt. Immer noch besser, als seinen Müll auf der Straße liegen zu lassen. Leider aber bleiben so viele Hundehaufen auf der Straße liegen. Deshalb: Es kann nicht schaden, beim Spaziergang um den Klauzál-Platz den Boden unter den Füßen im Auge zu behalten.

Der Klauzál-Platz

Blick kaum Besonderheiten: Grünfläche, einige Bänke zum Hinsetzen, ein Spielplatz, ein Secondhandladen, ein paar Bierstuben und Imbisse, die nicht unbedingt auf Touristen ausgerichtet sind. Anders ausgedrückt ist der Klauzál-Platz ein ungekünstelter, ein natürlicher Ort, der nicht mehr sein will als er ist.

Drittes Theater in Pest

Ursprünglicher Name des Platzes war Stephans-Platz, später zu István tér magyarisiert. 1907 wurde der Platz schließlich nach Gábor Klauzál (1804–1866) benannt, einem Minister der Reformzeit, der sich bei antijüdischen Ausschreitungen 1848 für den Schutz der Juden eingesetzt haben soll. In seinen Anfängen war der Platz nicht viel mehr als eine unbebaute Fläche. Genug Platz war also da, um ihn mit Gebäuden zu bestücken. Davon träumte auch der Direktor eines Provinztheaters, der hier sein eigenes Theater errichten ließ. Das István téri Színház, das Theater am Stephansplatz, wie er damals noch hieß, war erst das dritte in der gesamten Stadt. Die Einweihung des Theaters erfolgte im Oktober 1872 mit einem Stück von Mór Jókai. Dem Theater war jedoch keine lange Lebensdauer beschieden. Bei einem Feuer im Januar 1874 wurde das Gebäude völlig zerstört.

An die Stelle des Theaters trat zum Ende des Jahrhunderts die heute noch existierende Markthalle, in der damals auch koschere Lebensmittel im Angebot waren. Sie war Teil eines Netzes von fünf überdachten Markthallen, die zeitgleich errichtet und über die ganze Stadt verteilt wurden (s. S. 152). Die Markthalle am Klauzál-Platz trug die Nummer III, die heute noch über dem Eingangsportal zu sehen ist. Seit dieser Zeit veränderte sich das Bild des Platzes zusehends. Mietshäuser wurden errichtet, von denen einige, wie die Nummer 7 oder 13

AUTORENTIPP!

GENAU 100 JAHRE ALT

2011 entstand aus einer Initiative von Freiwilligen, Lokalpatrioten und Hausbewohnern das Programm *Budapest 100*, das seitdem jedes Jahr im April durch das Open Society Archive und das Zentrum für zeitgenössische Architektur KÉK durchgeführt wird. Dabei werden 100 Jahre alte Gebäude recherchiert, die dann an zwei Tagen für die Öffentlichkeit frei zugänglich sind. Oft werden von den Bewohnern kleine Programme organisiert und typische ungarische Speisen angeboten. Die aktuellen Termine und einen Plan der offen stehenden Häuser gibt es im Internet.

Budapest 100. Jährlich letztes Wochenende im April. Tel. 0620/341 66 88, www.budapest100.hu

Graffitis gehören in der Umgebung des Klauzál Platzes zum Straßenbild.

229

Ebben a házban élt és alkotott
a világhírű zeneszerző

SERESS REZSŐ
1889 - 1968

és

BEAMTER JENŐ
(BUBI)
dzsessz muzsikus
1912 - 1984

Ezt az emléktáblát e ház lakói
Tiszteletük jeléül állították
2006.

heute unter Denkmalschutz stehen. Außerdem wurden die Straßen mit Bäumen bepflanzt, was dem Platz den Charakter einer grünen Oase inmitten der Häuserschluchten des jüdischen Viertels verleiht.

Die vergessene Linie 2

Es sind vor allem die verschwundenen Spuren, das Wissen über das Vergangene, was diesem Platz seinen Reiz verleiht. Dazu gehört auch die »vergessene« Straßenbahn. Über den Platz verkehrte die alte Straßenbahnlinie 2, die vom Ostbahnhof ausgehend über den heutigen Blaha-Lujza-Platz durch das jüdische Viertel und eben auch über den Klauzál-Platz führte. Der Schienenverlauf ist noch heute im Asphalt ahnbar. Zwar rührt die Bedeutung des Klauzál-Platzes in erster Linie aus seiner Vergangenheit, was jedoch nicht heißt, dass er über keine Gegenwart verfügt. Als Treffpunkt, als Erholungsort oder als Spielwiese für Kinder zieht er auch heute noch die Menschen des Viertels an. Und selbst junge Budapest-Besucher kommen immer wieder hier vorbei, drehen eine Runde um den Platz, schauen sich interessiert und neugierig um, auch wenn der Platz auf ihrer Liste von Sehenswürdigkeiten gar nicht unbedingt vorkommt. Der einfache Grund: Auf der Suche nach den berühmten Ruinenkneipen des jüdischen Viertels haben sie sich in dem Straßen- und Häusergewirr schlicht und einfach verlaufen.

Oben: Grün ist im dicht bebauten jüdischen Viertel nicht oft anzutreffen.
Unten: Rezső Seress wurde mit dem *Lied vom traurigen Sonntag* weltberühmt.

Infos und Adressen

ESSEN UND TRINKEN

Bangla Büfé. Schnellgerichte aus Bangladesch. Mo–Do und Sa–So 12–23 Uhr, Fr 14.30–23 Uhr, Akácfa utca 40, Tel. 061/266 36 74,

Fészek Művészklub. Sympathisches Künstlercafé. Mo–So 13–23 Uhr, Kellerbar Mo–So 20–6 Uhr, Kertész utca 36, Tel. 061/342 65 49,

Kádár Étkezde. Traditonsreiches Lokal am Klauzál-Platz. Di–Sa 11.30–15.30 Uhr, Klauzál tér 9, Tel. 061/321 36 22.

Kispipa. Das berühmte »Lied vom traurigen Sonntag« ist untrennbar mit diesem Restaurant verbunden. Mo–So 12–1 Uhr, Akácfa utca 38, Tel. 061/342 25 87, www.kispipa.hu

La Bodeguita del Medio. Kubanisches Restaurant mit stimmungsvollem Innenhof. Mo–Do 17–1 Uhr, Fr–Sa 11–3 Uhr, So 11–1 Uhr, Dob utca 55, Tel. 0620/388 27 38, www.labodeguitadelmedio.hu

Shalimar. Indisches Restaurant. Mo–So 11.30–16 Uhr und 18–23.30 Uhr, Dob utca 50, Tel. 061/352 03 05, www.shalimar.hu

Die Häuser rund um den Platz sind teilweise in schlechtem Zustand.

ÜBERNACHTEN

Hotel Ambra. Unterkunft der gehobenen Mittelklasse. Kis Diófa utca 13, Tel. 061/321 15 33, www.hotelambra.hu

Hotel Queen Mary. Zimmer der Drei-Sterne-Kategorie in ruhiger Seitenstraße. Kertész utca 34, Tel. 061/413 35 10, www.hotelqueenmary.hu

King's Hotel. Dreisternehotel mitten im jüdischen Viertel. Nagy Diófa utca 25-27, Tel. 061/352 76 75, www.kingshotel.hu

Das Reiterdenkmal auf dem Klauzál Platz erinnert an die Ungarische Revolution von 1848/49.

41 Die Liszt-Akademie
Auf den Spuren des Meisters

Franz Liszt wird in Ungarn hoch geschätzt und das beruhte auf Gegenseitigkeit. Der große Musiker setzte dem Herkunftsland seiner Familie nicht zuletzt mit den Ungarischen Rhapsodien ein musikalisches Denkmal. Die Gründung der Musikakademie in Budapest, die heute seinen Namen trägt, geht auf ihn zurück. Liszts Sprache war die der Musik. Denn mit dem Ungarischen hatte der im Burgenland Geborene zeitlebens Probleme.

Mitte: Von den umfangreichen Sanierungen in Budapest profitierte auch die Liszt-Akademie.
Unten: Im großen Konzertsaal hat die ernste Musik ein Zuhause gefunden.

Die Studentenliste liest sich wie das Who's who der ungarischen Musikkultur. Die Namen lauten, um nur einige zu nennen, Béla Bartók, Zoltán Kodály, György Kurtág, György Ligeti oder András Schiff. Einige von ihnen blieben später als Dozenten der Hochschule weiter verbunden. So führte ihr Weg regelmäßig durch das Portal, über dem der Initiator erhaben thront. Die Gründung der Akademie geht zurück auf das Jahr 1875. Mit der Gründung der damals noch Königlich Ungarischen Musikakademie trug Liszt als deren Präsident zur Entwicklung der ungarischen Musikkultur entscheidend bei.

Erster Direktor des Instituts, das zunächst in Liszts Wohnhaus am Donauufer den Betrieb aufnahm, wurde Ferenc Erkel, der Komponist der ungarischen Nationalhymne. Liszt selbst, der in seinen letzten Lebensjahrzehnten zwischen Rom, Weimar und Budapest pendelte, unterrichtete selbst für einige Monate im Jahr in der Akademie. Der Zulauf war bereits nach wenigen Jahren so groß, dass die Akademie in ein eigenes Gebäude zog, das bis heute erhalten ist. In dem dreistöckigen Neo-

Die Liszt-Akademie

renaissance-Bau an der Ecke Andrássy út/Vörösmarty utca ist heute unter anderem ein Liszt-Museum sowie eine wissenschaftliche Forschungsstelle untergebracht.

Zulauf erforderte neue Räumlichkeiten

Doch selbst das neue Gebäude verfügte nicht über ausreichend Kapazität, dem stetigen Zustrom von Nachwuchsmusikern Herr zu werden. 1907 schließlich wurde das neue Gebäude am heutigen Liszt-Platz eröffnet, das als Budapester Musikakademie weltweite Berühmtheit erlangte und zu einem Zentrum der ungarischen und europäischen Musik wurde. Die Einweihung zog sich über zwei Tage vom 12. bis 14. Mai hin. Das Gebäude gilt als eines der herausragendsten Beispiele des ungarischen Jugendstils und als eines der schönsten der Umgebung an dieser Schnittstelle zwischen dem VI. und VII. Budapester Bezirk.

Erbaut wurde es von den Architekten Floris Kórb und Kálmán Giergl. Der ursprüngliche Eingang lag an der Király utca. Eindruck macht allein schon das Foyer, besonders aber der große Konzertsaal ist ein Schmuckstück des Jugendstils, mit aufwendiger Ornamentierung und einer gewaltigen Orgel. Keramiken der namhaften und traditionsreichen Zsolnay-Manufakturen und zahlreiche Fresken zieren Säle und Gänge. Aber auch an ihnen ging die Zeit nicht spurlos vorüber, sodass 2011 eine aufwendige Sanierung begann. Während dieser Zeit fand der Lehrbetrieb für die heute etwa 900 Studenten in einem Ausweichgebäude in der Wesselényi utca statt. Mit viel Prominenz aus Politik und Kultur erfolgte am 22. Oktober 2013, an Liszts 202. Geburtstag, schließlich die feierliche Neueinweihung, die nun ihre Geschichte fortschreibt.

Infos und Adressen

ESSEN UND TRINKEN
Buena Vista. Restaurant mit »einem bisschen von allem«. Mo–So 11–24 Uhr, Liszt Ferenc tér 4–5, Tel. 061/344 63 03, www.buena-vista.hu

Café Vian. Schlichte und preisgünstige Gerichte. Mo–So 9–1 Uhr, Liszt Ferenc tér 9, Tel. 061/268 11 54, www.cafevian.com

Fresco Liszt. Café und Lounge, nicht ganz billig. Mo–So 12–24 Uhr, Liszt Ferenc tér 10, Tel. 061/411 09 15, www.fresco.hu

Karma. Spezialitäten aus den östlicheren Weltregionen. Mo–So 11–2 Uhr, Liszt Ferenc tér 11, Tel. 061/413 67 64, www.karmabudapest.com

Klassz. Restaurant, Bistro und Weinhandel. Mo–So 11.30–23 Uhr, Andrássy utca 41, keine Reservierung möglich, www.klasszetterem.hu

Lisztro. Klassische Bistro-Stimmung mit monatlich wechselnden saisonalen Speisen. Mi–Do 17–1 Uhr, Fr–Sa 12–1 Uhr, Liszt Ferenc tér 10, Tel. 061/268 01 99, www.lisztro.hu

Menza. Bekanntestes Restaurant am Platz und weit mehr als eine Mensa. Mo–So 10–24 Uhr, Liszt Ferenc tér 2, Tel. 061/413 14 82, www.menzaetterem.hu

ÜBERNACHTEN
Queen's Court Hotel. Vier-Sterne-Übernachtung mit bester Verkehrsanbindung. Dob utca 63, Tel. 061/882 30 00, www.queenscourthotelbudapest.com

42 Das Hungária-Bad
Historisches Badevergnügen

Dem Verfall des altehrwürdigen Hungária-Bades in der Dohány utca 44 konnte man regelrecht zusehen. Die Fassade hatte sich über die Jahre fast schwarz gefärbt, auf den Dächern spross schon das Grün. Immer wieder wurde gebaut, nie war es von Dauer. Dann aber ging alles ziemlich schnell. Hinter der wiederhergestellten Jugendstilfassade entstand schließlich ein Hotel der gehobenen Klasse.

Als das »Hungária« schon in den letzten Atemzügen lag, war es nicht nur traurige Erinnerung an eine prächtige Vergangenheit, es war eigentlich ein Schandfleck im Straßenbild und darüber hinaus auch noch ziemlich gefährlich. So sehr hatte die Bausubstanz nach Jahren der Vernachlässigung gelitten, dass das Gebäude nur noch halbwegs gesichert werden konnte. Von einer Wiedergeburt war lange Zeit nur zu träumen. Der einzige Gefallen, den man den verbliebenen Mauerresten noch erweisen konnte, war, sie zum Baudenkmal zu erklären.

Ständige Erweiterungen

Unten: Bis auf wenige historische Stücke erlebte das »Hungária« eine komplette Verwandlung vom Bad zum Luxushotel.

Das Hungária-Bad war eines der frühen seiner Art in Pest. Der Besitzer des Grundstücks, ein Seidenhändler, stieß bei Grabungen auf eine Quelle mit kaltem, eisenhaltigem Wasser. Ein erstes Bad wurde jedoch Opfer des großen Hochwassers vom März 1838. Das neu errichtete Bad trug ab den 1840er-Jahren bereits den Namen »Hungária« und erfreute sich steigender Beliebtheit bei der Bevölkerung. So standen den Besuchern schon 1854 in zwölf Zimmern 15 Badewannen zur Verfügung –

Infos und Adressen

zu einer Zeit, als es keine Badezimmer in Wohnungen gab. Am Vorabend des Ersten Weltkriegs war das »Hungária« schon zu einem ganzen Badekomplex ausgewachsen.

Niedergang nach dem Weltkrieg

Der Architekt Emil Agoston hatte zu Beginn des 20. Jahrhunderts ein mehrstöckiges Gebäude im Stil der Wiener Sezession entworfen, das es an Imposanz nicht missen ließ. Zu dieser Zeit verfügte das Bad über vier Dampfbäder, zwei billigere Volksbäder, 60 Wannen, Thermalbad und Schwimmbad. Hotel und Restaurant rundeten das Angebot ab. Die Glaskuppel über der Schwimmhalle ließ sich mechanisch öffnen, sodass die Gäste bei schönem Wetter unter freiem Himmel baden konnten.

Die hoch emporragende Fassade, die vor allem durch die enge Dohány utca noch mächtiger wirkt, beeindruckte auch noch in den Zeiten des Verfalls, als auf den Resten des Daches schon kleine Bäume sprossen. Über die Jahre dienten Teile des Gebäudes als Kino, Theater oder auch weiterhin als Hotel, doch war all das nie von langer Dauer. Erst 2008 wurde der traurige Verfall mit der Errichtung eines Luxushotels mit 272 Zimmern gestoppt. An die Blütezeit des Bades erinnert heute nur noch die erhaltene Fassade zur Dohány utca mit der charakteristischen Badeszene über dem Eingangsportal sowie die bogenförmige Empfangshalle, die originalgetreu rekonstruiert wurden. So konnte zumindest ein Stück der Vergangenheit dem Vergessen entrissen werden. Und die Gäste des neuen Luxushotels können sich mit dem Gefühl schlafen legen, Budapest von einem kulturgeschichtlich bedeutenden Ort aus zu erkunden.

ESSEN UND TRINKEN

Alcatraz Pub. Amerikanische Küche, oft Livemusik. Do–Sa 18–5 Uhr, Nyár utca 1, Tel. 0670/614 46 69, www.alcatraz.hu

Araz. Französische und ungarische Gerichte. Mo–So 7–23 Uhr, Dohány 42–44, Tel. 061/815 11 00, www.araz.hu

Bajor Sarok. Bayerisches Bier und kräftige Speisen. Mo–So 11.30–24 Uhr, Akácfa utca 7, Tel. 061/268 05 35, www.bajorsarok.hu

Delhi Darbar. Indisches Restaurant. Mo–So 11–23 Uhr, Dohány utca 54, Tel. 061/321 80 92, www.delhidarbaretterem.hu

Il Terzo Cerchio. Italienische Küche. Mo–So 11.30–23.30 Uhr, Dohány utca 40, Tel. 061/354 07 88, www.ilterzocerchio.hu

Ladó. Café mit klassischer ungarischer Küche. Mo–So 8–23.30 Uhr, Dohány utca 50, Tel. 0670/350 39 29, www.ladocafe.hu

Old Man's Music Pub. Musik, Bar und Restaurant. Mo–So 16–4 Uhr, Akácfa utca 13, Tel. 061/322 76 45, www.oldmans.hu

ÜBERNACHTEN

Continental Hotel Budapest. Noble Unterkunft hinter der historischen Fassade des Hungária-Bades. Dohány utca 42, Tel. 061/815 10 00, www.continentalhotelbudapest.com

Soho. Modisches Hotel mit 68 Zweibettzimmern. Dohány utca 64, Tel. 061/872 82 92, www.sohoboutiquehotel.com

43 Der Szimpla kert
Junges Lebensgefühl im alten Ghetto

Den Begriff »Ruinenkneipe« mögen die Betreiber nicht besonders, dennoch ist er schon längst zu einer Institution geworden – und zu einem Pflichtprogramm für (vor allem) jüngere Budapest-Besucher. Mit den Romkocsmák genannten Ruinenkneipen kehrte das Leben in das ehemalige Ghetto in Budapest zurück. Die Betreiber träumen von einem Kulturviertel mit Zukunft; den Anwohnern werden die feiernden Gäste manchmal zu viel.

Ungarisch und Englisch halten sich in etwa die Waage. Gerade Ausländer sind geradezu vernarrt in die Ruinenkneipen, die sich im vergangenen Jahrzehnt zu einem regelrechten Exportschlager entwickelt haben. Es ist in der Tat ein Phänomen,

Unten: Aus einer alten Fabrik entstand das Phänomen der Ruinenkneipen, die bald eine nach der anderen öffneten.

MAL EHRLICH

VOLLE KNEIPEN

Ein gemütlicher Freitag- oder Samstagabend in einer Ruinenkneipe? Das kann man getrost vergessen. In den Hoch-Zeiten Richtung Mitternacht und darüber hinaus wäre »voll« eine ziemliche Untertreibung. Das ist nicht jedermanns Sache. Empfehlenswert ist deshalb ein Besuch am späten Nachmittag oder frühen Abend, noch bevor die Massen an die Tresen stürmen. Programme, Adressen und Veranstaltungshinweise von Budapester Ruinenkneipen findet man unter www.ruinpubs.com. Mitunter lohnt aber auch ein Entdeckungsspaziergang durch die Straßen des VII. Bezirks. Denn die Ruinenkneipen kommen (und gehen) schneller als man denkt.

das sich seit der Jahrtausendwende im historischen jüdischen Viertel von Budapest ausgebrei-
tet hat. Denn es war zur Jahrtausendwende, als
die Idee entstand, die alten Häuser des jüdischen
Viertels trotz ihres schlechten Zustandes eine Zeit-
lang zu nutzen. Vorkämpfer dieser Entwicklung
war der »Szimpla kert« (»simpler Garten«). Ein Besuch dort gehört heute zum Standardprogramm
jedes jüngeren Budapest-Touristen. Gut die Hälfte
der täglich etwa 800 Gäste sind Ausländer.

Exportschlager Ruinenkneipe

In den dämmrigen Nischen der ehemaligen Fabrik
mit mehreren Bars, alten Couchgarnituren, Wiener-
Kaffeehaus-Tischen, ausrangierten Telefonkabinen,
Postkästen und Trabi-Torsos treffen sich sowohl
einheimische als auch ausländische Gäste. Finanzielle Reserven waren am Anfang nicht vorhanden, dafür aber jede Menge Ideen. Es gelang den
Gründern, eine niedrige Miete auszuhandeln.
Befreundete Architekten halfen ihnen, die ein-
sturzgefährdeten Gemäuer fachgerecht zu sichern.
Möbelstücke und Geschirr besorgten sie sich auf
dem Flohmarkt oder von Freunden und Bekannten. Der Name »Szimpla« ist in Europa inzwischen
bekannt, und die Kneipe ist zu einem beliebten
Treffpunkt für junge Leute des ganzen Kontinents
geworden, die mit Billigfliegern schnell in die ungarische Hauptstadt reisen können. Neben einem
Ableger am Balaton existiert seit einigen Jahren
auch ein »Szimpla kert« in Berlin. Das aber hat
mit einem Ruinencafé nicht mehr viel zu tun.

Von außen deutet wenig auf das hin, was den
besonderen Charme der Budapester Ruinenkneipen
ausmacht. Meist sehen sie so aus, wie das, was
sie eben sind: ehemalige Fabrikgebäude und Werkstätten, verrammelt, der Putz bröckelt, die Türen
und Tore hängen schräg in den Verankerungen.

Romantik im »Szimpla kert«

Tagsüber unterscheiden sich die Gebäude wenig von jedem herkömmlichen Abbruchhaus. Erst in den frühen Abendstunden zieht Leben in die alten Mauern ein. Die Lichter erstrahlen, die Türen öffnen sich, und das junge Budapest amüsiert sich zwischen den Kuriositäten und ideenreichen Installationen. Das Modell Ruinenkneipe hat längst Schule gemacht. Mehr als ein Dutzend gibt es derzeit in Budapest, viele davon liegen im jüdischen Viertel.

Ständig Ärger mit Behörden

Fast schon legendär ist der Ausspruch einer Anwohnerin über den »Szimpla kert«: Von ihr aus könne man den Saftladen einfach abreißen. Es sind jedoch weniger die Anwohner als vielmehr die Bezirksverwaltungen, die den Kneipen Steine in den Weg legen. Ob es um die Ruheordnung oder um ein Rauchverbot geht, es gab und gibt ständig Probleme mit den Behörden. Die Zukunft der Ruinenkneipen ist also keineswegs gesichert. Deswegen positionieren sie sich zunehmend als Kulturzentrum, mit mehr Veranstaltungen, Ausstellungen und Workshops.

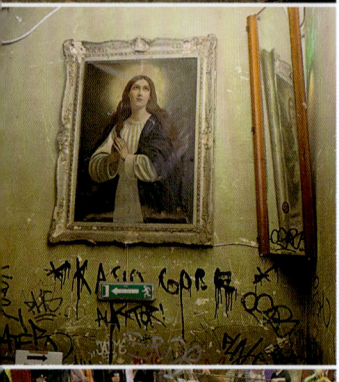

Unterstützer haben die Ruinenkneipen genug. Mehrere Vereine setzen sich für den Erhalt und die Entwicklung des jüdischen Viertels ein, wollen dem jahrelangen Abrisswahn, dem historische Gebäude zum Opfer fallen, entgegentreten und ein Kulturviertel mit Zukunft schaffen. Die Basis ist stark – und das merken auch die Stadtoberen. Frech haben sich die Kneipenbetreiber dagegen zur Wehr gesetzt, ihre Lokale gemäß der Ruheordnung um Mitternacht zu schließen. Inzwischen ist diese Verordnung so weit aufgeweicht, dass die Ruinenkneipen weiter bis in die Morgenstunden geöffnet haben. Um betrunkene oder randalierende Gäste kümmern sich inzwischen die Türsteher.

Oben: Experimentierfreude und Gemütlichkeit zeichnen die Kneipen aus.
Mitte: Berühmt sind die kreativen Innengestaltungen.
Unten: Das »Instant« besticht durch seine Deckendeko.

Infos und Adressen

ESSEN UND TRINKEN

400. Kneipe mit mediterraner Küche und Musikveranstaltungen. Mo–Mi u. So 11–3 Uhr, Do–Sa 11–5 Uhr, Tel. 0620/776 07 65, www.400bar.hu

Ellátó kért. Open-Air-Kneipe für das Bierchen zwischendurch. Mo–Mi 17–2 Uhr, Do–Fr 17–4 Uhr, Sa 18–4 Uhr, So 18–2 Uhr, Kazinczy utca 48, Tel. 0630/628 91 36

El Rapido. Mexikanischer Grill und Tequila-Bar. Mo–So 11.30–24 Uhr, Kazinczy utca 10, Tel. 0630/279 28 61, www.elrapido.hu

Filter Klub. Stimmungsvolle Kellerbar. Di–Do 19–4 Uhr, Fr–Sa 19–5 Uhr, Almássy utca 1, Tel. 0630/921 42 12, www.filterclub.hu

Fogas ház. Kneipe mit regelmäßigen Kulturveranstaltungen. Mo–Sa 14–4 Uhr, So 16–4 Uhr, Akácfa utca 51, Tel. 061/783 88 20, www.fogashaz.hu

Kék Ló. Modebar im Kneipenviertel. Mo–Do 16–24 Uhr, Fr–Sa 16–2 Uhr, So 16–24 Uhr, Kazinczy utca 11, Tel. 0620/388 38 63, www.keklo.hu

Kis Parázs. Thai-Küche. Mo–Sa 11–22 Uhr, Kazinczy utca 7, Tel. 0670/517 45 50, www.parazspresszo.com

Im Kék Ló finden sich auch ruhige Ecken.

Szimpla kert. Die legendäre Ur-Ruinenkneipe. Mo–So 12–3 Uhr, Kazinczy utca 14, Tel. 061/352 41 98, www.szimpla.hu

ÜBERNACHTEN

Casati. Zentrumsnah mit 25 geräumigen Zimmern in vier verschiedenen Stilen. Paulay Ede utca 31, Tel. 061/343 11 98, www.casatibudapesthotel.com

Danube Guesthouse. Preiswerte Zimmer in zentrumsnaher Lage. Dohány utca 16, Tel. 061/788 28 91, www.danubeguesthouse.com

Die Kreativität setzt sich beim Hotel Casati auch in den Zimmern fort.

UMGEBUNG UND AUSFLÜGE

44 Aquincum
Zeitreise von der Römerzeit bis heute

Budapests dritte Seite zeigt sich im Norden, wo sich Vergangenheit und Gegenwart gegenüberliegen. Óbuda war die dritte Stadt, die zusammen mit Buda und Pest 1873 zur neuen Metropole vereinigt wurde. Die Geschichte dieses Stadtteils ist vor allem von seiner römischen Vergangenheit geprägt. Neben der ausgegrabenen Bürgerstadt zeugen zwei Amphitheater, Aquädukte und die Überreste eines Bades von der alten Römerstadt Aquincum.

Den Mittelpunkt der ehemaligen Stadt mit ihrem fast dörflichen Charakter bildet der Fő tér, der Óbudaer Rathausmarkt, der noch heute fast geschlossen von Altbauten umstanden ist. Hier liegt das bedeutendste Bauwerk Óbudas, das Schloss der Grafen Zichy, in deren Besitz Óbuda nach der Vetreibung der Osmanen gelangte. Das barocke Anwesen wurde zwischen 1746 und 1752 gebaut und beherbergt heute neben dem Stadtmuseum, einem Museum für den Maler und Dichter Lajos Kassák, auch das Vasarely-Museum. Der ungarischstämmige Maler und Grafiker Victor Vasarely (1906–1997) war einer der Begründer der Op-Art. Im Museum sind mehr als 400 seiner Werke zu sehen.

Neben der Kunst punktet Óbuda mit Relikten der ungarischen Industriegeschichte. In dem Gebäude in der Lajos utca 136–138 befand sich einst die Fabrik des Textilproduzenten Leo Goldberger. Im heutigen Textilmuseum finden sich Artefakte aus 200 Jahren ungarischer Textilindustrie. Zu dieser gehört auch die ehemalige Seidenwicklerei am Miklós tér 1.

S. 240/241: Entspannt am Donauufer in Visegrád
Mitte: Das Barockschloss Zichy ist das bedeutendste Bauwerk von Óbuda.
Unten: Das Museum zeigt Werke des Op-Art-Künstlers Victor Vasarely.

Zeugen der Antike

Allgegenwärtig ist in den Straßen von Óbuda die römische Vergangenheit. Auf dem Gebiet existierte einst mit der Römerstadt Aquincum die – wenn man so will – Keimzelle des heutigen Budapest. Durch die Lage an der Grenze des Römischen Reiches kam der Stadt eine wichtige strategische Bedeutung zu. Als Hauptstadt der um 107 gegründeten Provinz Pannonia inferior erlebte Aquincum seine Blütezeit. Erst Anfang des 5. Jahrhunderts wurde die Stadt aufgegeben und versank langsam in der Geschichte – bis ihre Überreste ab 1879 von Károly Torma (1829–1897) ausgegraben wurden.

Die gesamte architektonische Melange von Óbuda, früher auch Alt-Ofen genannt, kommt an der Pacsirtamező utca zusammen. Inmitten (mehr oder weniger) moderner Wohnhäuser stehen die Überbleibsel des um 145 erbauten Amphitheaters. Es diente als Unterhaltungsstätte für die Militärstadt und fasste bis zu 13 000 Zuschauer. Ausgegraben wurde es am Ende der 30er-Jahre des 20. Jahrhunderts. Reste eines Bades sind unter der viel befahrenen Straße am Flórián tér zu besichtigen. In der Meggyfa utca 19–21 kam bei Bauarbeiten in den 1950er-Jahren die mit Fresken und Mosaiken geschmückte Herkules-Villa zum Vorschein, die derzeit jedoch ein trauriges Bild abgibt. Die Öffnungszeiten auf dem verwitterten Schild gelten schon längst nicht mehr. Gänzlich verschwunden ist auch der Hadrian-Palast, die einstige Residenz des Statthalters. Sie stand auf der Insel, auf der alljährlich das Sziget-Festival Tausende Rock-Fans aus ganz Europa anzieht.

Weltweit einzige Wasserorgel

Im Norden, in der heutigen Zsófia utca 1, verfügte die Zivilstadt über ein eigenes, wenn auch kleineres Amphitheater, das bis zu 7000 Zuschauern Platz

Oben: In Aquincum wird die römische Geschichte lebendig.
Mitte: Vor allem Alltagsgegenstände sind erhalten geblieben.
Unten: Im Ruinengarten sind die Reste der alten Römerstadt zu besichtigen.

Im Kiscelli-Museum wird die Budapester Vergangenheit von der Provinzstadt zur europäischen Metropole sichtbar.

AUTORENTIPP!

EINTAUCHEN IN GESCHICHTE
Die großformatigen Fotografien von György Klösz stellen ein faszinierendes Zeitzeugnis des alten Budapest dar. Etwa 2000 Bilder umfasst die Sammlung im Bildarchiv im Óbudaer Kiscelli-Museum, davon ein Großteil von Klösz. Das Museum befindet sich im gleichnamigen Barockschloss mit einem schönen Park aus dem 18. Jahrhundert und informiert über die Entwicklung Budapests vom 18. bis zum 21. Jahrhundert.

Kiscelli-Museum. Di–So 10–18 Uhr (April–Oktober), 10–16 Uhr (November–März), Eintritt: 1000 Forint, Kiscelli utca 108, Tel. 061/250 03 04, www.kiscellimuzeum.hu

bot. In unmittelbarer Nähe und zu beiden Seiten der Szentendrei út kann die alte Zivilstadt besichtigt werden. Auf dem freigelegten Gelände sind die einstigen Straßenzüge gut zu erkennen. Mehrere Häuser verfügten über Zentralheizungsanlagen. Das Wasser wurde aus den Quellen der Umgebung in die Stadt geleitet. Die Aquädukte entlang der Szentendrei út sind noch heute zu sehen und teilweise rekonstruiert. Von der Badekultur zeugt bis heute der Name »Római fürdő« (»Römerbad«). Hinter der Ruinenstadt liegt das Museum von Aquincum, dessen Gründung ebenfalls auf Károl Torma zurückgeht.

Im Museum sind alle Fundstücke gesammelt und geordnet zu sehen. Sie erzählen vom Alltag der Menschen, der so wesentlich anders auch nicht war: Im Grab einer längst zu Staub gewordenen römischen Dame etwa wurde ein Medaillon mit der Inschrift gefunden: »Und wenn sich die Leute den Mund zerreißen, was schert mich ihr dummes Geschwätz; Lieb mich und lass uns glücklich sein«. Zu den herausragenden Stücken, die in Aquincum entdeckt wurden, gehört die Wasserorgel, die einzige der Welt, von der nicht nur Mosaikdarstellungen oder Beschreibungen erhalten sind, sondern das Original selbst.

Infos und Adressen

SEHENSWÜRDIGKEITENEN

Aquincum-Museum. Mo–So 10–18 Uhr (April bis Okt.), 10–16 Uhr (Nov.–März), Eintritt: 1600 Forint (Sommer), 1000 Forint (Winter), Szentendrei út 135, Tel. 061/250 16 50, www.aquincum.hu

Die Tickets gelten auch für das Bademuseum am Flórian tér, die Öffnungszeiten sind dieselben wie beim Museum. Die Herkules-Villa in der Meggyfa utca 21 kann nur zu besonderen Anlässen besichtigt werden. Tickets vom Burgmuseum, dem Aquincum-Museum oder dem Kiscelli-Museum berechtigen innerhalb von 30 Tagen zum freien Eintritt zu den anderen beiden Museen.

Textilmuseum. Di–So 10–18 Uhr, Eintritt: 1400 Forint, Lajos utca 136–138, Tel. 061/250 10 20, www.textilmuzeum.hu

Vasarely-Museum. Di–So 10–17.30 Uhr, Eintritt: 800 Forint, Szentlélek tér 6, Tel. 061/388 75 51, www.vasarely.hu

ESSEN UND TRINKEN

Csalánosi Csárda. Preiswertes ungarisches Gasthaus. Mo–So 0–24 Uhr, Hídfő utca 16, Tel. 0620/955 55 65, www.csalanosicsarda.hu

Ein Highlight des Aquincum Hotels ist wohl der Wellnessbereich.

Bei Bedarf funktioniert der Webstuhl noch.

Kéhli. Gasthaus mit über 100-jähriger Geschichte, zu dessen Stammgästen der Schriftsteller Gyula Krúdy gehörte und auch heute noch gern von Prominenten besucht wird, dadurch auch eine Preisklasse höher. Mo–So 12–24 Uhr, Mókus utca 22, Tel. 061/368 06 13, www.kehli.hu

Kisbuda Gyöngye. Familiäres ungarisches Restaurant. Di–Sa 12–23 Uhr, Kenyeres utca 34, Tel. 061/368 64 02, www.remiz.hu

Pastrami. Empfehlenswertes Restaurant unmittelbar am Amphitheater. Mo–So 8–23 Uhr, Lajos utca 93–99, Tel. 061/430 17 31, www.pastrami.hu

Új Sipos Halászkert. Sympathisches Restaurant mit fairen Preisen und entgegen dem Namen mit mehr als nur Fischangebot. Mo–Fr 12–23 Uhr, Sa–So 12–24 Uhr, Fő tér 6, Tel. 061/388 87 45, www.ujsipos.hu

Zöld kapu. Schönes Restaurant in einem ehemaligen schwäbischen Haus. Mo–So 10–22 Uhr, Szőlő utca 42, Tel. 061/387 70 28, www.zoldkapuvendeglo.hu

ÜBERNACHTEN

Aquincum Hotel. 310 Zimmer mit Panorama über die Donau im Norden Budapests. Árpád fejedelem útja 94, Tel. 061/436 41 00, www.aquincumhotel.com

45 Gödöllő
Ganz im Zeichen der Kaiserin

Der kleine Ort 30 Kilometer nordöstlich von Budapest zieht nicht nur Freunde der Sissi-Film-Trilogie aus den 1950er-Jahren mit Romy Schneider und Karlheinz Böhm an. In dem berühmten Barockschloss hausten neben gekrönten Häuptern auch schon rote Soldaten und – um den Spagat zur Gegenwart zu vollführen – hier tagte auch die hohe Diplomatie, als Ungarn in der ersten Jahreshälfte 2011 die EU-Ratspräsidentschaft übernommen hatte. »Sisi«, wie die Kaiserin in Wirklichkeit genannt wurde, ist dennoch allgegenwärtig.

Die Verbindung zwischen der heute bekanntesten Bewohnerin mit dem Schloss Gödöllő begann im Krieg. Das Schloss diente damals als Lazarett für die Verwundeten der Schlacht von Königgrätz. Der Besuch der Kaiserin geschah eher aus protokollarischer Pflicht, jedoch muss sie Gefallen an dem Barockschloss gefunden haben, das einst Antal Grassalkovich in den 1740er-Jahren für seine Familie errichten ließ. Den Wunsch, das Schloss zu erwerben, schlug Sisis Ehemann, Kaiser Franz Joseph, in Anbetracht der vor allem durch den Krieg klammen Kassen jedoch ab. Elisabeths Wunsch aber ging dennoch später mithilfe der neuen ungarischen Regierung in Erfüllung.

Kult um die Königin

Nach dem österreichisch-ungarischen Ausgleich und der Krönung des Herrscherpaares 1867 wurde ihnen das Schloss Gödöllő als Residenz geschenkt, das nach dem Aussterben der Familie Grassalkovich und mehreren Eigentümerwechseln in den

Mitte: Die Ruhe und Abgeschiedenheit von Gödöllő waren ganz nach dem Geschmack der Kaiserin.
Unten: Im romantischen Park blühen nicht nur Blumen auf.

Besitz des Staates übergegangen war. Die Kaiserin fand schnell Gefallen an dem Schloss, das ihr eine Fluchtmöglichkeit vor der Etikette des Wiener Hofes bot. Von den über 2000 Tagen, die sie in Ungarn weilte, verbrachte sie die meisten in Buda und Gödöllő. Der letzte Besuch vor ihrem Tod 1898 datiert vom Oktober 1897. Nach ihrer Ermordung widmete man ihr in Ungarn mehr als 40 Denkmäler und 100 Gedenkparks; der weitläufige Schlosspark von Gödöllő wurde als einer der ersten im Jahr 1901 mit einer Ganzkörperstatue der Königin eingeweiht. Die königliche Familie suchte das Schloss nach Elisabeths Tod aber nur noch selten auf.

Beim Kult um Elisabeth nimmt das Schloss Gödöllő noch immer die zentrale Rolle ein, wovon sich die Besucher im Schlossmuseum überzeugen können. Die Dauerausstellung umfasst 31 Räume. In den wiederhergestellten Räumen können die Besucher die vollständige Geschichte des Schlosses kennenlernen, von der Familie des Erbauers Grassalkovich über die königliche Sommerresidenz bis hin zur Gegenwart. Bestandteil ist natürlich auch eine Elisabeth-Gedächtnisausstellung. Sie zeigt Gedenkstücke des schon zu Lebzeiten entstandenen und sich bis heute fortsetzenden Kultes um die geliebte Königin der Ungarn.

Rettung vor dem Verfall

Dass es heute möglich ist, das Schloss zu fotografieren oder überhaupt zu besuchen, ist keine Selbstverständlichkeit. In den Jahrzehnten nach dem Zweiten Weltkrieg wurde es nicht nur zeitweise als Altenheim benutzt, sondern diente auch als Unterkunft für sowjetische Soldaten. Das Gebäude ereilte trotz dieser Nutzung das Schicksal vieler anderer Burgen, Schlösser oder Herrenhäuser: Die Bausubstanz verschlechterte sich zusehends. Seit den 1990er-Jahren wurde das historische

Die hochverehrte Elisabeth ist in dem kleinen Ort allseits präsent.

Bauwerk Schritt für Schritt saniert und 1996 der Öffentlichkeit übergeben. Seitdem gehört es mit jährlich bis zu 300 000 Besuchern zu einem der bedeutendsten Ausflugsziele in der Umgebung von Budapest.

Größtes Bronzerelief Europas

Bis auf das Schloss hat die 32 000-Einwohner-Stadt nicht allzu viel zu bieten, was für den auswärtigen Besucher von Interesse sein könnte. Von wenigen Ausnahmen abgesehen: Im Stadtmuseum am zentralen Szabadság tér spielt der Kult um Elisabeth zwar auch eine Rolle, informiert wird aber auch über die Künstlerkolonie von Gödöllő. Diese galt als ein Zentrum des Jugendstils in Ungarn, existierte aber nicht lange. Nach nur 19-jährigem Bestehen endete ihre Geschichte bereits 1920. Auf den Spuren eines Künstlers führt der Weg in die Aula der Agraruniversität in der Páter Károly utca 1. Was sich dort über vier Stockwerke erstreckt, gilt als das größte Bronzerelief Europas. Der ungarischstämmige Bildhauer Amerigo Tot (1909–1984) schuf diese imposante *Apotheose des Samens* in den 1970er-Jahren.

Oben: Das Schloss Gödöllő ist das Mekka der Sisi-Verehrung.
Unten: Das größte Bronzerelief Europas ist eher Geschmackssache.

Infos und Adressen

Anreise nach Gödöllő vom Budapester Örs vezér tere mit der HÉV. Die Fahrt dauert etwa 50 Minuten.

SEHENSWÜRDIGKEITEN

Schloss Gödöllő. Mo–Fr 10–18 Uhr, Sa–So 10–17 Uhr (im Winter wochentags 10–17 Uhr), Eintritt: 2200 Forint, Familienkarte 4600 Forint, Tel. 0628/43 08 64, www.kiralyikastely.hu

ESSEN UND TRINKEN

Kastélykert. Ungarische Küche für gute Preise. Mo–So 12–22 Uhr, Szabadság út 4, Tel. 0628/52 70 20, www.kastelyetterem.hu

Királyi kastély kávéház. Café im königlichen Schloss. Mo–So 10–18 Uhr, Grassalkovich-kastély, Tel. 0628/41 01 24, www.kiralyikastely.hu

Szélkakas. Touristenmenüs für 2400 Forint. Mo bis So 11.30–22 Uhr, Bajcsy-Zsilinszky Endre utca 27, Tel. 0628/42 31 19, www.godolloiszelkakas.hu

Sziget. Hauptsächlich Geflügel- und Fleischgerichte. Mo–Do und So 10.30–22 Uhr, Fr–Sa 10.30–23 Uhr, Szabadság út 139, Tel. 0628/41 42 62, www.szigetvendeglo.hu

Zentrum des kleinen Ortes ist der Szabadság tér.

ÜBERNACHTEN

Erzsébet Királyné. Nach Königin Elisabeth benannte Drei-Sterne-Unterkunft im Stadtzentrum. Dózsa György út 2, Tel. 0628/81 68 17, www.ekhotel.hu

Interessante Exponate gibt es im Stadtmuseum von Gödöllő.

46 Szentendre
Barocke Perle am Donaustrand

Die verwinkelten Straßen und engen Gassen, sieben Kirchen und eine Vielzahl an Museen, das barocke Stadtbild und mediterranes Flair sorgen in Szentendre für eine Gesamtstimmung, der man sich schwer entziehen kann. Die Kleinstadt im Norden Budapests zieht deshalb zahlreiche Besucher an. Von ihrem Charme waren auch jene ungarischen Künstler angetan, die sich hier zu einer Kolonie zusammenfanden.

Die osmanische Herrschaft über weite Teile Mitteleuropas mischte das Bevölkerungsgefüge der Region ordentlich durcheinander. Als die Truppen des Heiligen Römischen Reiches 1688 unter Kurfürst Max Emanuel von Bayern Belgrad zurückeroberten, flohen viele Serben nach Ungarn. Mit Privilegien ausgestattet siedelten sich 6000 von ihnen in Szentendre an, das einst als römische Siedlung begonnen hatte. In der Folgezeit strömten weitere Migranten aus Dalmatien, Griechenland oder Bosnien in die Stadt, die so zu einem Schmelztiegel der Nationen wurde. Das Multinationale drückt sich auch heute noch in den lokalen Selbstverwaltungen von Kroaten, Serben, Deutschen und Polen aus.

Mitte: Alle Wege in Szentendre führen zum zentralen Fő tér.
Unten: Das Barockstädtchen ist berühmt für seine engen, verwinkelten Gassen.

Barock und Rokoko am Hauptplatz

Szentendre ist mit der Vorortbahn HÉV vom Budapester Batthyány-Platz in 45 Minuten zu erreichen. Von der Endhaltestelle sind es nur wenige Minuten Fußweg bis ins Stadtzentrum. Den Mittelpunkt des Städtchens bildet der Fő tér. Bereits seit 1763 steht hier die mit einem Kreuz gekrönte Pestsäule als Dank für das Ende einer Pestepedemie. Man erzählt sich, dass unter der Pestsäule ein Mensch mit dem Gesicht nach unten begraben wurde, damit die Pest nicht wieder aus der Erde hervorbrechen kann. Eingerahmt ist der Fő tér von Barock- und Rokokohäuschen sowie der zwischen 1752 und 1755 errichteten Rokokokirche Mariä Verkündigung, die heute der griechisch-orthodoxen Kirche gehört. Die Einrichtung verbindet byzantinischen Bildinhalt mit Ornamenten des Rokoko, man spricht auch vom Zopfstil.

Unübersehbar ist auch die im 13. Jahrhundert erbaute römisch-katholische Kirche auf dem Kirchenhügel. In der Kirche befindet sich die wohl älteste Sonnenuhr Ungarns, deren Entstehungszeit ebenfalls auf das 13. Jahrhundert datiert wird.

Szentendres Öffnung für den Tourismus nahm erst in den 1990er-Jahren an Fahrt auf. Vor allem in den Sommermonaten wimmelt es in den engen Straßen dann von Besuchern, denen für ihren Ausflug zahlreiche Cafés, Restaurants und Museen zur Verfügung stehen. Wem das Gewimmel zu viel wird, kann jederzeit an den Donaustrand ausweichen. Fündig werden in Szentendre vor allem Freunde der Kunst. Das ruhige Kleinstadtleben zog in der ersten Hälfte des 20. Jahrhunderts die Künstler nach Szentendre, die 1929 hier mit ihrer Kolonie die *Szentendre-Schule* begründeten. Noch heute leben mehr als 200 Kunstschaffende in der 25 000-Einwohner-Stadt.

Genuss für alle Sinne

Die ursprüngliche Kolonie befand sich inmitten eines Parks voller Obstbäume, in dem sich Atelier an Atelier reihte. Zu den namhaftesten Vertretern der Szentendrer Künstlerkolonie gehörte der im-

AUTORENTIPP!

KLEINES GANZ GROSS

Eher unauffällig weist eine kleine Tafel neben dem Korona-Restaurant auf dem Hauptplatz von Szentendre auf das Mikrocsodák Múzeum, das Museum der Mikrowunder, hin. Wer diesem Schild folgt, kann sich auf Kunstwerke des Ukrainers Niklai Syadristy freuen, die man in der Tat nicht auf den ersten Blick sieht, sondern unter die Lupe oder, besser gesagt, unter das Mikroskop nehmen muss. Dann sieht man das kleinste Schachspiel der Welt, erfährt, dass vier Kamele durch ein Nadelöhr passen und das Wort »Frieden« auf ein drei Millimeter langes Haar geschrieben werden kann – und das in fünf Sprachen.

Mikrocsodák Múzeum.
Mo–So 9–18 Uhr, Eintritt: 700 Forint, Fő tér 18, Tel. 0630/951 61 21.

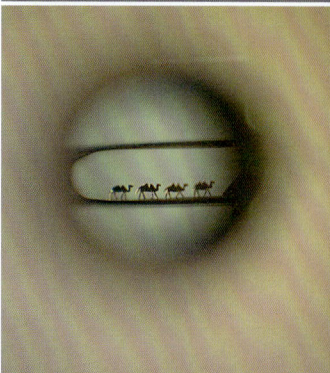

pressionistische Maler Károly Ferenczy (1862 bis 1917), der sich um die Erneuerung der ungarischen Malerei bemühte. Das ihm gewidmete Museum befindet sich in einem restaurierten Herrenhaus in der Kossuth Lajos utca. Für Freunde zeitgenössischer Kunst empfiehlt sich neben dem Ferenczy- auch das Barcsay-, das Kmetty- oder das Czóbel-Museum. Die Museumsdichte ist charakteristisch für Szentendre. Und ihre Vielschichtigkeit. Im Margit-Kovács-Museum können Werke der Kossuth-Preisträgerin, die sich besonders der Gestaltung von Keramik verschrieb, betrachtet werden.

Informationen zur Geschichte des Personennahverkehrs zwischen Szentendre und Budapest gibt es im Verkehrsmuseum neben der HÉV-Endhaltestelle. Dort sind auch Vorortzüge aus vergangenen Jahrzehnten zu bestaunen. Szentendre bietet aber nicht nur etwas für die Augen, sondern auch für Gaumen und Magen. Leckereien gibt es etwa im Konditoreimuseum Dobos, in dem man zugleich etwas über die Geschichte der berühmten Dobos-Torte erfährt. Einen ganz anderen Schwerpunkt setzt das ab 1967 errichtete Ethnografische Freilichtmuseum einen Kilometer nordwestlich von Szentendre. Hier wird die bäuerliche Architektur und Wohnkultur Ungarns veranschaulicht. Die Vielzahl der Museen und Veranstaltungen macht es unmöglich, alles an einem Tag zu schaffen. Bei einem Besuch der Stadt ist deshalb ein Blick in den aktuellen Veranstaltungskalender lohnenswert.

Oben: An der Donau lässt sich der oft übervollen Innenstadt entfliehen.
Mitte: Zahlreiche Religionen haben in Szentendre ihre Spuren hinterlassen.
Unten: Eine ehemalige Mühle dient nun als Ausstellungsort »Art Mill«.

Infos und Adressen

Anreise mit der HÉV vom Batthyány tér.
Zwischen April und September verkehren zwischen Budapest und Szentendre auch Schiffe
(Ticket Hin- und Rückfahrt: 2500 Forint). Infos
unter: www.mahartpassnave.hu

Szentendre im Internet (mit Veranstaltungshinweisen): www.iranyszentendre.hu

SEHENSWÜRDIGKEITEN

Dobos-Süßigkeitenmuseum. Sa–So 10–18 Uhr,
Eintritt: 200 Forint, Bogdányi utca 2,
Tel. 0626/31 16 60

Nahverkehrsmuseum Szentendre. April–Okt.
Di–So 10–17 Uhr, Eintritt: 350 Forint, Dózsa György
út 3, Tel. 0626/31 42 80, www.bkv.hu/de/museen

Ethnografisches Freilichtmuseum. April–Okt.
9–17 Uhr, Nov.–März 10–16 Uhr, Eintritt: 1000
Forint, Sztaravodai út, Tel. 0626/50 25 00,
www.skanzen.hu

Im Marzipan-Museum befinden sich erstaunliche
Erzeugnisse – leider nur zum Ansehen.

Ferenczy-Museum. Di–So 10–18 Uhr, Eintritt:
1500 Forint, Kossuth Lajos utca 5, 0626/92 09 90,
www.femuz.hu

Margit-Kovács-Museum. April–Okt. 10–18 Uhr,
Nov.–März 9–17 Uhr, Eintritt: 600 Forint, Vastagh
György utca 1, Tel. 0626/31 02 44

ESSEN UND TRINKEN

Aranysárkány. Ungarische Küche zu annehmbaren Preisen. Mo–So 12–24 Uhr, Alkotmány
utca 1/a, Tel. 0626/30 14 79,
www.aranysarkany.hu

Café Christine. Mediterranes Flair an der Uferpromenade. Mo–So 8–23 Uhr, Görög utca 6,
Tel. 0626/95 04 07, www.cafechristine.hu

Görög Kancsó. Griechische Küche. Mo–So
9.30–24 Uhr (im Winter bis 22 Uhr), Dunakorzó 9,
Tel. 0626/30 31 78, www.gorogkancsoetterem.hu

Promenade. Leichte ungarische Küche und
Internationales. Mo–So 12–22 Uhr, Futó utca 4,
Tel. 0626/31 26 26,
www.promenade-szentendre.hu

Számos Museumskonditorei. Marzipanerzeugnisse zum Bestaunen und Genießen. Mo–So 9–19 Uhr,
Dumtsa Jenő utca 12–14, Tel. 0626/31 05 45,
Eintritt: 500 Forint, www.szamosmarcipan.hu

Das **Marzipanmuseum** ist von 9–18 Uhr geöffnet,
Eintritt: 500 Forint.

Új Művész. Internationales und Ungarisches.
Mo–So 11–23 Uhr, Dumtsa Jenő utca 7,
Tel. 0626/31 14 84, www.ujmuvesz.hu

ÜBERNACHTEN

Bükkös Hotel. Einzige Vier-Sterne-Unterkunft in
Szentendre. Bükkös part 16, Tel. 0626/50 13 60,
www.bukkoshotel.hu

47 Normafa
Wie eine Oper in die Berge kam

Als Rozália Klein Schodel an einem Sommertag 1840 die mächtige Brust wölbte und zum Singen ansetzte, konnte sie noch nicht ahnen, dass sie an diesem Tag in die Budapester Stadtgeschichte eingehen sollte. Die Sopranistin des Nationaltheaters suchte sich für ihre Ariendarbietung aus Bellinis *Norma* jene uralte Eiche aus, die der Legende nach schon zu Zeiten von König Matthias existierte. Bis heute heißt das Ausflugsziel in den Budaer Bergen Normafa: Norma-Baum.

Schodel war nicht die einzige Künstlerin, die die Natur zu schätzen wusste. Für die Mitglieder des Nationaltheaters war die Gegend in den Budaer Bergen in der Mitte des 19. Jahrhunderts ein beliebtes Ausflugsziel. An spielfreien Tagen suchten sie hier Zerstreuung und konnten – siehe Rozália Schodel – doch nicht von ihrer Kunst lassen. Zu dieser Zeit hieß der berühmte Baum noch »Gewittereiche«. Mit zahlreichen Blitzeinschlägen hatte er sich diesen Namen redlich verdient. Und doch überdauerte er die Zeiten. Es heißt, dass unter ihm schon der Renaissancekönig Matthias Corvinus geruht haben soll.

Wandern und Wintersport

In Erinnerung an Schodels denkwürdige Vorstellung blieb der Name Normafa erhalten – im Gegensatz zum Baum selbst. Von ihm blieb nach einem heftigen Gewitter 1927 nicht mehr viel übrig. Versuche, zumindest den Stumpf zu retten und ihn auf der Margareteninsel zum neuen Leben zu erwecken, scheiterten. An seinem ursprünglichen Standort

Mitte: Weiter als vom János-Berg reicht der Blick nirgendwo.
Unten: Einen Gedenkstein für einen Baum gibt es nicht überall.

Normafa

steht seit 1967 eine Gedenktafel, aufgestellt von Vertretern vom Sportkreis der Budapester Künstler und der Oper, zusätzlich versehen mit einem Normafa-Gedicht von Gábor Devecseri. Bereits fünf Jahre zuvor hatten die Künstler an der Stelle des historischen Vorgängers eine neue Eiche gepflanzt.

In derlei historischen Geschichten lässt sich während eines Ausflugs zum Normafa wunderbar schwelgen. Denn hier ist nichts, was zur Eile treiben könnte, stattdessen sattes Grün, Berge und Natur. Und allein die Menschen, denen man hier begegnet, zeugen davon, dass die Budaer Berge anziehend für alle Generationen sind. Platz genug gibt es für alle. Auch für die Sportbegeisterten. Am Ende des 19. Jahrhunderts gelang hier dem Ski-Sport in Ungarn der Durchbruch. Noch heute bietet die Gegend verschiedene Sportmöglichkeiten, sei es beim Skilaufen, auf der Rodelbahn oder beim Nordic Walking.

Vor allem in den Sommermonaten lädt der Normafa zum Fahrradfahren, Wandern und Spazieren ein. Von den umliegenden Bergen sticht vor allem der János-hegy heraus, der sich auf fast 530 Meter erhebt. Damit ist er der höchste Punkt Budapests. Weithin sichtbar ist schon der Elisabeth-Aussichtsturm, benannt nach der österreichischen Kaiserin Elisabeth, die auch der Elisabethbrücke sowie einem Platz im Budapester Zentrum ihren Namen gab. Der Aussichtsturm liegt etwa 2,5 Kilometer nördlich von Normafa. Der Weg dorthin lässt sich in einer guten Stunde bewältigen, wenngleich es auf den letzten Metern noch einmal ordentlich bergauf geht. Als Belohnung winkt dafür ein Panoramablick auf die Budaer Berge und die Stadt, die sich fast schon an den Horizont schmiegt. Das Parlament ist hier nur noch ein kleiner weißer Punkt.

AUTORENTIPP!

AUF SCHIENEN

Beliebt nicht nur bei den Kleinen ist die Kindereisenbahn (*gyermekvasút*), die in gemütlichem Tempo auf 11,2 Kilometern durch die Natur tuckert. Hier führen 10- bis 14-jährige Kinder den Verkehr. Sie behandeln Weichen und Ampeln, drucken Fahrkarten und informieren die Fahrgäste. Lediglich das Führen der Lokomotive bleibt den Erwachsenen vorbehalten. Die Bahn ist das ganze Jahr über in Betrieb. Lediglich zwischen September und April ist jeweils montags kein Verkehrsbetrieb. Die Züge verkehren sonst ab 9 Uhr bis 19 Uhr im Sommer und bis 17 Uhr im Winter. Die Fahrzeit dauert in der Regel etwa 45 Minuten. Die Fahrt umfasst acht Stationen, Endhaltestellen sind Hűvösvölgy und Széchenyi-hegy.

Kindereisenbahn. Hűvösvölgy, Tel. 061/397 53 92, www.gyermekvasut.hu

Aussicht bis zur Hohen Tatra

Am Aussichtsturm erinnert eine Tafel mit reichlich pathetischer Inschrift an die berühmte Namensgeberin, die hier 1882 Erholung von der Enge des Wiener Hoflebens suchte. Nach zweijähriger Bauzeit wurde der 23,5 Meter hohe Turm am 8. September 1910 eröffnet. Schon vorher befand sich hier eine hölzerne Aussichtsplattform. Den neoromantischen Bau verantwortete Frigyes Schulek (1841–1919), zu dessen Hauptwerk die Fischerbastei auf dem Budaer Burgberg zählt (s. S. 62).

Im Eingangsbereich des Turms informieren mehrere Informationstafeln sowohl über Flora und Fauna der Umgebung als auch über die Geschichte des Bauwerks, auf dem zu kommunistischen Zeiten ein roter Stern prangte. Während des Aufstiegs über die 100 Treppen lässt sich in den Sitznischen kurz verschnaufen. Auf der obersten Plattform reicht der Blick dann bis zu 80 Kilometer weit. Bei gutem Wetter sind von hier sogar die Gipfel der Hohen Tatra zu sehen, ein Ausblick, der die Menschen schon seit Generationen anzieht.

Oben: Der Elisabeth-Aussichtsturm ist ein immer lohnendes Wanderziel.
Unten: Auch der Großstädter genießt die Natur zum Entspannen.

Infos und Adressen

Anreise zum Normafa:

Vom Széll Kálmán tér mit dem Bus 21A

Vom Széll Kálmán tér mit dem Bus zum Libegő und von dort mit dem Sessellift (täglich 10–19.30 Uhr)

Mit der Kindereisenbahn an der Haltestelle Normafa (siehe Autorentipp!)

Informationen zu Wintersportangeboten in den Budaer Bergen, u.a. Skikurse:
www.sielok.hu
www.sifutas.hu (Ungarisch)

SEHENSWÜRDIGKEITEN

Elisabeth-Aussichtsturm. Mo–So 8–20 Uhr, János-hegy, Tel. 061/224 59 00, www.janoshegyikilato.hu

ESSEN UND TRINKEN

Normakert. Gastronomie im ehemaligen Ski-Haus. Di–Fr 11–23 Uhr, Sa–So 10–23 Uhr, Eötvös út 59, Tel. 061/391 71 51, www.normakert.hu

Remiz. Kaffeehaus und Bierstube an der Straße zum Libegő mit schönem Außenbereich. Mo–So 12–23 Uhr, Budakeszi út 5, Tel. 061/275 13 96, www.remiz.hu

Szent Jupát. Hausmannskost in gemütlichem Ambiente. Mo–So 11–24 Uhr, Dékán utca 3, Tel. 061/212 29 23, www.stjupat.hu

Szép Ilona. Die Gaststätte zur »Schönen Ilona« liegt ebenfalls auf dem Weg zur Seilbahn. Mo–So 12–23 Uhr, Budakeszi út 3, Tel. 061/275 13 92, www.szepilonavendeglo.hu

ÜBERNACHTEN

Hotel Castle Garden. Umgeben von Grün und nur einen Steinwurf vom Burgviertel entfernt. Lovas út 41, Tel. 061/224 74 20, www.hotelcastlegarden.com

Auf dem Sessellift sollte man schwindelfrei sein – oder nicht nach unten sehen.

48 Der Statuenpark
Friedhof der ausrangierten Kommunisten

In den Bergen von Buda gibt es einen Friedhof, auf dem ein ganzes Regime zu Grabe getragen wurde. Im Statuenpark oder auch Memento Park haben die zumeist überdimensionierten Figuren aus der Zeit des Kommunismus ihre letzte Ruhe gefunden. Zu den ausdrucksvollsten Stücken gehören die Stiefel von Josef Stalin, Überbleibsel des Volksaufstandes von 1956.

Unten: Stalins Stiefel sind das Einzige, was von der Diktator-Statue nach dem Volksaufstand von 1956 geblieben ist.

Im Oktober 1956 waren die Tage von Josef Stalin endgültig gezählt. Bis dahin erinnerte die acht Meter hohe Statue am Stadtwäldchen an den drei Jahre zuvor verstorbenen Diktator. An jenem 23. Oktober 1956 aber entlud sich der Volkszorn, und vom mächtigen Stalin blieb nicht mehr übrig als seine nackten Stiefel. Eine Kopie von ihnen erhebt sich heute wieder auf einer Tribüne. Als Erinnerung an eine Zeit, in der der Kommunismus eigentlich schon kurz vor dem Fall stand, sich mit Waffengewalt durchsetzte und doch noch über 30 Jahre herrschen konnte.

42 Kommunisten aus Stein

1989 war der Kommunismus in Ungarn und den anderen ehemaligen Ostblockstaaten Geschichte, und die steinernen Monumente verschwanden aus der Öffentlichkeit. Statt sie jedoch auf Nimmerwiedersehen zu entsorgen, wurde ihnen ein eigener Platz in den Bergen von Buda zugewiesen. Die Entscheidung für das Errichten des Statuenparks fällte die Budapester Stadtversammlung 1991, die Ausschreibung für die Gestaltung des Parks

Der Statuenpark

gewann der ungarische Architekt Ákos Eleőd. »In diesem Park geht es um Diktatur, und gleichzeitig, denn man kann über ihn reden, ihn beschreiben und ihn errichten, um Demokratie. Denn nur Demokratie kann die Möglichkeit schaffen, frei über die Diktatur zu denken«, so der Architekt.

Der Eingang des Statuenparks stellt die Fassade eines klassizistischen Gebäudes dar, rechts und links des Hauptportals dienen Lenin und Marx als Kassenwärter – und hinter ihnen entfaltet sich die kommunistische Welt. 42 Skulpturen aus der kommunistischen Ära zwischen 1949 und 1989 haben im Skulpturenpark ihre letzte Ruhe gefunden. Dazu gehören allegorische Darstellungen der »ungarisch-sowjetischen Freundschaft«, der »Befreiung« sowie Statuen von berühmten Persönlichkeiten der Arbeiterbewegung. Nicht fehlen dürfen da natürlich die »Klassiker« Marx, Engels und Lenin oder die glorreichen Soldaten der Roten Armee. Eines der meistfotografierten Monumente ist das des Befreiungskriegers, eine Flagge mit Hammer und Sichel in der rechten Hand, eine Maschinenpistole um den Nacken. Diese sechs Meter hohe Statue gehörte einst zu dem Statuenensemble an der Freiheitsstatue auf dem Gellértberg (s. S. 140), musste dort aber nach der politischen Wende weichen.

Stalins Stiefel hinter Glas

Ebenso Teil des Memento Parks ist eine Ausstellung in den Baracken neben der Stalin-Tribüne. In dieser Baracke befinden sich hinter Glas die Originalstiefel der Statue, die 1956 niedergerissen wurde. Die Ausstellung konzentriert sich auf zwei der wichtigsten Ereignisse der ungarischen Geschichte im 20. Jahrhundert, den Volksaufstand und die Wende. Die Ausstellung soll gleichzeitig das gemeinsame Schicksal der osteuropäischen

Oben: Größer geht immer im Skulpturenpark.
Unten: Wer in der Gruppe reist, sollte nicht trödeln.

Staaten in der zweiten Hälfte des 20. Jahrhunderts darstellen. Im Sinne des Architekten steht der »Zeugenplatz« vor dem Haupteingang des Parks symbolisch für mehrere Orte, die zum Ausdruck des Freiheitsdranges geworden sind: der Széna-Platz in Budapest 1956, der Wenzelsplatz in Prag 1968, der Schlossplatz in Warschau 1981 oder der Opernplatz in Temeschwar 1989.

Teil der Ausstellung in der Baracke ist auch der Film *Leben eines Agenten*. In der kommunistischen Diktatur ließ das Innenministerium zahlreiche Trainingsfilme für Geheimagenten drehen. 2004 schuf der Regisseur Gábor Zsigmond Pap aus diesem Filmmaterial eine Montage, die einen Blick hinter die Methoden der Agentenwerbung und ihrer Ausbildung erlaubt. Die jeweils 15 bis 20 Minuten langen Filme laufen auf Ungarisch mit englischen Untertiteln. Interessant, zumindest für diejenigen, die ihn nie erlebt haben, ist der ausgestellte »Papier-Jaguar«: der Trabant. Und natürlich ist auch an die Souvenirjäger gedacht. Im Museumsladen gibt es mit Postkarten, Feuerzeugen, Postern, Büchern oder CDs jede Menge kommunistische Souvenirs zu erwerben.

AUTORENTIPP!

ZEITEN EINHALTEN

Ohne eigenes Auto mit Navi ist der unkomplizierteste Weg zum Skulpturenpark mit dem Bus vom Deák Ferenc tér. Der bringt einen bequem hin und zurück. So weit, so gut. Allerdings kann dabei auch einiges schief gehen – nämlich wenn der Besucher die Zeit aus den Augen verliert. Es hat schon Fälle gegeben, da entwickelte sich eine Dame auf der Rückfahrt regelrecht zur Furie und bearbeitete den Busfahrer in einer Sprache, die der nicht verstand (oder nicht verstehen wollte). Was war passiert? Der Gatte der Dame hatte getrödelt und der Bus fuhr. Deshalb immer die Uhr im Auge behalten.

Anlaufpunkt für mögliche Beschwerden am Deák tér: **Tourinform**. Sütő utca 2, Tel. 061/438 80 80.

Infos und Adressen

Anreise: Vom zentralen Deák-Platz startet jeden Tag um 11 Uhr am Halteschild »Memento Park« ein Direktbus zum Skulpturenpark. Mit dem öffentlichen Verkehr erreicht man den Park mit dem Bus 150 vom Újbuda központ in Richtung Campona.

SEHENSWÜRDIGKEITEN

Memento Park. Mo–So 10 Uhr bis Sonnenuntergang, Eintritt: 1500 Forint, Ecke Balatoni utca – Szabadkai utca, Tel. 061/424 75 00, www.mementopark.hu

ESSEN UND TRINKEN

Cserpes Tejívó. Ungarische Milchbar. Mo–Sa 7.30–22 Uhr, So 9–20 Uhr, Sütő utca 2, www.cserpestejivo.hu

Fröccsterasz. Bar inmitten des grünen Erzsébet tér. Mo–So 14–3 Uhr (im Sommer), Erzsébet tér 13.

McDonald's. Schnellrestaurant an der Metrohaltestelle Deák tér. Mo–So 8–22 Uhr, Sütő utca 2, Tel. 06/267 25 11, www.mcdonalds.hu

Publin. Irisches Pub und Restaurant. Mo–Mi 10–1 Uhr, Do 10–2 Uhr, Fr 10–2.30 Uhr, Sa 11–2.30 Uhr, So 11–1 Uhr, Madách Imre tér 5, Tel. 061/266 14 18, www.irishpub.hu

Suelto. Café und Grill abseits der Hauptstraße. Mo–So 12–24 Uhr, Madách Imre tér 1, Tel. 061/780 98 15, www.suelto.hu

ÜBERNACHTEN

Apartment Anna. Schlichtes, aber zentrales Apartment für vier Personen. Deák Ferenc utca 21, Tel. 0630/675 60 54, www.apartmentanna.com

Regency Suites Hotel. Vier-Sterne-Suiten am Eingang des jüdischen Viertels. Madách Imre tér 2, Tel. 061/801 63 00, www.regencyhotelbudapest.com

Nach der Wende wurden die sozialistischen Statuen außerhalb der Stadt »geparkt«.

49 Vác
Mumien und Lustbarkeiten

Der Name des heiligen Stephan ist in Ungarn allgegenwärtig und taucht auch im Geschichtsbuch der Stadt Vác auf. Auf sein Geheiß hin entstand hier ein Bistum. Zum Schutz der Kirchenburg wurden ringsum Siedlungen errichtet, aus denen schließlich die Stadt hervorging. Nach den Zerstörungen und der Entvölkerung durch die Türkenkriege blühte das Städtchen im 18. Jahrhundert wieder auf. Kleinstädtische Bauweise und barocke Kunst prägen bis heute das Stadtbild.

Vác und Budapest sind so etwas wie Nürnberg und Fürth – zumindest was die Eisenbahngeschichte angeht. Vom Standort des heutigen Budapester Westbahnhofs (s. S. 190) wurde 1846 auf einer Fahrt nach Vác das Zeitalter der ungarischen Eisenbahn eingeläutet. Zu der nördlich von Budapest gelegenen Kleinstadt mit ihren knapp 35 000 Einwohnern führen heute freilich verschiedene Wege. Wer weder Lust auf Auto noch Bus oder Bahn hat, kann entweder eine Schifffahrt wählen oder den zwischen Göd und Szob entlang der Donau verlaufenden Radweg nutzen.

Einziger Triumphbogen Ungarns

Die Vácer Straßenzüge, die sich der Biegung der Donau anpassen, sind reich an Baudenkmälern. Das wichtigste Gebäude ist die Kathedrale von Vác mit der von Säulen getragenen Vorhalle und den beiden gedrungenen Türmen. Bei dem mächtigen Hauptportal könnte man meinen, dass die Menschen hier früher ziemlich groß gewesen sein müssen. Eine erste Kathedrale befand sich bereits

Mitte: In Vác ist die Donau nie fern.
Unten: Verschiedene Religionen hinterließen in Vác ihre Spuren.

1074 an dieser Stelle. Sie wurde im 14. Jahrhundert während des Mongolensturms zerstört. Erst nach der Türkenherrschaft konnte ein Neubau in Angriff genommen werden. Baumeister war der österreichische Architekt französischer Herkunft Isidore Canevale (1730–1786), der auf Einladung des Bischofs Migazzi (1714–1903) nach Vác gekommen war. Nach 16-jähriger Bauzeit konnte die neue Kathedrale 1777 ihrer Bestimmung übergeben werden.

Canevale hinterließ in Vác mit einem weiteren Bauwerk seine Visitenkarte. Ebenfalls auf Veranlassung des Bischofs entstand 1764 der Triumphbogen, auch Steintor genannt, am heutigen Ende der Köztársaság út, der damaligen Grenze der Stadt. Errichtet wurde das Steintor zu Ehren der Kaiserin Maria Theresia anlässlich ihres Besuchs in Vác. Er ist bis heute der einzige Triumphbogen des Landes. Eine Anekdote berichtet, dass die Kaiserin darauf verzichtete, unter dem Triumphbogen hindurchzufahren, nachdem sie erfahren hatte, dass er innerhalb von zwei Wochen gebaut worden war. Nachdem der Bogen aber einige Wochen später zu ihrer Abreise immer noch stand, wagte sich nun auch die Kaiserin hindurch. Auf der linken Seite der Straße erstreckt sich bis zum Triumphbogen heute das Gefängnis von Vác.

Erstes Institut für Taubstumme

Der Weg in Vác führt zwangsläufig ins Zentrum der Stadt zum Platz des 15. März (Március 15. tér) mit seiner charakteristischen Dreiecksform, in dessen Mitte im Sommer der »Brunnen der Partnerstädte« sprudelt. Zu Beginn des 18. Jahrhunderts entstanden um den Platz herum repräsentative öffentliche Gebäude und Bürgerhäuser, etwa der Domprobstpalast in der Nummer 4, das ehemalige Rathaus in der Nummer 20 oder das jetzige in der

JEDE MENGE LOS!
Besucher haben einige Gründe, nach Vác zu kommen: die Kirchen, die zahlreichen Barockbauten, die von Statuen geschmückte einzige Barockbrücke Ungarns am Diadal tér über den Bach Gombás oder die Uferpromenade, die zu ausgedehnten Spaziergängen einlädt. Die Stadt punktet aber auch mit kulturellen Veranstaltungen. Neben dem *Frühlingsfestival*, den *Künstlerischen Herbstwochen* oder den *Festlichen Wintertagen* sind die *Weltlichen Vácer Lustbarkeiten* im Juli ein Höhepunkt im Programmkalender der Stadt. In diesen Tagen erwartet die Gäste ein reichhaltiges Programm mit Ausstellungen und Konzerten unter freiem Himmel oder in der Kirche, die für jeden Geschmack etwas zu bieten haben.

Váci Vigalom. Kossuth utca 21, Tel. 0627/51 09 00, www.vacivigalom.hu

Der Hauptplatz ist geprägt von zahlreichen historischen Gebäuden.

Hausnummer 11. Es gilt als das bedeutendste Denkmal des weltlichen Barocks in der Stadt. Die Kapelle und Kirche des Ordens der Barmherzigen Schwestern in der Nummer 7–9 wurde ursprünglich als Priesterseminar erbaut, erst die 1763 hier sich niederlassenden Barmherzigen Schwestern gestalteten den Bau ihren Bedürfnissen entsprechend um. Die Hausnummer 6 beherbergt das Nationale Institut der Taubstummen. Es wurde 1802 von András Cházár als erstes Taubstummen-Institut in Ungarn gegründet und hat seine Funktion bis heute beibehalten.

Schaurige Faszination im Keller

Dominierendes Gebäude am Platz ist jedoch die Dominikanerkirche aus dem 18. Jahrhundert. mit dem Bau wurde schon 1699 begonnen, jedoch erlangte die Kirche erst 1770 ihre endgültige Gestalt. Die Krypta diente einst als Beisetzungsstätte und geriet, nachdem sie zugemauert worden war, in Vergessenheit. Erst bei Renovierungsarbeiten 1994 fanden Archäologen etwa 300 Tote aus der Barockzeit, noch in ihrer Kleidung und auf natürliche Weise mumifiziert. Särge, Totengewänder und Bestattungsbeigaben waren ebenfalls unversehrt erhalten. Ein Teil dieser in Ungarn einzigartigen Funde wird im mittelalterlichen Keller neben der Griechischen Kirche am Platz des 15. März Nummer 19 in einer kleinen Ausstellung *Memento Mori* präsentiert.

Oben: In Vác ticken die Uhren langsamer.
Mitte: Die Kathedrale von Vác ist das wichtigste Gotteshaus der Stadt.
Unten: Schaurig und faszinierend ist die Ausstellung »Memento Mori«.

Infos und Adressen

SEHENSWÜRDIGKEITEN

Memento Mori. Mi–Do 10–17 Uhr, Fr–So
10–18 Uhr, Eintritt: 1000 Forint, Március 15. tér 19,
Tel. 0627/50 07 50.

ESSEN UND TRINKEN

Barlang Étterem. Kellerrestaurant im Zentrum
der Stadt. Mo–So 12–22 Uhr, Március 15. tér,
Tel. 0627/31 55 84, www.pizzabarlang.hu

Halászkert. Fischrestaurant am Donaustrand.
Mo–So 12–22 Uhr, Liszt Ferenc sétány 9,
Tel. 0627/31 59 85, www.halaszkertetterem.hu

Mihály László Cukrászda. Reichlich Auswahl
an delikaten Süßspeisen. Di–So 7.30–18 Uhr,
Köztársaság út 21, Tel. 0620/390 33 67,
www.desszertszalon.hu

Remete Pince Étterem. Ungarisches Restaurant
in Donaunähe. Mo–So 12–22 Uhr, Fürdő lépcső
utca 3, Tel. 0627/30 21 99, www.etteremvac.hu

Die Vácer Mumien sind nichts für Zartbesaitete.

ÜBERNACHTEN

Camelot. Hotel mit Abenteuerpark am Donaustrand an der Hauptstraße zwischen Vác und
Verőce. Tel. 0627/30 83 10, www.camelothotel.hu

Vörössipka. Drei-Sterne-Unterkunft. Honvéd utca
14, Tel. 0627/50 10 55, www.vorossipkahotel.hu

Die Uferpromenade lädt zu Spaziergängen und Fahrradtouren ein.

50 Visegrád
Spaziergang durch 800 Jahre Geschichte

40 Kilometer nördlich von Budapest hat sich die Natur etwas Besonderes einfallen lassen. Hier macht die Donau ihren berühmten Knick. Der Ausblick von der Burgruine von Visegrád auf das Donauknie gehört zum klassischen Ausflugsprogramm. Eine der kleinsten aber zugleich auch ältesten ungarischen Städte gab auch einer regionalen Kooperation mitteleuropäischer Staaten ihren Namen.

Als Stadt darf sich Visegrád erst seit dem Jahr 2000 bezeichnen. Und in der Tat wirkt der Ort mit seinen weniger als 2000 Einwohnern mehr als beschaulich. Seine Bedeutung erlangte das Städtchen vor allem in der Vergangenheit, in einer Zeit, in der sich die Tataren dranmachten, über Europa herzufallen. Als König Béla IV. die Gefahr des Tatarensturms erkannte, ließ er in Visegrád das doppelte Burgsystem errichten. Die Befestigungsanlage blieb auch danach bis in die Türkenzeit von großer Bedeutung, schützte sie doch das Donau-Tal, überwachte den Handelsweg zwischen Buda und Esztergom und war zugleich Zollgebiet. Die strategische Lage von Visegrád hatten schon die Römer erkannt, die hier ein Kastell errichteten. Von den Ruinen sind die Überbleibsel des einstigen römischen Legionslagers auf dem 176 Meter hohen Sibrik-Hügel am bedeutendsten.

Mitte: Das Donauknie ist ein Ort der Ruhe und des Ausgleichs.
Unten: Im Matthias-Museum wird die Vergangenheit lebendig.

Blütezeit unter Matthias Corvinus

Die unter Béla errichtete Burg besteht aus zwei Teilen. Die Untere Burg ließ er um 1247 erbauen.

Visegrád

Sie galt als Besonderheit, da sie nicht neben der Straße stand wie üblich, sondern die Straße durch das Innere der Burg hindurchführte. Der interessanteste Teil der Unteren Burg ist der Wohnturm, der sogenannte Salomonturm in unmittelbarer Donaunähe am Ortsausgang von Visegrád. Heute findet man in diesem fünfstöckigen Bau Museen, die über die Geschichte von Visegrád berichten. Die Zitadelle folgte nur wenige Jahre darauf. Ursprünglich war sie Zufluchtsort der Dominikanerinnen, die auf dem Gebiet der heutigen Margareteninsel lebten.

Die Bedeutung der Burg wuchs in der Anjou-Zeit. Nachdem Karl I. die Burg erobert hatte, verlegte er seine Residenz 1323 nach Visegrád. 1335 war der Ort Schauplatz des Treffens der Könige von Polen, Böhmen und Ungarn. An diese Tradition eines Gipfeltreffens knüpften später die heutigen Visegrád-Staaten Ungarn, die Tschechische Republik, die Slowakei und Polen im Rahmen ihrer regionalen Kooperation an. Seine Bedeutung konnte der Palast auf Dauer nicht halten. Das änderte sich erst wieder mit der Heirat des Königs Matthias Corvinus mit Beatrix von Aragon. Der Palast, heute das König-Matthias-Museum, wurde erneuert, die alten Gebäude nach den Ansprüchen der Zeit umgestaltet: Italienische Bildhauer schufen Öfen, Skulpturen und Brunnen, darunter den berühmten Herkulesbrunnen, der in einer Nachbildung im Schlosshof zu sehen ist. Originale Fundstücke sind im Museum ausgestellt.

Angebote für kleine Besucher

Nach der Türkenherrschaft und der Befreiung von Buda war von der Burg nicht mehr viel übrig geblieben und sie geriet nahezu vollständig in Vergessenheit. Unter der habsburgischen Herrschaft siedelten sich deutsche Familien an, die für einen

Die Schlossruinen zeugen von einstiger Größe und Bedeutung.

![Panoramablick von der Zitadelle über die Donau]

Oben: Von der Zitadelle bietet sich ein traumhafter Panoramablick.
Unten: Ein historischer Nachbau markiert den Eingang zur Oberen Burg.

wirtschaftlichen Aufschwung sorgten. Der nahm durch die Donau-Dampfschifffahrt noch an Fahrt auf. Die Burg gelangte erst in der zweiten Hälfte des 19. Jahrhunderts wieder ins Bewusstsein. 1871 begannen Freilegung, Rekonstruktion und Wiederaufbau. Heute zieht die Zitadelle auf dem Gipfel des Berges Einheimische wie Touristen zu Wochenendausflügen an. Sie ist das eigentliche Ziel jedes Visegrád-Besuchs.

Um den Ausblick auf das zu Füßen liegende Donauknie zu werfen, muss man jedoch zunächst etwas Schweiß investieren. Die Aussicht macht die Anstrengungen aber schnell wieder wett. Für kleine Besucher gibt es sowohl hier als auch gegenüber vom König-Matthias-Museum im historischen Spielpark die Möglichkeit, die Welt des Mittelalters zu entdecken und die eigenen Fertigkeiten etwa im Bogenschießen unter Beweis zu stellen. Wen das nicht interessiert, dem bietet sich die Möglichkeit, auf der Gokart-Bahn oder der Sommerrodelbahn von Visegrád über die Piste zu sausen. Für einen gelungenen Familienausflug gibt es aber kaum einen besseren Zielort als diese kleine Donaustadt.

Infos und Adressen

Anreise: Züge nach Visegrád fahren stündlich vom Keleti und Nyugati pályaudvar (Ticket: 1120 Forint). Zwischen April und September verkehren zwischen Budapest und Visegrád auch Schiffe (Ticket Hin- und Rückfahrt: 3000 Forint). Infos unter: www.mahartpassnave.hu

SEHENSWÜRDIGKEITEN

König-Matthias-Museum. Di–So 9–16 Uhr (Salomonturm von Mai–Sep. Mi–So 9–17 Uhr und historischer Spielpark Di–So 10–18 Uhr), Eintritt: 1100 Forint, Salomonturm 500 Forint, Fő utca 23, Tel. 0626/59 70 10, www.visegradmuzeum.hu

Zugfőzde Palinkamuseum. Sa 10–18 Uhr, Eintritt: 500 Forint, Rév utca 1, Tel. 0626/59 70 26, www.zugfozdevisegrad.hu

Visegrád Gokart-Bahn und Abenteuerpark. Mo–So 9–21 Uhr, Preis: 2000 Forint pro Rennen (8 Minuten); Abenteuerpark: Eintritt: 2000 Forint (Erwachsene 3000 Forint sowie 2000 für jede zusätzliche Stunde), Lepence Völgy (an der Hauptstraße 11), Tel. 0630/534 41 07, www.visegradgokart.hu

In Visegrád ist das Mittelalter auch für die kleinen Besucher erlebbar.

Im heutigen Hotel Vár residierte einst ein Veteran des 1848er-Freiheitskampfes.

Visegráder Winter- und Sommerrodelbahn. Mo–So 11–16 Uhr, Einzelfahrt: 300 Forint (Erwachsene 400 Forint), Nagyvillám, Tel. 0626/39 73 97, www.bobozas.hu

ESSEN UND TRINKEN

Kovács. Gemütliches, familienbetriebenes Garten-Restaurant. Mo–So 12–22 Uhr, Rév utca 4, Tel. 0626/39 81 23, www.kovacs-kertetterem.hu

Plintenburg. Schöner Ausblick und faire Preise. Mo–So 9–24 Uhr (Winter 9–22 Uhr), Révkikötő, Tel. 0630/544 78 77, www.plintenburgetterem.hu

Renaissance. Gastronomie im Renaissance-Ambiente. Mo–So 12–22 Uhr, Fő utca 11, Tel. 0626/39 80 81, www.renvisegrad.hu

ÜBERNACHTEN

Hotel Vár. Unterkunft im ehemaligen Jagdschloss des umstrittenen 1848er-Veteranen Artúr Görgey. Fő út 9, Tel. 0626/39 75 22, www.varhotel.hu

Hotel Visegrád. 73 Zimmer und Ausblick zur Donau oder Zitadelle. Rév utca 15, Tel. 0626/39 70 34, www.hotelvisegrad.hu

Thermal Hotel Visegrád. Gehobene Mittelklasse in romantischer Lage. Lepence-völgy, Tel. 0626/80 19 00, www.thv.hu

REISEINFOS

Budapest von A bis Z

Anreise

Mit dem Auto: Von Deutschland aus gibt es zwei Hauptstrecken. Von der A17 hinter Dresden geht es über die Tschechische Republik und die Slowakei. Zu beachten ist die Vignettenpflicht für Pkw und andere Fahrzeuge. Die Vignetten kann man an den Grenzen und an nahezu jeder Tankstelle kaufen. Die Grenze zu Ungarn überquert man dann bei Rajka. Von dort geht es nach einem kurzen Stück Fernverkehrsstraße weiter auf der ungarischen Autobahn M1 direkt nach Budapest. Achtung: Auch in Ungarn benötigt man eine Vignette, um die Autobahn benutzen zu dürfen.

Die zweite Strecke führt über die A3 ab Regensburg und dann in Österreich über die A8 bis Linz und die A1, A21 und A23 bis nach Wien. Ab Wien fährt man am günstigsten über die A4 bis zum Grenzübergang in Nickelsdorf/Hegyeshalom. Ab Ungarn kann man auf der Autobahn M1 bis nach Budapest weiterfahren. Der Verkehr in Budapest ist teilweise chaotisch. Es empfiehlt sich, das Auto im Hotel stehen zu lassen oder es auf einem der bewachten Parkplätze abzustellen. In Ungarn gilt die Null-Promille-Regel.

Mit dem Zug: Mit dem Europa-Spezial der Deutschen Bahn kann man ab Berlin, Dresden oder München bereits ab 39 Euro nach Budapest fahren. Jedoch sollte man etwas Sitzfleisch mitbringen. Ab Berlin etwa dauert die Fahrt 12 Stunden. Ankunftsort für die internationalen Züge in Budapest ist der Ostbahnhof (*Keleti pályaudvar*).

Mit dem Flugzeug: Hauptstadtflughafen ist der Liszt-Ferenc-International Airport. Nach der Pleite der ungarischen Fluggesellschaft Malév fliegen

Seite 270/271: Der Westbahnhof bildet ein belebtes Zentrum.
Oben: Zugreisende aus dem Ausland betreten meist am Ostbahnhof erstmals ungarischen Boden.
Unten: Die Brückenstadt Budapest ist auch über den Wasserweg leicht zu erreichen.

nur noch ausländische Linien nach Ungarn, etwa
Air Berlin, easyjet, Germanwings, Lufthansa, Swiss
oder Austrian Airlines. Der Flug von Berlin dauert
eineinhalb Stunden.
Wer günstig nach Budapest fliegen möchte, sollte
außerhalb der Hoch- und Nebensaison reisen, also
im Spätherbst, Winter oder Frühjahr. Vom Flughafen kann man mit der Buslinie 200E zur Metrohaltestelle Kőbánya-Kispest und von dort weiter
ins Zentrum fahren.

Mit dem Schiff: Zwischen Juni und September
verkehrt zwischen Budapest und Wien ein Trag-
flügelboot: www.mahartpassnave.hu
Flusskreuzfahrtschiffe verkehren zwischen Passau
und Budapest: www.donau-flusskreuzfahrten.com

Barrierefreiheit

Im Bereich der Barrierefreiheit hinkt Budapest
noch hinterher. Für körperlich beeinträchtigte
Menschen empfiehlt sich ein Blick auf die Inter-
netseite des Ungarischen Behindertenverbandes
MEOSZ: www.meosz.hu. Auf den englischen Seiten
sind unter dem Menüpunkt »Touristical« barriere-
frei zugängliche Sehenswürdigkeiten, Hotels und
Restaurants sowie Informationen zum öffentlichen Verkehr aufgelistet. Der Verband betreibt
zudem einen eigenen Fahrservice und organisiert
Stadtrundfahrten.

BudapestCard

Die Touristenkarte gibt es für 24, 48 oder 72
Stunden. Damit kann der öffentliche Nahverkehr
uneingeschränkt genutzt werden, zudem gibt
es Ermäßigungen in den Museen. Lohnt sich vor
allem für Vielunternehmer. Inbegriffen in den
Leistungen sind auch kostenlose Führungen:
www.budapest-card.com

Oben: Am Ostbahnhof verkehren
die Metrolinien 2 und 4.
Mitte: Ausflüge auf dem Wasser
sind jederzeit möglich.
Unten: Die Ruinenkneipen locken
vor allem junges Publikum an.

Diplomatische Vertretungen

Deutsche Botschaft. Úri utca 64–66,
Tel. 361/488 35 00, www.budapest.diplo.de
Österreichische Botschaft. Benczúr utca 16,
Tel. 361/479 70 10,
www.bmeia.gv.at/botschaft/budapest.html
Schweizer Botschaft. Stefánia út 107,
361/460 70 40, www.eda.admin.ch/budapest

Feiertage

1. Januar: Neujahr
15. März: Revolution von 1848
Ostern: Ostersonntag und Ostermontag
1. Mai: Tag der Arbeit
Pfingsten: Pfingstsonntag und Pfingstmontag
20. August: Gedenktag des heiligen Stephan
23. Oktober: Gedenktag zum Volksaufstand 1956
1. November: Allerheiligen
24./25. Dezember: Weihnachten
Die meisten Geschäfte sind an diesen Tagen geschlossen.

Feste und Veranstaltungen

März/April: Budapester Frühlingsfestival,
www.btf.hu
April: Internationales Buchfestival,
www.konyvfesztival.com
August: Sziget Festival, ein Rockfestival,
www.szigetfest.de
August/September: Jüdisches Sommerfest,
www.zsidonyarifesztival.hu
September: Weinfestival auf der Budaer Burg,
www.aborfesztival.hu
Weitere Veranstaltungshinweise liefert die kostenlose Broschüre *Pesti Est*, www.pestiest.hu
Hier sind die aktuellen Kinderprogramme verzeichnet. Zudem wird über Theateraufführungen und
Konzerte in Budapest informiert.

Oben: Seit 2004 ist Ungarn Mitglied der Europäischen Union.
Unten: Unterhaltung bietet die Stadt
im Hauptstädtischen Großzirkus.

Geld

Man kann Geld in den Banken oder in anderen Geldinstituten wechseln. Es ist obligatorisch, den Kurs immer sichtbar auszuhängen. Es ist verboten, auf der Straße Geld zu wechseln. Die meisten Kreditkarten können beim Bezahlen und Geldabheben benutzt werden.

Klima/Reisezeit

In Ungarn herrscht gemäßigtes Kontinentalklima. Zwischen den vier Jahreszeiten gibt es große Unterschiede. Der kälteste Monat ist der Januar, der wärmste der Juli. An einem heißen Sommertag kann die Temperatur nahe an die 40 Grad klettern, im Winter kann es bis zu −20 Grad kalt werden.

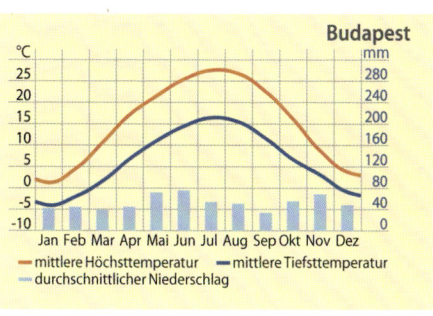

Kriminalität

Die gegen Reisende gerichtete Kriminalität in Ungarn übersteigt nicht das in anderen europäischen Urlaubsländern übliche Maß. Die Zahl der Autodiebstähle ist seit Mitte der 1990er-Jahre zurückgegangen. Trotzdem sind Autos von Touristen, vor allem neue, deutsche Fabrikate weiterhin begehrte Objekte von Autodieben. Es wird empfohlen, sein Fahrzeug nur auf bewachten Parkplätzen abzustellen und insbesondere keine Wertsachen oder Wagenpapiere im Inneren des Autos zurückzulassen.

Oben: Der Heldenplatz gehört zur Budapest-Tour dazu.
Unten: Auf Prominenz stößt man in Budapest immer wieder.

Touristische Attraktionen sind wie überall auch beliebte Treffpunkte von Taschendieben. In Budapest sind dies das Burgviertel, die Zitadelle und die große Markthalle an der Freiheitsbrücke. Auch an den Bahnhöfen, an den Schaltern der U- und Straßenbahnen und in öffentlichen Verkehrsmitteln ist Vorsicht geboten.

Einladungen in der Budapester Innenstadt zu einem gemeinsamen Gaststättenbesuch, zumeist von Frauen ausgesprochen, sollte mit Vorsicht begegnet werden. Hierbei handelt es sich fast immer um Lokalitäten, in denen stark überteuerte Rechnungen ausgestellt werden.
Weitere Tipps beim ungarischen Verbraucherschutz: www.nfh.hu

LGBT (Lesben, Schwule, Bisexuelle, Transsexuelle)

Mehr als 10 Vergnügungsstätten in Budapest sind typische Schwulen- und Lesben-Bars, es gibt aber spezielle Saunen, Klubs und sogar Unterkünfte, die vor allem für Homosexuelle errichtet wurden. 2007 wurde die registrierte Lebensgemeinschaft von Homosexuellen von der ungarischen Gesetzgebung legitimiert. Informationen mit Adressen:

www.budapest.gayguide.net
www.otkenyer.hu (für homosexuelle Christen)
www.hatter.hu (Ungarische LGBT-Organisation)

Öffentlicher Nahverkehr

Neben der 1896 eröffneten Untergrundbahn (*földalatti*, U-Bahn 1) und der Metro (U-Bahn 2 und 3 und neuerdings auch ein Teilabschnitt der neuen Linie 4) gibt es S-Bahnen (HÉV) und Straßenbahnen (*villamos*), Busse und Trolleybusse, eine Zahnradbahn (*fogaskerekü*) und eine Standseil-

Oben: Im Stadtwäldchen warten Kultur und Erholung.
Unten: Schicke Schlitten schätzen auch die Ungarn.

Neben der Markthalle kann man auch andere spannende Orte mit der Tram gut erreichen.

bahn (*siklo*), die Kindereisenbahn (*gyermekvasut*) und den Sessellift (*libegő*) und schließlich die Schiffe auf der Donau.

Fahrscheine kauft man am besten bei den Metrostationen, da dort alle Kartentypen zu erhalten sind. Eine Karte muss an den Automaten im Fahrzeug entwertet werden oder, bei den U-Bahnen, vor der Rolltreppe oder am Bahnsteig. Die Karten sind unbedingt bis zum Verlassen des Bahnhofs aufzubewahren, da die Kontrolleure meist an den Ausgängen stehen. Ein Einzelfahrschein (350 Forint) gilt für die gesamte Strecke der Linie. Beim Umsteigen ist ein neuer zu benutzen. Es gibt aber Umsteigekarten, Tageskarten oder Touristenkarten wie die BudapestCard. EU-Bürger über 65 Jahre fahren in allen Verkehrsmitteln kostenlos. Infos zu Preisen des öffentlichen Nahverkehrs: www.bkk.hu

Notrufnummern

Rettungswagen: 104
Polizei: 107
Feuerwehr: 105
Notruf: 112
Die Rufnummern der Polizei, Rettungshilfe, Feuerwehr und die allgemeine Notrufnummer (112) sind kostenlos.

Parken

In den einzelnen Bezirken werden unterschiedliche Gebühren zwischen 175 und 525 Forint pro Stunde fürs Parken erhoben. Samstags und sonntags sowie an Feiertagen ist Parken kostenlos. Parkscheine kann man aus den aufgestellten Parkuhren erwerben. Der Parkschein wird innerhalb des Autos hinter die Windschutzscheibe gelegt. Die minimale Parkzeit beträgt 15 Minuten. Die Gültigkeit eines Parkscheins hängt davon ab, wie viel Geld man

Oben: Fahrradfahrer sind noch in der Minderheit, aber es gibt Fortschritte.
Unten: Die Löwen sind aus dem Stadtbild nicht wegzudenken.

in die einzelnen Parkuhren einwirft. Die maximale Parkzeit beträgt im Allgemeinen 3 oder 4 Stunden, es gibt aber Gebiete, in denen man ohne Zeitgrenze parken kann (I. VI. VII. VIII. XIII. Bezirk). Parkuhren funktionieren mit Münzen. Bei den wichtigsten Sehenswürdigkeiten dürfen Busse und Pkws während der Stadtrundfahrt kostenlos parken, etwa an der Zitadelle, dem Heldenplatz oder dem Stadtwäldchen.

Rauchen

Mittlerweile herrscht auch in Ungarn in den meisten Restaurants Rauchverbot. Gesonderte Raucherbereiche sind ausgewiesen. An öffentlichen Haltestellen ist das Rauchen ebenfalls untersagt und wird mit bis zu 50 000 Forint Strafe geahndet.

Stadtführungen

Stadtführungen werden von den Touristeninformationen vermittelt. Angeboten werden Boots- und Busrundfahrten sowie Rundgänge: info@budapestinfo.hu

Thematische Stadtführungen zeigen weniger bekannte Gesichter der Stadt:
www.artur.org.hu (architektonische Stadtführung)
www.beyondbudapest.hu (Führungen durch den VIII. Bezirk)
www.imaginebp.hu (Führung zu wenig bekannten Orten und Geschichten)

Taxi

Alle Taxen in Budapest haben die Aufschrift *Taxi*, oft zusammen mit einem Firmennamen. Alle haben ein gelbes Kennzeichen und sind mit einem Preiszähler ausgerüstet. Neuerdings müssen alle

Oben: Das Nationalmuseum beherbergt zahlreiche Exponate der ungarischen Geschichte.
Mitte: Auf András Hadik geht der »Husarenstreich« zurück.
Unten: In der Innenstadt lohnt sich immer ein Blick in die Seitenstraßen.

Oben: Eine Turmbesteigung in
der Stephans-Basilika lohnt sich.
Mitte: Leider ist das Betreten
der Fischerbastei kostenpflichtig.
Unten: Das Budapester Nachtleben
hält für jeden etwas bereit.

Taxis gelb gestrichen sein. Auf der Quittung ist
neben dem Fahrpreis auch der Name des Fahrers
zu sehen. Die Transportkosten bestehen aus Grund-
preis (450 Forint), Kilometerpreis (280 Forint/km)
und Wartepreis (70 Forint/min).

Fötaxi arbeitet mit fixen Preisen auf allen Flugha-
fenterminals. Sie verfügen über Nichtraucherwagen
mit Klimaanlage und geräumigem Kofferraum. Die
Mitarbeiter sprechen auch Fremdsprachen. Die
Hauptstadt wurde in 4 Zonen aufgeteilt. In den
verschiedenen Zonen vom Flughafen bis zur Stadt
und von der Stadt bis zum Flughafen gelten fixe
Tarife.

Touristeninformation

Die zentrale Touristeninformation *Tourinform*
befindet sich in der Sütő utca 2 am Deák tér:
Mo-So 8-20 Uhr, info@budapestinfo.hu. Hier
können auch Stadtrundfahrten vermittelt werden.
Weitere Touristeninformationsbüros befinden sich
in der Teréz körút 2-4 (Nähe Oktogon, Mo-Fr
10-18 Uhr) oder am Liszt tér (Andrássy út 47,
Mo-Fr 10-18 Uhr).

Weiterführende Seiten:
Offizieller Internetauftritt der Stadt.:
www.budapest.hu, www.budapest.com
Seite des Ungarischen Tourismusamtes (Touristen-
Informationsseite mit praktischen Tipps, nicht
immer top-aktuell):
www.gotohungary.com
Offizielle Tourismus-Seite der Stadt mit vielen
nützlichen Hinweisen: www.budapestinfo.hu
Interessante Tipps abseits der Haupttouristenpfade:
www.visitbudapest.travel
Insidertipps von Einheimischen und Budapest-
Liebhabern:
www.spottedbylocals.com/budapest

Trinkgeld

Generell gilt: 10 Prozent des Rechungsbetrages.
Allerdings nur, wenn man auch zufrieden war.
Achtung: Manche Einrichtungen addieren auto-
matisch 10 Prozent Service-Gebühr zur Rechnung.
Ein zusätzliches Trinkgeld ist freiwillig.

Übernachten

Neben zahlreichen Hostels und Billighotels sind
die bekannten Ketten in Budapest vertreten und
bieten regelmäßig Sonderangebote an. Zu ihnen
gehören K+K Hotels, Danubius (Hilton, Best Western, Radisson), Accor (Sofitel, Novotel, Mercure,
Ibis), Marriott, Le Meredien, Four Seasons, Boscolo,
Kempinski, Leonardo Hotels oder City Inn.

Währung und Preise

Offizielles Zahlungsmittel ist der Forint, eine Un-
tereinheit existiert nicht. 1 Euro entspricht etwa
270 Forint. Es gibt 10-, 20-, 50-, 100- und 200-
Forint-Münzen. Die 1-, 2- und 5-Forint-Münzen
wurden abgeschafft. Beim Bezahlen werden die
Beträge aufgerundet. Als Scheine gibt es 500,
1000, 2000, 5000, 10 000 und 20 000 Forint.
Die Kosten für ein Essen für eine Person ohne
Getränke in einem normalen Restaurant liegen
zwischen 1500 und 3000 Forint (7–14 Euro).

Zoll

Seit dem 1. Januar gelten für Zigaretten, die von
Ungarn nach Deutschland mitgebracht werden,
neue Mengenbestimmungen. Künftig sind nur
noch 300 statt bisher möglichen 800 Zigaretten
steuerfrei.

Oben: Ob zu Fuß, per Rad oder im
Auto: An der Kettenbrücke führt
kein Weg vorbei.
Unten: Manche Skulpturen tragen
ihre Last schon über 100 Jahre.

Budapest speziell: Tipps für Kinder und Jugendliche

BEWEGEN

Abenteuerpark Csillebérc (Kalandpálya Csillebérc). Kletterwand, Holzblockburg und sonstige Abenteuer zum Testen von Mut und Geschicklichkeit im Wald. April bis Oktober Mo–So 10–18 Uhr, Kinder 3200 Forint, Erwachsene 4200 Forint, XII. Bezirk, Konkoly Thege Miklós út 21, Tel. 0620/599 85 01, info@kalandpalya.hu oder www.kalandpalya.com

Orczy Abenteuerpark. Kletterabenteuer für Jung und Alt. Mo–So 9–16 Uhr, Erwachsene 2600, Kinder 2200 Forint, VIII. Bezirk, Orczy út 1, 06 20/236 12 14, info@orczykalandpark.hu, www.ujliget.hu

Spielhaus Eleven Park. An zwei Standorten insgesamt 7000 m^2 für die Kleinen und eine kleine Entspannung für die Eltern. Mo, Di, Do 13–20 Uhr, Mi, Sa, So 9–20 Uhr, Kinder 1650 (Fr–Sa 1950) Forint, Erwachsene 700 (1000) Forint, XI. Bezirk, Hengermalom utca 19–21 sowie Váci út 168, Tel. 061/203 30 22info@elevenpark.hu, www.elevenpark.hu

Millenáris. Kultur- und Veranstaltungszentrum mit Programm für Kinder und Familien, u.a. »Millipop Lächelfabrik«. Mo–So 10–20 Uhr, Tagesticket für Kinder 1590 Forint, Begleitperson 500 Forint; die »Unsichtbare Ausstellung« Erwachsene 1700 Forint, Schüler 1400 Forint, II. Bezirk, Kis Rókus utca 16–20, Tel. 061/336 40 00, millenaris@millenaris.hu oder www.millenaris.hu

MUSEEN

Füsti-Park der Ungarischen Eisenbahngeschichte. Über 100 Maschinen können nicht nur besichtigt, sondern auch ausprobiert werden. Mo–So 10–18 Uhr (nur von März bis November), Erwachsene 1200 Forint, Kinder (4–18 Jahre) 500 Forint, Familienticket 2500 Forin, XIV. Bezirk, Tatai út 95, Tel. 061/450 14 97, info@vasuttortenetipark.hu, www.vasuttortenetipark.hu

Mini City. In diesem interaktiven Museum können Kinder in die Welt der Erwachsenen eintauchen und sich in vielen verschiedenen Arbeitsbereichen austoben. Mo–So 10–19 Uhr (vorher informieren, da an manchen Tagen nur für Gruppen geöffnet ist), Kinder 2500 Forint, Begleitperson 990 Forint, Familienticket (2 Erwachsene, 2 Kinder) 5990 Forint VI. Bezirk, Nyugati tér 1–3, Tel. 0630/584 66 26, info@mini.city.hu, www.mini.city.hu

Ungarisches Naturwissenschaftliches Museum. Viel Wissenswertes über Tiere und Pflanzen, aber kaum an einem Tag zu bewältigen. Mi–Mo 10 bis 18 Uhr, Erwachsene 1600, Kinder und Jugendliche (6–26 Jahre) 800 Forint, VIII. Bezirk, Ludovika tér 2–6, Tel. 061/210 10 85, mtminfo@mttm.hu oder www.nhmus.hu

TIERE

Zoologischer und botanischer Garten der Hauptstadt. Einer der ältesten Zoos der Welt, feiert 2016 sein 150-jähriges Bestehen. Mo–So 9–16 Uhr, Erwachsene 2500 Forint, Kinder 1800 Forint, XIV. Bezirk, Állatkerti krt. 6–12, Tel. 061/273 49 00, info@zoobudapest.com, www.zoobudapest.com

Tropicarium. Auf einer Gesamtfläche von 3000 m^2 kann hier die Welt unter Wasser entdeckt werden. Mo–So 10–20 Uhr, Erwachsene 2300 Forint, Kinder, Schüler, Rentner 1600 Forint, XXII. Bezirk, Nagytétényi út 37–43, Tel. 061/424 30 53, matrai@tropicarium.hu oder www.tropicarium.hu

SPASS UND STAUNEN

Botanischer Garten der ELTE. Ältester botanischer Garten Ungarns. Mo–So 9–17 Uhr, Erwachsene 850, Familienticket 2000 Forint, VIII. Bezirk, Illés utca 25, Tel. 061/210 10 74, botanikuskert@yahoo.com oder www.fuveszkert.org

Budapester Puppentheater. Puppentheater, nicht nur für die Kleinen. Eintritt 2500 Forint, VI. Bezirk,

Andrássy út 69, Tel. 061/321 52 00,
info@budapest-babszinhaz.hu oder
www.budapestbabszinhaz.hu

Großzirkus von Budapest. Klassischer Zirkus mit
Artistik und Tierdressuren. Erwachsene je nach
Platzkategorie 1900–3900 Forint, Kinder 1500
bis 2700 Forint, XIV. Bezirk, Állatkerti krt. 12/a.,
Tel. 061/343 83 00, info@fnc.hu oder www.fcn.hu

Kindereisenbahn. Hier sind Kinder die Eisenbah-
ner, nach deren Pfeife sich alles richtet. Durch das
ganze Jahr fahren die Züge nach verschiedenen
Fahrplänen. Familientagesticket 3500 Forint, XII.
Bezirk, Széchenyi–Berg – Hűvösvölgy,
Tel. 061/397 53 94, info@gyermekvasut.hu oder
www.gyermekvasut.hu

Libegő. Die Standseilbahn führt über 1000 Meter
hinauf auf den János-Berg, manchmal erreichen
die Füße bei der Fahrt sogar die Baumgipfel.
Mo–So 10–19.30 Uhr (Abweichungen durch Witte-
rungsbedingungen möglich), Erwachsene 850,
Kinder (3–14 Jahre) 550 Forint, XII. Bezirk, Zugliget

Riverride. Der schwimmende Bus verspricht
ein Erlebnis für alle Altersklassen. Erwachsene
7500 Forint, Kinder und Jugendliche 5000 Forint,
für Kinder bis 6 Jahren kostenlos, V. Bezirk,
Széchenyi István tér 7/8, Tel. 061/332 25 55,
info@riverride.com oder www.riverride.hu

Palast der Wunder. Interaktive, wissenschaftliche
Ausstellung, in der Naturgesetze und die Welt der
Physik auf unterhaltsame und interaktive Art dargestellt werden. Mo–Fr 10–20 Uhr, Erwachsene
1950 Forint, Kinder 1550 Forint, Familienticket
5450 Forint, II. Bezirk, Nagytétény út 37–43,
Tel. 061/814 80 50, info@csopa.hu oder
www.csopa.hu

Planetarium. Kurzweiliger Ausflug in die Welt
der Sterne und Planeten. Di–So 9–17 Uhr, Eintritt
1500 Forint, X. Bezirk, Népliget, Tel. 061/263 18 11,
planetarium@planetarium.hu oder
www.planetarium.hu

Standseilbahn. Die Standseilbahn »Budavári sikló«
bietet in historischen Kabinen ein grandioses
Panorama auf Budapest. Mo–So 7.30–22 Uhr.
Erwachsene 1100, Kinder (3–14 Jahre) 650 Forint
(für eine Strecke), I. Bezirk, Clark Ádám tér.

Im Budapester Zoo können sich die Besucher nicht nur an einer kalten Dusche an heißen Tagen erfreuen.
Das Areal beherbergt zahlreiche Sehenswürdigkeiten für Groß und Klein.

Kleiner Sprachführer

ALLGEMEINES

Ja igen
Nein nem
Guten Morgen Jó reggelt
Guten Tag Jó napot
Guten Abend Jó estét
Hallo/Tschüss Szia, Szervusz
Auf Wiedersehen. viszontlátásra
Danke Köszönöm
Bitte Kérem
Bitte (im Sinne von »Sie wünschen?« im
  Geschäft) tessék
Entschuldigung Bocsánat
Gesundheit egészség
warm meleg
kalt hideg
schön szép
hässlich csúnya
gestern tegnap
heute ma
morgen holnap
Mann ferfi
Frau nő
Kind gyerek
geöffnet nyitva
geschlossen zárva
Ich komme gleich wieder.
  Mindjárt/azonnal visszajövök
Es gibt nicht. nincs
gut jó
schlecht rossz
Achung vigyázat
verboten tilos
Ungarn Magyarország
Ungar magyar
Ungarisch magyarul
Deutschland Németország
Deutscher német
Deutsch németül
Österreich Ausztria
Österreicher Osztrak
Schweiz Svájz
Schweizer svájzi

UNTERWEGS

wohin hová
woher honnan
wo hol
Wo ist? Hol van?
Ich suche Keresem
Können Sie mir helfen? Tudna segíteni?
Ich habe mich verlaufen. Tévedtem
Wie komme ich zu?
  Hogyan lehet kerülni a?
links bal/balra
rechts jobb/jobbra
geradeaus egyenesen
Straße utca/út
Platz tér
Brücke híd
Museum múzeum
Bad fürdő
Post posta
Briefmarke bélyeg
Postkarte képeslap
Kaffehaus kávéház
Theater színház
Kirche templom

Bahnhof pályaudvar
Straßenbahn villamos
Schiff hajó
Auto kocsi/auto
Fahrrad kerékpár
Ticket jegy/bérlet
Station állomás
Haltestelle megálló
Endstation végállomás
Kontrolle ellenőrzés

Restaurant étterem
Gasthaus vendéglő
(Wein-)Keller pince
Frühstück reggeli
Mittagessen ebéd
Abendessen vácsora
Bier sör
Wein bor
Kaffee kávé
Tee tea
Milch téj
Saft lé
Wasser víz
Mineralwasser ásványvíz
Nichtraucher nemdohányzó
Ich möchte Kérek
Ich möchte nicht Nem kérek
Rechnung számla
Preis ár
Trinkgeld jatt
Bohnensuppe bableves
Gulaschsuppe gulyásleves
Fischsuppe halászlé
Rindergulasch marhapörkölt
gefüllte Krautwickel töltött káposzta
gefüllte Paprikaschoten töltött paprika
Wiener Schnitzel bécsi szelet
Hähnchen csirke
Paprikahuhn paprikás csirke
Kartoffeln burgonya
Reis rizs
Nockerln galuska
scharf csípős
süß édes

NOTFALL

Krankenhaus kórház
krank beteg
Hilfe segítség

Arzt orvos
Apotheke gyógyszertár/patika
Medikament gyógyszer
Fieber láz
Ich habe Fieber. Lázas vagyok.
Durchfall hasmenés
Ich fühle mich schlecht.
  Rosszul érzem magam.
Können Sie einen Arzt rufen?
  Tudna egy orvost hívni?

EINKAUFEN

Buchhandlung könyvtár
Antiquariat antikvárium
Delikatessen csemege
Schuhladen cipőbolt
Bäckerei pékség
Konditorei cukrászda

WOCHENTAGE

Montag hétfő
Dienstag kedd
Mittwoch szerd
Donnerstag csütörtök
Freitag péntek
Samstag szombat
Sonntag vasárnap

ZAHLEN

0 nulla
1 egy
2 kettő/két
3 három
4 négy
5 öt
6 hat
7 hét
8 nyolc
9 kilenc
10 tíz

REGISTER

IMPRESSUM

Verantwortlich: Ulrich Jahn
Redaktion: Annette Rose
Layout: Roman Bold Black
Korrektorat: Anke Höhne
Repro: Repro Ludwig
Kartografie: Heike Block,
Huber Kartographie
Umschlag: Ulrike Huber
Herstellung: Bettina Schippel
Printed in Slovenia by Korotan

Sind Sie mit diesem Titel zufrieden?
Dann würden wir uns über Ihre
Weiterempfehlung freuen.

Erzählen Sie es im Freundeskreis,
berichten Sie Ihrem Buchhändler,
oder bewerten Sie bei Onlinekauf.

Und wenn Sie Kritik, Korrekturen,
Aktualisierungen haben, freuen
wir uns über Ihre Nachricht an
Bruckmann Verlag,
Postfach 40 02 09,
D-80702 München
oder per E-Mail an
lektorat@verlagshaus.de.

Unser komplettes Programm finden
Sie unter

 www.bruckmann.de

Alle Angaben dieses Werkes wurden von
den Autoren sorgfältig recherchiert und
auf den neuesten Stand gebracht sowie
vom Verlag geprüft. Für die Richtigkeit
der Angaben kann jedoch keine Haftung
übernommen werden.

Bildnachweis:
Alle Bilder des Innenteils stammen
von Daniel Kaldori, außer:
Gerlóczy Café 35 u.; Spoon Café 39 o.;
Carlton Hotel Budapest 65; Aszú Res-
taurant 91; Konditorei Auguszt 135 o.;
Buddha-Bar-Hotel 135 u.; City Hotel
Pilvax 139 o.; Karpatia Restaurant 139 u.;
Vilagjarok Restaurant 155 u.; Múzeum
Restaurant und Café 181 o.; Trattoria La
Coppola 185 o.; Café Alibi 185 u.; Almásy
Restaurant 209 o.; Casati Hotel 239 u.;
piximage@t-online.hu/Kék Ló 239 o.;
Holger Leue/LOOK-foto 277

Umschlagvorderseite:
Hauptmotiv: Kettenbrücke (Daniel Kaldori)
Streifen Cafe Gerbeaud am Vörösmarty
Platz (Panayiotou Paul/huber images)
Porträt: Frau in historischem Gewand
(aGinger/shutterstock.com)
Detail: Holz der Violine
(bioraven/shutterstock.com)

Umschlagrückseite:
Links: Das Mai Manó Haus beherbergt
das Haus der Ungarischen Fotografie
Rechts: Freibad des Szechenyi-Heilbads

Die Deutsche Nationalbibliothek verzeichnet diese Publikation in der Deutschen Nationalbibliografie; detaillierte
bibliografische Daten sind im Internet
über http://dnb.d-nb.de abrufbar.

© 2015 Bruckmann Verlag GmbH
ISBN 978-3-7654-6827-8